NHK出版 これならわかる

ドイツ語文法

入門から上級まで

鷲巣 由美子
Washinosu Yumiko

NHK出版

はじめに

「ドイツ語って難しいですね」、ドイツ語を教えているとよく耳にするセリフです。わたしたちは母語を通して世界を認識し諸々のことがらを表わすことにすっかり慣れています。ですから、外国語で世界をとらえることに多かれ少なかれとまどいを感じ難しいと思うのは、あたりまえかもしれません。外国語を習得してゆくことは、母語によってすでに作られている世界地図の上に、別の言語で新たな地図を描いていくようなプロセスです。2枚の地図には一致する部分もあれば、大きくちがうところもあります。日本語とドイツ語のように縁戚関係にない言語の場合には、2枚の地図の差はより大きなものになるでしょう。

ドイツ語文法を学ぶことは、いわばドイツ語で世界をとらえ地図を描くルールと方法とを学ぶことにほかなりません。まったく馴染みのない考え方、表現方法もあり、すんなり頭に入ってこない部分もあるでしょう。でもそれこそが外国語の外国語たる所以です。「へえー、ドイツ語ではこんな風にとらえるんだ」「こんな風に表現するんだ」と、ワクワクしながら新しい世界を探索してゆきましょう。

わたし自身、ドイツ語の世界をとまどいながら探検してきました。その経験をもとに、本書では学習者が迷ったり疑問を感じたりする部分にできるだけ紙面を割いています。同時に、ドイツ語も日本語と同じく、博物館に展示されるような標本などではなく、コミュニケーションに用いられるものだということを、出発点、土台としました。本書の各所でこのコミュニケーションという観点が顔を覗かせています。加えて心がけたのは、生き生きとした例文を用意することです。例文の多くは、単語などを入れ替えればいろいろなシーンで使えるものになっています。本書が、読者の皆さんがドイツ語の世界を伐り開く際のよき道案内となることを願っています。

本書を書くことは、ドイツ語世界に足を踏み入れた頃の追体験ともなりました。その探検を伴走してくださった編集者の北澤尚子さんを始め、わたしの描くドイツ語地図をまっさらな目で眺めて数々のご指摘をくださった方々に、心から感謝いたします。

鷲巣 由美子

本書の使い方

　最初から順を追って読むもよし、関心のある章から読むもよし、どちらの読み方も可能です。ある文法事項に関連する別の事項をすぐに参照できるように関連ページを各所に挙げ、索引も充実させています。ただし第0章は、できれば始めにざっと目を通してください。各章で用いる用語を説明するとともに本書のスタンスも述べています。ドイツ語の文の成り立ちなどを学ぶにあたり、語句が文のなかで果たす役割や語句相互の関係をまず押さえておきましょう。難しく感じるところは読み飛ばしてくださってかまいません。その場合には学習が進んだところで0章に戻って読んでみてください。理解がより深まるのではないかと思います。

　外国語の熟達には、膨大な語句についての情報がぎっしり詰め込まれている辞書を活用することも欠かせません。そこでいくつかの章には **Column** というコーナーを設け、その章の文法事項に関連して辞書をどう引いたらよいかを述べています。もうひとつのコーナー **noch mehr** では、プラスアルファの豆知識を取り上げています。知識を深めるために、時には息抜きに、お役立てください。

　文法に焦点をあてるというこのシリーズのコンセプトに従って、本書では発音の章を設けていません。とはいえ発音は文法、語彙と並んで外国語学習の要です。例文はぜひ声に出して読んでください。

凡例

▶ 用語
本書で用いる用語については第0章で説明しています。 ☞ p.10

▶ 見出し語・例語
原則として名詞は単数1格形、動詞・助動詞類は不定形で挙げています。それ以外の場合には注記を添えました。

▶ 名詞の性
単数1格の定冠詞の末尾をとって、男性名詞は *r*、中性名詞は *s*、女性名詞は *e* をつけて表わしています。

▶ 格変化表
使用頻度に基づき1格、4格、3格、2格の順に並べています。

▶ 動詞人称変化表
敬称2人称のSieについては、つねに3人称複数sieと同形であるために、省略しています。

▶ 日本語訳
例文についてはその直後に日本語訳を示しています。説明中の単語・句の訳は主要なものを（　）に入れて挙げました。

▶ アクセント
文法事項と関連して重要なアクセントについては、aufgehen（昇る）のように、アクセントのある母音の下に線を引いて示しています。

▶ 主要な略語・記号

et[4]	事物を表わす4格目的語
j[4]	人を表わす4格目的語
〜[4]	4格目的語。事物の場合も人の場合もある
sich[4]	再帰代名詞4格
usw.	und so weiter（〜など）
×	ドイツ語として成立しない文
☞ p.00	参照すべきページを示す

目次

はじめに ……………………………………………………… 3
本書の使い方 ………………………………………………… 4
凡例 …………………………………………………………… 5

第0章 テクストと文―その構成要素

1. テクスト ……………………………………………… 10
2. 文と文成文 …………………………………………… 10
3. 句 ……………………………………………………… 13
4. 品詞 …………………………………………………… 14

第1章 動詞

1. 動詞の特性 …………………………………………… 16
2. 時制 …………………………………………………… 18
3. 動詞の現在人称変化 ………………………………… 21
4. 定形の位置 …………………………………………… 30
5. 動詞の3基本形 ……………………………………… 35

第2章 複合動詞

1. 複合動詞 ……………………………………………… 39
2. 分離動詞 ……………………………………………… 39
3. 非分離動詞 …………………………………………… 42
4. 分離・非分離動詞 …………………………………… 44
5. 複合動詞の3基本形 ………………………………… 46

第3章 名詞と冠詞類

1. 名詞の特性と種類 …………………………………… 48
2. 名詞の性と複数形 …………………………………… 49
3. 名詞の格 ……………………………………………… 57
4. 冠詞 …………………………………………………… 64
5. 冠詞と単数・複数の使い分け ……………………… 65
6. 冠詞類（否定冠詞・所有冠詞・定冠詞類）………… 75

第4章 代名詞

1. 人称代名詞 …………………………………………… 82
2. esの用法 ……………………………………………… 89
3. 不定代名詞 …………………………………………… 93
4. 指示代名詞 …………………………………………… 98

第5章 疑問詞

1. 疑問代名詞 …………………………………………… 103
2. 疑問副詞 ……………………………………………… 106
3. 感嘆文 ………………………………………………… 108

第6章　形容詞と副詞
1. 形容詞と副詞　………………………… 109
2. 形容詞とその用法　…………………… 109
3. 副詞とその用法　……………………… 119
4. 形容詞・副詞の比較級と最上級　…… 123
5. 形容詞の名詞化　……………………… 132

第7章　数詞
1. 基数　…………………………………… 134
2. 序数　…………………………………… 140
3. 数を用いた時の表現　………………… 143
4. 数量を表わす語　……………………… 148

第8章　前置詞
1. 前置詞とその用法　…………………… 151
2. 前置詞の格支配　……………………… 153
3. 前置詞と定冠詞の融合形　…………… 158
4. 前置詞と人称代名詞・疑問代名詞　… 159
5. 前置詞の表わす諸関係　……………… 161
6. 前置詞つき目的語　…………………… 172

第9章　結合価
1. 結合価とは　…………………………… 175
2. 動詞の結合価　………………………… 176
3. 形容詞・名詞の結合価　……………… 180

第10章　過去時制
1. 過去時制の用法　……………………… 181
2. 過去人称変化　………………………… 182

第11章　完了の時制
1. 現在完了　……………………………… 184
2. 過去完了　……………………………… 189
3. 未来完了　……………………………… 190

第12章　助動詞
1. 助動詞とは　…………………………… 191
2. 助動詞の構文　………………………… 191
3. 話法の助動詞　………………………… 192
4. 未来を表わす助動詞 werden　……… 201
5. 使役の助動詞 lassen　………………… 203
6. 知覚動詞　……………………………… 204

第13章 受動態
1. 受動態とその形 ……………………………… 205
2. 受動態の機能 ………………………………… 207
3. 自動詞の受動態 ……………………………… 209
4. 状態受動 ……………………………………… 209
5. 受動的表現 …………………………………… 210
6. 機能動詞構文 ………………………………… 211

第14章 再帰代名詞と再帰動詞
1. 再帰とは ……………………………………… 213
2. 再帰代名詞 …………………………………… 213
3. 再帰動詞 ……………………………………… 216

第15章 否定
1. 否定 …………………………………………… 219
2. nichtとその用法 ……………………………… 220
3. nichtとkein …………………………………… 223
4. nichtやkein以外の否定語 …………………… 227
5. 否定の強調と限定 …………………………… 228

第16章 接続詞
1. 接続詞の役割 ………………………………… 229
2. 接続詞の種類 ………………………………… 229
3. 並列接続詞 …………………………………… 230
4. 従属接続詞 …………………………………… 231
5. 接続詞の用法 ………………………………… 234
6. 相関接続詞 …………………………………… 244

第17章 関係文
1. 関係文とは …………………………………… 247
2. 定関係代名詞 ………………………………… 249
3. 関係副詞 ……………………………………… 253
4. 不定関係代名詞 ……………………………… 254

第18章 命令・要求の表現
1. 法とは ………………………………………… 258
2. 命令法 ………………………………………… 259
3. 要請を表わすその他の方法 ………………… 261

第19章 接続法
1. 接続法とは …………………………………… 264

2．接続法の人称変化 ……………………………… 265
3．接続法の時制 268
4．要求話法 ……………………………………… 270
5．非現実話法 …………………………………… 271
6．不一致の認容 ………………………………… 279
7．間接話法 ……………………………………… 280

第20章 不定形と不定句
1．不定形 ………………………………………… 288
2．不定形の用法 ………………………………… 288
3．不定句 ………………………………………… 290
4．zu不定句 ……………………………………… 291

第21章 分詞
1．分詞とは ……………………………………… 297
2．分詞の形 ……………………………………… 297
3．現在分詞の用法 ……………………………… 298
4．過去分詞の用法 ……………………………… 301
5．冠飾句 ………………………………………… 303
6．分詞構文 ……………………………………… 304
7．名詞的表現 …………………………………… 306

第22章 語順とテクストのまとまり
1．語順 …………………………………………… 307
2．枠のルール …………………………………… 308
3．情報価値による語順 ………………………… 313
4．その他の語順 ………………………………… 316
5．テクストのまとまり ………………………… 319

第23章 話者の判断・心的態度を表わす語
1．話者の判断や心的態度の表現 ……………… 323
2．話法詞 ………………………………………… 323
3．心態詞 ………………………………………… 325
4．間投詞 ………………………………………… 330

第24章 書き方
1．句読点 ………………………………………… 332
2．分綴 …………………………………………… 339
3．大文字表記・小文字表記 …………………… 340

索引 ……………………………………………… 343

第 0 章 テクストと文—その構成要素

物語ったり依頼をしたりといった何らかのコミュニケーション上の目的をもった文のまとまりをテクストという。テクストという観点は、冠詞の選択や語順などと密接に関わる。

1. テクスト

　わたしたちが言葉を口にしたり書いたりするときには、その言葉は、つねに何らかのコミュニケーション状況に埋め込まれ、そのなかで「関係性を保つ」「確認する」「説明する」「物語る」など、いろいろな役割を果たします。加えてそうした発話をわたしたちは通常、その目的やテーマに合わせて、複数の文を相互に関連づけながら組み立ててゆきます。口頭の会話なら、その組み立てにはふたり以上が参加しますし、書かれた文章ならふつうはひとりの人が、たいていは読み手を想定して、作り上げます。

　このようにして組み立てられた文のまとまりが**テクスト**です。

　たとえば「今朝の新聞読んだ？　明かりをつけてください」は、テーマも口調もバラバラで文の羅列にすぎず、ひとつのテクストにはなっていません。それに対して「今朝の新聞読んだ？　照明についての科学記事がおもしろいね」は、テーマの点でも、「新聞」「科学記事」といった言語表現のうえでも、全体としてひとつのまとまりをもっており、テクストと言えます。

　このテクストという観点は、ドイツ語を学び使うときにとても大切です。語順をどうするか、冠詞は不定冠詞なのか定冠詞なのか、どの代名詞を使うか…。わたしたちが迷う点の多くは、実はテクストとその流れに関わりのあることなのです。

2. 文と文成分

　テクストは**文**から成っているわけですが、では文とは何でしょうか。たとえば Hilfe!（助けて！）という名詞1語の叫び。これを文と見なす立場がある一方で、これは語にすぎないという見方もあります。ま

たSetz dich!（座って！）のような、主語の明示されない命令法の文もあります。本書では原則として、ひとつの述語動詞を中心とした数語のまとまりを文の基本とします。

文を構成する基本要素を**文成分**といいます。文成分には以下のものがあります。なお各文成分は、「主語」「補完語」など「～語」という名称がついていますが、ひとつの単語の場合もあれば、複数の語から成る句の場合もあります。

主語　「誰が」「何が」にあたる成分です。名詞を中心として、［冠詞＋名詞］、［冠詞＋形容詞＋名詞］や代名詞などが主語になります。

述語　主語が「何をしているのか」、「どうであるのか」を表わす成分。述語はひとつの動詞から成る場合もありますが、［助動詞＋過去分詞］、［助動詞＋動詞の不定形］など、動詞を中心とした複数の語の組み合わせでできていることもあります。主語と述語がひと組となって、文の基本的骨組を作ります。

補完語　trinken（飲む　英語のdrink）ならたいていの場合に「～を」という目的語［正確には4格目的語　☞ p.57 ］が必要になり、gehen（行く　英語のgo）であれば行き先を表わす副詞や前置詞句などと用いられます。このように述語動詞によって必要とされる成分のことを、述語を「補って文を完成させる」という意味で、補完語といいます。どのような補完語が必要になるかは、述語動詞によって決まります。また形容詞のなかにも補完語をとるものがあります。補完語については第9章で取り上げます。

目的語　補完語のなかでも特に述語動詞の意味する行為の対象を表わす成分です。

述語内容語　A ist B.（AはBだ）のBにあたり、補完語のなかでも特に、主語がどうであるのか、何であるのかを説明する成分です。英文法では補語といわれている要素です。

添加語　Die Reisezeit beginnt sehr bald.（旅行シーズンがごくまもなく始まる）のbaldのように、述語の表わす行為や状態についてより詳しい説明を加える成分で、副詞や前置詞句などから成ります。添加語には大きく分けて、**場所・方向**、**時**、**原因・理由**、**方法・様態**の4種類があります。またsehr baldのsehrのように、形容詞や副詞を規定する成分も添加語です。補完語は、それが欠けると文が成り立たない必須の成分ですが、添加語はあってもなくても文の成り立

ちそのものには影響がない、あくまでも副次的な成分です。

付加語 ある名詞を規定する成分を付加語といいます。形容詞、**die Mitarbeiter der Firma**（会社の従業員）といった2格名詞、**Parks in der Stadt**（市中の公園）のような前置詞句などがこれにあたります。

具体的な例で文成分を確認してみましょう。

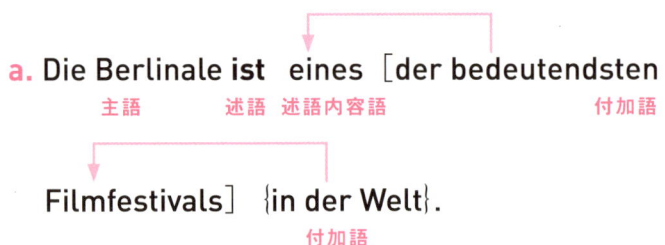

a. Die Berlinale **ist** eines [der bedeutendsten
　　　主語　　　　述語　述語内容語　　　　　付加語

Filmfestivals] {in der Welt}.
　　　　　　　　　　付加語

ベルリナーレは　世界でもっとも重要な映画祭の　ひとつ　である。

b. Dort **haben** bislang [zwei japanische Regisseure]
　　添加語　述語1　添加語　　　　　　　　　　主語

[den Goldenen Bären] **erhalten**.
　　補完語（4格目的語）　　　述語2

そこでは　これまで　ふたりの日本人監督が　金熊賞を　受賞した。

a. では、述語istに対する述語内容語が不定代名詞eines（ひとつ）です。これをder bedeutendsten Filmfestivals（世界でもっとも重要な映画祭の）という付加語が規定し、この付加語をさらに別の付加語in der Welt（世界で）が限定しています。

b. では述語がhaben ... erhalten（得た、受賞した）という2語から成っています。dort（そこで）とbislang（これまで）は、どちらも述語にかかる添加語です。

なお、たとえば例文a. の付加語der bedeutendsten Filmfestivals自体も、名詞Filmfestivalsに付加語形容詞bedeutendst(en)が添えられています。このような核となる名詞と付加語とから成る名詞句については、以下の節で見ていきましょう。

3. 句

　[主部−述部]という関係をもたない2語以上のまとまりで、あるひとつの機能を果たすものを**句**といいます。上の例文 a. の **in der Welt** は前置詞・定冠詞・名詞から成る前置詞句で、付加語として機能しています。b. の **den Goldenen Bären** は定冠詞・付加語形容詞・名詞から成る名詞句で、補完語になっています。

　名詞を中心とした句は、付加語が複数挿入されたり、ある付加語にこれを規定する付加語や添加語がさらに重なったりして、複雑になることがあります。

das abstrakte Gemälde　抽象画

das berühmte abstrakte Gemälde　有名な抽象画

das von Klee gemalte, berühmte abstrakte Gemälde
クレーによって描かれた有名な抽象画

　付加語は理論的には無限に拡張することができます。そこまでいかずとも複数の付加語がついた名詞句は珍しくありません。上の3つめの例になると、ひとつの語がほかの語とどう結びついているか、しっかり見ていかないと、わけがわからなくなりそうです。

　複雑な名詞句は、その構造を括弧や矢印などを用いて次のように図示してみると、正確にとらえやすくなります。

das {von Klee} gemalte, berühmte [abstrakte **Gemälde**]
　冠詞　　添加語　　付加語1　　付加語2　　付加語3　　名詞

　複雑な名詞句の構成をとらえるための手がかりは始まりと終わりです。名詞句はたいてい冠詞ないし冠詞類で始まり、名詞で終わりますから、まずこのふたつをマークします。冠詞（類）と名詞とが性・数・格において一致することが、手がかりになります。☞ p.64　次いで、

名詞を規定している形容詞を確認します。チェックポイントは形容詞の語尾です。☞ p.114　過去分詞（ここでは gemalt）や、場合によっては現在分詞が付加語になっている場合もあります。☞ p.298

次の例のように、形容詞をさらに副詞が規定していたり、形容詞が補完語をとっていたりする場合もあります。

an einem unerträglich heißen **Tag**
　　　　　　添加語　　　付加語

堪えがたいほど　暑い日　に

die {mit ihrem Gehalt} unzufriedenen **Fußballspieler**
　　　形容詞の補完語　　　　　付加語

自らの給与に　不満な　サッカー選手たち

4. 品詞

文成分が、文から出発してその構成要素を考えるときの基本単位であるのに対して、単語を見てその機能を考えるときには**品詞**が問題になってきます。品詞には主として以下のものがあります。

動詞　述語になります。文のなかで主要な情報を担うことが多く、また文を組み立てる際の要となります。動詞には、4格目的語をとる**他動詞**と、それ以外の**自動詞**とがあります。

名詞　文のなかで主要な情報を担うことの多い品詞です。主語や補完語（述語内容語、目的語）などになります。

冠詞　不定冠詞、定冠詞、所有冠詞などがあります。名詞の前におかれ、名詞に未知ないし既知、所有関係などの情報を添えます。

代名詞　人称代名詞や指示代名詞などがあり、いずれも名詞の代わりに用います。情報を担う名詞に較べると代名詞の情報量は少ないの

ですが、ある文を先行する文や言外の情報と結びつけるという重要な役割を果たします。

形容詞　あるものの様態を表わす品詞で、名詞を規定したり限定したりします。述語内容語（**A ist B.** の **B**）になることもあります。

副詞　動詞や形容詞を規定して様態などを表わし、添加語や付加語になります。

前置詞　名詞や代名詞とともに用いられて、補完語、添加語、付加語を作ります。

接続詞　語と語、文と文などを結びつけます。

話法詞　**vielleicht**（ひょっとしたら）や **leider**（残念ながら）などのように文全体にかかり、語られることがらについての話し手の判断や心的態度を表わします。

心態詞　話し手の気持ちや聞き手への働きかけなどを表わすために文中に添えられる語です。驚きを表わす **ja**、諦めを表わす **eben** など多種多様です。心態詞となる語は、いずれも形容詞や副詞など別の機能を兼ねています。

間投詞　感情を表わす語です。文に添えられたり挿入されたりしますが、文の構造には関与せず独立しています。**Ach!**（ああ！）、**Pfui!**（こらっ！）など。

各品詞については、その実際の使い方を中心に以下の章で詳しく見ていきましょう。

動詞

動詞は文の要である述部を成す品詞。主語に応じた「人称・数」、ことがらの時に関する「時制」、能動か受動かという「態」、話者の態度を表わす「法」によって変化する。

1. 動詞の特性

(1) 動詞の役割

動詞は文の述部を成して、主語の行為や態度、状態、展開や変化などを表わします。意味のうえからも重要な語ですが、目的語が必要なのか、それは何格の目的語なのか、それとも特定の前置詞句が必要なのかという文を組み立てるルールも、動詞によって決まります。まことに動詞は文の要なのです。

(2) 動詞の不定形と定形

述語動詞は、主語の人称や数、時制などによって、特定の形になります。これを動詞の**定形**といいます。それに対して主語の人称・数や時制などの情報をもたない形を**不定形**といいます。定形の動詞のことを定動詞、不定形の動詞を不定詞ともいいます。不定形は形を整える前の粘土のようなもの、その粘土の形を主語や時に応じて定めたものが定形だと言えるでしょう。

独和辞典や独独辞典の見出しには動詞の不定形が載っていますが、そのほとんどがnennen（名づけていう）、wählen（選ぶ）のように、-enで終わっています。この -enを**語尾**、残りのnenn- やwähl- を**語幹**といいます。定形では語尾が主語の人称・数に応じて変わります。wechseln（交換する）、ändern（変える）などのように不定形の語尾が -nとなる動詞もいくつかあります。

（3）動詞の属性

動詞の定形は以下の3つの属性をもっています。

人称・数 主語の人称・数に応じて語尾変化します。人称は1人称・2人称・3人称の3種類、数は単数・複数の2種類です。なお人称については第4章を参照してください。☞ p.82

時制 動詞の表わす行為や状態などの時を表わします。ただし客観的な時ではなく、話し手の現在を基準にした、話し手の時間感覚の表現です。現在、現在完了、過去、過去完了、未来、未来完了の6つの時制があります。各時制の守備範囲についてはこの章の第2節、そして第10章から第12章までに記します。

法 伝えようとすることがらについての話者の態度を表わします。事実として語る直説法、命令として語る命令法、願望や伝聞として語る接続法第1式、非現実として語る接続法第2式があります。

このほかに、多くの動詞は**態**という属性ももっています。行為者と行為との両方に照準をあて「XがYをする」と表わす能動態と、行為そのものに焦点をあてて「Yがなされる」と述べる受動態とがあります。

以上の属性を具体例で確認しましょう。

Viele Eltern **nennen** ihre Tochter Sophie. Der Vorname **wird** wegen seines schönen Klangs und auch seiner Bedeutung „göttliche Weisheit" **gewählt**.

多くの親が娘をゾフィーと名づけている。この名前は、その美しい響きと「神智」という意味のために、選ばれている。

上の例文の述語動詞は、次のような属性を含んでいます。
- nennen: 直説法、能動態、3人称複数、現在
- wird ... gewählt: 直説法、受動態、3人称単数、現在

（4）動詞の表わすできごとの時間的性質

動詞はそれぞれ、それが表わすできごとが瞬間的なことなのか、継続的なことなのか、といったできごとの時間的性質も含意しています。

時間的限定・瞬間　動詞の表わすできごとが、時間的にきわめて限定されていたり瞬間的だったりするもの。anfangen（始まる、始める）、einschlafen（寝入る）、finden（見つける）、begegnen（ばったり出会う）、sich verlieben（恋に落ちる）、sterben（死ぬ）など。

継続　動詞の表わすできごとが一定のあいだ継続するもの。haben（持っている）、wohnen（住んでいる）、kennen（知っている）、schlafen（眠っている）、behalten（保つ）、sich interessieren（関心をもつ）など。

　動詞の表わすできごとの時間的性質によって、ともに用いることのできる時間の添加語が決まります。たとえばan dem Tag（その日に）と限定的な時を表わす添加語は、たとえばsich verliebenやbegegnenなどとともに使うことができますが、kennenやbehaltenと用いることはできません。

　またこの時間的性質は、特に自動詞の完了時制の形にも関わってきます。☞ p.187

2. 時制

　動詞（Verb）はZeitwort（時間語）ともいいます。時制をもつ動詞はまさに時間を担う語というわけです。直説法の時制には先に述べたように、現在、現在完了、過去、過去完了、未来、未来完了の6つがあります。

（1）現在

　話し手の「いま」を含む幅広い時間を表わします。いろいろな文章で使われる定形のうち5割が現在形だそうです。これも現在形の守備範囲の広さゆえでしょう。以下のような使い方があります。

●いま現在起こっていることや現在の状態

　a. Viele Touristen **besuchen** Kyoto.
　　たくさんの旅行者が京都を訪れる／訪れている。

b. **Ich lese gerade deine Mail.**
   いまちょうどあなたのメールを読んでいるところ。

「いま現在」が「この瞬間」なのか、「こんにち」といった広い意味なのか、その中間くらいなのか、その時間的な幅は文脈によってさまざまです。わたしたちは日本語でも、「いま」の時間的な幅を時と場合によって解釈していますから、それをドイツ語でも応用すればよいわけです。また、ドイツ語には英語のような現在進行形はありません。特に「いまこの瞬間に進行中」という感じを表わすには、例文 b. のように、**gerade**などの副詞を用います。

●過去に始まり現在まで続いていることがら

Seit drei Jahren lerne ich Deutsch.
わたしは3年前からドイツ語を学んでいます。

● 確実に起こる未来のできごと

　未来のできごとであっても、話し手が現在とひと続きの時間の流れのなかで確実に起こることと判断して述べる場合には、現在形を用います。

Nächstes Jahr kommt meine Tochter in die Schule.
来年娘が小学校に入る。

●普遍的に妥当することがら

　話し手が「普遍妥当性がある」として語ることがらも、現在形で表わします。

Alle großen Männer sind bescheiden.
偉大な男はみな謙虚である。

（2）現在完了

　完了はできごとや行為を「すでに行なわれたこと、完了したこと」として表わす時制です。そのうち現在完了は、**現在から見てすでに起こっ**

たこと、**すでに完了していること**を表わします。日常的に過去のことを述べるのに用いられます。

Gestern bin ich ins Museum gegangen.
昨日わたしは美術館／博物館に行った。

(3) 過去

できごとを、話し手の現在に直接関わりのあることとしてではなく、いわば**別次元の世界のこととして物語る時制**です。回想録、小説、メルヒェンなどで用いられます。

Es war einmal ein König.　昔ひとりの王様がいました。

過去のことがらを表わす時制に現在完了と過去があること、その区分けなどについては、第10章、第11章を参照してください。 p.181, 185

(4) 過去完了

過去のある時点を基準にして、それよりも前に起こったことがらを表わします。過去完了の文が単独で現われることはなく、基準となる時を表わす現在完了ないし過去時制の文とともに用いられます。

Ich hatte der Behörde mehrmals geschrieben, bis ich endlich eine Antwort bekommen habe.
ついに返事をもらうまで、わたしは何度も役所に（手紙／メールを）書いた。

(5) 未来

先に見たように、ドイツ語では未来のことも現在形で表わします。未来形もありますが、未来形を使う場合にはそこに**推測**や**可能性**という意味合いが加わります。 p.201

Die Mannschaft wird bald einen neuen Trainer bekommen.　チームにはまもなく新しい監督が来るだろう。

（6）未来完了

推測を表わす助動詞 werden が完了不定句［過去分詞 + haben/sein］と結びつく場合には、「〜した」という完了の意味に推測や予測が加わります。これを未来完了といいます。

In einer halben Stunde werden wir zu Hause angekommen sein. 半時間後にわたしたちは家に着いているでしょう。

3. 動詞の現在人称変化

Ich wohne in Leipzig. Mein Bruder wohnt in Tübingen.
わたしはライプツィヒに住んでいます。兄／弟はテュービンゲンに住んでいます。

上の例のように、ドイツ語の定形は主語に応じて変わります。これを**人称変化**といいます。ドイツ語を含むインド・ヨーロッパ語の特徴で、英語ではそれが大幅に簡略化されてしまっていますが、フランス語、ロシア語などほかの言語は人称変化を維持しています。これらの言語では、人称変化を通じて主語と述語とが密接に連動しているのです。

ドイツ語の現在人称変化では、語幹は基本的に変化せず、語尾を主語の人称・数に応じて変化させます。動詞 wohnen を用いた上の例文で見てみましょう。

Ich　wohne　in Leipzig.
主語：1人称単数

Mein Bruder　wohnt　in Tübingen.
主語：3人称単数

現在人称変化は、大半の動詞でごく規則的です。ただし、なかには語幹の母音が変わる動詞もあります。

3. 動詞の現在人称変化

（1）主語の人称と数

主語となる人称には、英語と同じく、1人称、2人称、3人称の3つがあり、各人称に単数、複数の区別があります。それぞれの人称代名詞は下表のとおりです。

	単数	複数
1人称	ich わたしは／が	wir わたしたちは／が
2人称	du 君は／が Sie あなたは／が	ihr 君たちは／が Sie あなたがたは／が
3人称	er 彼は／が es それは／が sie 彼女は／が	sie 彼らは／が、それらは／が

　ここでは便宜上、3人称のer, es, sie, sie（複数）をそれぞれ「彼は」、「それは」のように訳していますが、実際にはerが男性名詞のder Tisch（机）などを指し、訳語としては「それは」「これは」の方がふさわしい場合も多くあります。☞ p.83

　また2人称には、心理的に近しい人に対して使うdu/ihrと、距離感のある人に対して使うSieとがあります。前者を親称、後者を敬称といいます。親称と敬称の区別も訳語では表わしきれません。詳しくは第4章を参照してください。☞ p.83

（2）現在人称変化の基本

語幹は変化せず、語尾だけが主語の人称・数に応じて変わります。

wohnen（住んでいる）
語幹 - 語尾

数	人称			数	人称		
単数	1	ich	wohne	複数	1	wir	wohnen
	2	du	wohnst		2	ihr	wohnt
		Sie	wohnen			Sie	wohnen
	3	er/es/sie	wohnt		3	sie	wohnen

22

現在人称変化の語尾は色で示した部分です。これはほぼすべての動詞に共通です。語尾を抜き出すと次のようになります。

語尾変化の基本ルール

		不定形：語幹 -en				
数	人称			数	人称	
単数	1	ich	-e	複数	1	wir	-en
	2	du	-st		2	ihr	-t
		Sie	-en			Sie	-en
	3	er/es/sie	-t		3	sie	-en

なお、**2人称敬称のSieと3人称複数のsieの人称変化語尾は、つねに同じ**です。 ※そのため本書では以後、動詞の変化表では敬称Sieを省略します。

発音上の理由から、次のように上記の基本ルールから少しはずれるものがあります。

不定形の語尾が -n だけの動詞

	wechseln（換える）	tun（する）
ich	wechsle	tue
du	wechselst	tust
er/es/sie	wechselt	tut
wir	wechseln	tun
ihr	wechselt	tut
sie	wechseln	tun

-elnで終わる動詞では、口調上の理由からichに対する形で語幹の -e- が脱落します。ändern（変える）のように -ernで終わる動詞では、ich ändereと語幹の -e- が落ちない方がふつうです。

23

また、-nで終わる動詞は、複数のwirとsie、敬称のSieで、語尾が不定形と同じく -nになります。

語幹が-d, -t, -chn, -ffn, -tmで終わる動詞

	arbeiten（働く）	öffnen（開ける）
ich	arbeite	öffne
du	arbeitest	öffnest
er/es/sie	arbeitet	öffnet
wir	arbeiten	öffnen
ihr	arbeitet	öffnet
sie	arbeiten	öffnen

duに -est、3人称単数と2人称複数ihrに -etという語尾がついています。基本の語尾とのちがいは、それぞれ -e- という母音が入っていること。これは口調を整えるためです。口調上の -e- を入れる動詞にはほかに次のようなものがあります。

finden（見つける、思う） ➡ du findest, er findet, ihr findet
rechnen（計算する） ➡ du rechnest, er rechnet, ihr rechnet
atmen（呼吸する） ➡ du atmest, er atmet, ihr atmet

語幹が[s], [tʃ], [ts]という音で終わる動詞

	heißen（〜という名前だ）	klatschen（手を叩く）	tanzen（踊る）
ich	heiße	klatsche	tanze
du	heißt	klatscht	tanzt
er/es/sie	heißt	klatscht	tanzt
wir	heißen	klatschen	tanzen
ihr	heißt	klatscht	tanzt
sie	heißen	klatschen	tanzen

このような動詞は、duに対する人称変化語尾が -tとなります。人称語尾 -stの -s- の音が語幹の最後の子音に吸収合併されるためです。

なお語幹が [ʃ] という音で終わる動詞は、mischen（混ぜる）→ du mischstのように、duの語尾は -stです。

（3）幹母音が変わる動詞

Ich spreche Deutsch und Italienisch. Sprichst du auch Italienisch?
わたし、ドイツ語とイタリア語を話すんだ。あなたもイタリア語を話すの？

この例では、sprechenという動詞のduに対する定形がsprichstとなり、語幹の母音（幹母音）のeがiに変わっています。動詞のなかにはこのように、**duと3人称単数の現在人称変化形で幹母音が変わるもの**があります。

幹母音の変化には2つのパターンがあります。

幹母音の変化	a ➡ ä	e ➡ i
	fahren（乗物で／が行く）	sprechen（話す）
ich	fahre	spreche
du	fährst	sprichst
er/es/sie	fährt	spricht
wir	fahren	sprechen
ihr	fahrt	sprecht
sie	fahren	sprechen

このタイプの動詞にはよく使われるものが多いので、ich fahre, du fährstなどと唱えながら覚えてしまいましょう。

それぞれのパターンに属する動詞にはほかにも以下のようなものがあります。

3. 動詞の現在人称変化

● **a が ä に変わるもの**

schlafen（眠っている）→ du schläfst, er schläft

Psst! Das Baby schläft! シーッ！　赤ちゃんが寝ているよ！

● **e が i(e) に変わるもの**

幹母音 e が短い場合：e ➡ i

essen（食べる）→ du isst, er isst

※ essen は語幹が [s] という音で終わっているため、du に対する定形で語尾が -t となります。

Mein Großvater isst nicht gern Fleisch.
うちの祖父は肉が苦手だ。

幹母音 e が長い場合：e ➡ ie

sehen（見る）→ du siehst, er sieht

Meine Großmutter sieht jeden Tag mindestens einen Film. わたしの祖母は毎日、映画を最低でも1本見る。

geben（与える）→ du gibst, er gibt

※ geben では例外的に長い幹母音 e が長い i に変わります。

Gibst du mir bitte das Salz? 塩を取ってくれる？

● **幹母音変音にともなって子音なども変わる動詞**

　上の2つの不規則変化のパターンのいずれかに属しながらも、発音上の理由から語幹の子音も少し変化したり、特殊なつづりになったりするものがあります。ここでは特に重要なものを挙げておきましょう。

halten（保つ、見なす）→ du hältst, er hält

※ 3人称単数で語尾がつきません。

Mein Vater hält von der Psychotherapie nichts.
わたしの父は心理療法というものをまったく認めていない。

laufen（走る、進行中である）→ du läufst, er läuft

※ 語幹の au が äu に変わります。

Im Kino läuft jetzt ein japanischer Film.
いま映画館では日本映画を上映している。

nehmen（取る、受け取る）→ du nimmst, er nimmt

※ 語幹の長母音 eh が短母音 i に変わり、それにともなって語幹の子音も m から mm に変わります。

Was nimmst du? – Ich nehme einen Kakao.
何をもらう？ーわたしはココアにする。

（4）wissen の現在人称変化

ich と 3 人称単数の形が同じという、特殊な変化をします。

wissen（知っている）				
ich	weiß	wir	wissen
du	weißt	ihr	wisst
er/es/sie	weiß	sie	wissen

du と 3 人称単数だけでなく ich に対する定形でも幹母音が変化すること、また ich と 3 人称単数で語尾がつかないことが、大きな特徴です。幹母音は i から ei に変わり、それにともなって語幹の子音のつづりも ss から ß になります。

Was möchten Sie bestellen? – Das weiß ich noch nicht.
何を注文なさりたいですか？ー まだわからないんです。

noch mehr

　1、2、3 人称単数すべてで幹母音が変わり、また ich と 3 人称単数で語尾がつかないという点で、wissen の現在人称変化は話法の助動詞の現在人称変化 ☞ p.192 や強変化動詞の過去人称変化 ☞ p.183 と同じです。wissen と話法の助動詞は、もともとの現在形が消失してしまい、その穴を過去形を現在形に転用することで埋めた動詞なので、このような特徴をもつのです。

（5）haben, sein, werdenの現在人称変化

haben（〜をもっている）、sein（〜である）、werden（〜になる）は、動詞としてばかりでなく完了や受動態の助動詞としても用いられ、使用頻度が高い動詞です。それぞれ不規則な変化をしますので、ここでまとめて挙げておきましょう。

	haben	sein	werden
ich	habe	bin	werde
du	hast	bist	wirst
er/es/sie	hat	ist	wird
wir	haben	sind	werden
ihr	habt	seid	werdet
sie	haben	sind	werden

seinは特に不規則です。語幹がsei、語尾がnですが、ほかの動詞のように、定形を［語幹 + 人称変化語尾］という形でとらえることができません。変化をこのまま覚えてください。

Du hast Kopfschmerzen? Hast du Fieber?
頭痛がするって？　熱があるの？

Bist du's? – Ja, ich bin's. あなたなの？－そう、僕だよ。
※'sはesの省略形、口語でよく用いられます。

Das Zimmer wird ab nächsten Monat frei.
この部屋は来月から空く。

なおseinやwerdenなど、［主語＝述語内容語］の関係を表わす動詞のことを**コプラ**といいます。コプラを用いた文で、主語と述語内容語とが人称や数の点で異なる場合に、定形を主語ではなく述語内容語に一致させることがあります。とりわけ「それは」という意味のesやdasが主語となっている場合には、定形は述語内容語と一致します。

Sind Sie Herr Otto? –Ja, das bin ich.
オットーさんですか？―はい、そうです。

Wie viele Personen sind auf der Warteliste? – Es sind fünf Personen.
順番待ちのリストには何人載っていますか？ ― 5人です。

Column

動詞を辞書で引く（１）

文章のなかに出てきた知らない動詞の意味を知りたい場合、また作文などの際にある動詞の人称変化を知りたいとき、それぞれのケースについて、辞書の引き方を確認しておきましょう。

●文章中の動詞の意味などを知りたい場合

　最初の作業は、定形から不定形を割り出すことです。たとえばDie ganze Nation trauert um den verstorbenen ehemaligen Präsidenten.（国全体が、死去したかつての大統領を悼んでいる）では、その位置からして、trauertが定形だということがまずわかります。主語がdie ganze Nationで3人称単数ですから、語幹は語尾を除いたtrauer-、これに不定形の語尾 -nをつけてtrauernで引いてみると、「悼む、悲しむ」という意味が見つかります。語幹の母音が変わっている可能性がある場合には、幹母音を操作してみます。たとえば3人称単数の主語に対して動詞trifftが使われているとします。語幹に不定形の語尾 -enをつけたtriffenで辞書を引いても見つかりません。ということは…幹母音が変化しているのかもしれません。3人称単数の語幹でiになるのは、幹母音変音のパターンに当てはめると、不定形ではeです。そこで今度はtreffenで引いてみると、ありました！　「会う、命中する」といった意味だとわかりますね。

●ある動詞の現在人称変化を知りたい場合

　rufenのように、幹母音がa, e以外であり、幹母音変音の2つの型に属さない場合には、基本ルールに従って語幹に語尾をつけます。

　tragen（運ぶ、身に着けている）のように変音の可能性があるものは、まずこの不定形を辞書で引いてみます。最近の辞書は、使用頻度の高い幹母音変音動詞については、現在人称変化表を見出し語のすぐあとに載せています。あるいは、du trägst, er trägtと、変音する親称単数と3人称単数のみ載せているかもしれません。それも載っていない場合には、tragen* のように、見出し語に「*」がついているかどうか確認してください。ついていれば不規則動詞 ☞ p.36 で変音する可能性が大きい動詞ですから、辞書巻末の不規則動詞変化表の「現在人称変化」の欄で確認します。

　wagen（敢えて〜する）も幹母音変化の可能性がありますが、辞書を引いても現在人称変化形は特に載っていません。このような動詞は幹母音が変音しません。

4. 定形の位置

　ドイツ語の語順では定形の位置がもっとも重要です。

　文には、命令文 ☞ p.258 を除くと、「〜である」と言い切る**平叙文**、疑問詞を用いる**補足疑問文**、疑問詞を用いない**決定疑問文**、そして**感嘆文**の4種類があります。このうち特に平叙文と疑問文では定形の位置が決まっています。

（1）平叙文

　平叙文では定形は必ず**文の2番目**におかれます（**定形第2位**）。2番目といっても、文頭から単純に2語目ということではなく、文成分 ☞ p.10 を単位として数えます。「2005年からレーゲンスブルクに住んでいる」という意味の文で見てみましょう。

前域	定形	中域	
Wir	**wohnen**	seit 2005 in Regensburg.	
Seit 2005	**wohnen**	wir in Regensburg.	

定形の前を**前域**、後ろを**中域**といいます。前域には文成分がひとつだけ入りますが、それが主語のこともあれば、ふたつめの例のように時や場所などの添加語の場合もあります。なお前域と中域それぞれにどのような成分をおくかは、情報伝達の流れによって決まります。前域にはふつう、文のテーマとなる要素がきます。中域は、その最後に定形と結びつきの強い要素がおかれます。なお情報伝達の観点から見た語順については第22章に記しています。☞ p.313

（2）否定の平叙文

否定の語が入る場合でも、平叙文であれば、定形はやはり2番目におかれます。

Wir wohnen nicht mehr in Bern.
わたしたちはもうベルンに住んではいない。

ドイツ語では否定文に英語の do などにあたる助動詞は使いません。また nicht は、否定したい語の直前におきます。nicht の位置については第15章に記しています。☞ p.220

（3）補足疑問文

疑問詞を用いた疑問文を補足疑問文といいます。疑問詞に凝縮された、質問者が知りたい情報を、答えの文が補うからです。

補足疑問文でも、平叙文と同様、**定形が2番目**におかれます。**疑問詞は必ず前域**です。

前域	定形	中域	
Wann	**hast**	du Geburtstag?	誕生日はいつ？
Um wie viel Uhr	**fährt**	der Zug nach Wien ab?	

ウィーン行きの列車は何時に出ますか？

疑問文でも、ドイツ語では、英語のdoに相当する助動詞は使いません。疑問文であることを示すのは、補足疑問文では疑問詞、次に述べる決定疑問文では定形の位置と尻上がりの文メロディーとです。

(4) 決定疑問文

疑問詞のない疑問文は決定疑問文といいます。質問の内容が、答えにおいて、jaないしneinのどちらかに決定されるからです。

決定疑問文では**定形が文頭**におかれます。前域がなく、いきなり定形から始まるのが、決定疑問文のシグナルなのです。

定形	中域	
Haben	Sie einen Stift dabei?	ペンをお持ちでしょうか？
Bist	du erkältet?	風邪をひいているの？

●決定疑問文に対する答え方

決定疑問文には、jaまたはneinを使って答えます。jaかneinのいずれかだけで答えることもできますが、ふつうは何らかの補足情報を添えます。たとえばBist du erkältet? に対しては、次のような答えが考えられます。

Ja, seit dem letzten Wochenende.　うん、この前の週末から。
Nein, es kratzt nur im Hals.
ううん、喉がいがらっぽいだけなんだ。

英語のように ×Ja, ich bin. などと主語と動詞または助動詞だけで答えることはしません。この答え方は、ドイツ語では非文（文法的にありえない文）になってしまいます。

●否定の決定疑問文に対する答え方

否定のnichtやkeinを含んだ決定疑問文には、どう答えたらよいでしょうか。

Warum gehst du nicht zur Party? Hast du keine Lust? なんでパーティーに行かないの？　行きたくないの？

Doch, ich habe schon Lust! Aber ich habe keine Zeit. いや、行きたいんだ。でも時間がないんだよ。

Nein, ich habe keine Lust. Das wird bestimmt langweilig. うん、行きたくないんだ。どうせきっと退屈なんだもん。

dochは、決定疑問文に含まれる否定（例文ではkeine Lustのkeine）をひっくり返して肯定文で答える場合に用います。それに対して、決定疑問文に含まれる否定をそのまま受けて、答えも否定文で言う場合にはneinを用います。

なお否定の前つづりun-のついた形容詞を用いた疑問文は、否定文ではなく、肯定文としてとらえます。

Ist die Lage in dem Land noch unsicher?
その国の情勢はまだ不安定でしょうか？

Ja, sie ist noch sehr unstabil.
はい、まだとても不安定です。

Nein, sie ist wieder unter Kontrolle.
いいえ、ふたたび鎮まっています。

（5）確認のための疑問文

相手に何かを確認するための質問は、純粋に相手から答えを求める質問とは、定形の位置が異なります。

●発話内容が正しいことを相手に確認するための質問

話し手が、自分の述べる内容の妥当性を相手に確認したいときには、平叙文と同じく定形第2位の文を用います。ただしイントネーションは異なり、決定疑問文と同じく文末で上げます。nicht wahr（〜ですね？）などを添えることもあります。

Sie kommen doch wieder? またお越しになるでしょう？

Ich darf mit dir Tacheles reden, nicht wahr?
君とは腹を割って話してもいいだろう？

● 相手の発言を確認するための質問

　相手の発言内容が完全には理解できない、その内容がすぐに呑み込めないほど驚くべきことだ、といった場合に、「ほんとうにこう言ったのか？」という気持ちを込めて問い返すことがあります。その場合の疑問文も、定形第2位文を用います。

Du fährst mit dem Zug nach Europa?
ヨーロッパまで列車で行くって？

● 相手の質問を確認するための質問

　対話相手がした質問の内容を確認するために、相手におうむ返しに同じ質問をする際には、定形が文末におかれる副文 ☞ p.230 の形をとります。

Was ich gerade mache?　いま何をしてるところかって？

Ob wir mit Stäbchen essen können?
ぼくたちが箸を使って食事ができるかって？

(6) 感嘆文

　「なんていい天気なんだろう」など、強い驚きや感動の気持ちを表わす文を総称して感嘆文といいます。感嘆文の語順は、平叙文と同じもの、疑問文と同じものなどさまざまです。以下に主な形を挙げておきましょう。

a. Du hast aber Glück gehabt!　それにしても運が良かったねえ！
b. Hast du aber Glück gehabt!
c. Wie herrlich ist das Wetter!　天気がなんてすばらしいんだろう！
d. Wie herrlich das Wetter ist!

　a. と b.、c. と d. でそれぞれ定形の位置が異なっていますが、意味上のちがいはありません。また感嘆文には、a. と b. の aber のように、驚きを表わす心態詞 ☞ p.326 がよく加えられます。

5. 動詞の3基本形

不定形・過去基本形・過去分詞を動詞の**3基本形**といいます。現在人称変化が不定形をもとにしていたのと同様に、ドイツ語では過去形は、過去基本形をもとに、これを人称変化させて作ります。☞ p.182　過去分詞は、haben ないし sein との組み合わせで完了時制を作ります。☞ p.185　また形容詞のように名詞を規定したり副詞的に使われたりもします。☞ p.301

3基本形には規則的な変化をするものと不規則な変化をするものがあります。規則動詞は**弱変化動詞**ともいいます。不規則動詞には、幹母音が変わることの多い**強変化**と、弱変化と強変化両方の特徴を併せもつ**混合変化**のふたつのタイプがあります。

(1) 規則動詞 (弱変化動詞)

弱変化とは変化が少ないという意味です。語幹が不定形と変わらず、過去基本形や過去分詞を作る際のルールもきわめて規則的なタイプです。

不定形　語幹-en	過去基本形　語幹-te	過去分詞　ge-語幹-t
sag**en**　（言う）	sag**te**	**ge**sag**t**
wechsel**n**　（替える）	wechsel**te**	**ge**wechsel**t**
arbeit**en**　（働く）	arbeit**ete**	**ge**arbeit**et**
öffn**en**　（開ける）	öffn**ete**	**ge**öffn**et**
fotografier**en** （写真を撮る）	fotografier**te**	fotografier**t**

過去基本形は**語幹-te**、過去分詞は**ge-語幹-t**です。ただし語幹が -d, -t, -chn, -ffn, -tm などで終わる動詞は、現在人称変化と同じく語幹の直後に口調上の -e- を入れ ☞ p.24、過去基本形で [語幹-ete]、過去分詞で [ge-語幹-et] とします。

またアクセントが2番目以降の母音におかれる動詞は、過去分詞に **ge-** をつけません。fotografieren のように -ieren で終わる外来語の動詞、miauen（猫がニャオと鳴く）などごく一部の動詞、そして非分

離動詞 ☞ p.42 がこれにあたります。

（2）不規則動詞

● 強変化動詞

強変化動詞の特徴は、**過去基本形と過去分詞の両方またはいずれかで幹母音が交替すること、過去基本形で語尾がつかないこと、そして過去分詞が -en で終わる**ことです。

幹母音の変化には3つのパターンがあります。

3基本形すべてで幹母音が異なるもの

不定形　語幹-en	過去基本形　語幹	過去分詞　ge-語幹-en
finden (見つける、思う)	fand	gefunden
gehen (行く)	ging	gegangen
nehmen (取る)	nahm	genommen
sitzen (座っている)	saß	gesessen

不定形と過去分詞の幹母音が同じもの

不定形　語幹-en	過去基本形　語幹	過去分詞　ge-語幹-en
essen (食べる)	aß	gegessen
fahren (乗物で／が行く)	fuhr	gefahren
kommen (来る)	kam	gekommen

過去基本形と過去分詞の幹母音が同じもの

不定形　語幹-en	過去基本形　語幹	過去分詞　ge-語幹-en
bleiben (とどまっている)	blieb	geblieben
stehen (立っている)	stand	gestanden
tun (する)	tat	getan

強変化動詞には、stehen や essen などのように、過去基本形や過去分詞で幹母音のほかに子音が変わったり子音が加わったりするもの

があります。またsitzenやessenなどでは、幹母音の長短に応じて語幹の子音のつづりがssとなったりßとなったりします。bleiben–blieb–gebliebenなど、ieとeiの交替が紛らわしいものもあります。よく使う動詞については細部まで注意して正しい形を覚えるようにしましょう。

● **混合変化動詞**

混合変化は、過去基本形が**語幹-te**、過去分詞が**ge-語幹-t**となる弱変化の特徴と、**幹母音が交替**するという強変化の特徴とが混じっています。

不定形　語幹-en	過去基本形　語幹-te 母音交替	過去分詞　ge-語幹-t 母音交替
bringen（持ってくる）	brachte	gebracht
kennen（知っている）	kannte	gekannt
wissen（知識を持っている）	wusste	gewusst

混合変化動詞にはほかに、denken（考える）、nennen（名づける）、senden（送る）、wenden（向ける）、brennen（燃える）、rennen（走る）があります。

● **haben, sein, werden**

この3つの動詞は、完了時制や受動態の助動詞としても用いられます。

不定形	過去基本形	過去分詞
haben（持っている）	hatte	gehabt
sein（～である）	war	gewesen
werden（～になる）	wurde	geworden（受動の助動詞では worden）

noch mehr

　動詞のなかには、ごく少数ながら意味や用法によって3基本形が異なるものがあります。

不定形	過去基本形	過去分詞
schaffen（創造する）	schuf	geschaffen
schaffen（成し遂げる）	schaffte	geschafft

　schaffenは、「創造する、作り上げる」という意味では強変化になり、「成し遂げる」という意味では弱変化になります。ほかにerschrecken（驚く／驚かせる）やhängen（掛かっている／掛ける）などにも意味・用法に応じて強変化と弱変化とがあります。

第2章 複合動詞

ある動詞の頭に、その意味を変化させるつづりをつけ加えた動詞を複合動詞という。

1. 複合動詞

　ドイツ語の動詞には、基礎的な動詞に特定の意味を添えるつづりをつけ加えたものが多くあります。これを**複合動詞**といいます。たとえばkommen（来る）という動詞をもとにした複合動詞には、ankommen（到着する）やbekommen（もらう）などがあります。

Der Zug kommt in fünf Minuten in Stralsund an.
列車は5分後にシュトラールズントに着く。

Alle Gäste bekommen heute einen Nachtisch gratis.
今日は客全員がデザートを無料でもらう。

　ankommenのように分離するものを**分離動詞**、bekommenのように分離しないものを**非分離動詞**といいます。
　英語にも、impressやexpressのように、基礎となる動詞（press）に接頭辞（im-やex-）をつけて意味を拡張した動詞がありますが、ラテン語起源のものに限られ、現代の英語で動詞に接頭辞をつけて新たな動詞を作るということはあまりありません。それに対してドイツ語は造語力が豊かで、今でも新たな複合動詞が生まれています。

2. 分離動詞

（1）分離動詞の成り立ち

　分離動詞は、基礎的な動詞に副詞や名詞などが結びついて成立したものです。
　たとえば「上へ、開いて」という意味の副詞として使われるaufで見

てみましょう。

a. Das Fenster ist **auf**. 窓が開いている。

b. Im Winter geht die Sonne erst gegen sieben Uhr **auf**. 冬には7時頃になってようやく日が昇る。

例文a.ではaufは副詞として使われています。b.では、gehenが文末のaufと結びついて「昇る」というひとつの概念を表わしています。このgehen ... aufのような、動詞句がひとつの動詞として認識されるようになったものが、**分離動詞**です。分離動詞は、不定形や辞書の見出し語としては、もともと副詞などだった語を基礎動詞の前におき、aufgehenのように記します。基礎動詞の前についた部分を**前つづり**といいます。辞書などでは、auf|gehenのように前つづりと基礎動詞とのあいだを棒線で区切り、分離動詞であることを明示していることもあります。分離動詞の不定形ではアクセントはつねに前つづりにあります。untergehen（沈む）でもzugehen（近づく、閉まる）でもなくaufgehenなのだ、ということを言うには、前つづりをはっきり発音しなければならないわけです。　※下線はアクセントを示します。

（2）分離動詞の語順

分離動詞は、文の述語となる場合には分離し、基礎動詞の定形が2番目に、前つづりが文末におかれます。

an|fangen（始める、始まる）

Der Tanzkurs fängt im April an. ダンスの講座は4月に始まる。

述語が基礎動詞の定形と前つづりとの2か所に分かれ文の枠を作る、というのが分離動詞の語順の大きな特徴です。これを**枠構造**といいます。

```
                                枠構造
                         ┌────────────┴────────────┐
            述語1                                   述語2
 前 域      基礎動詞定形              中 域         前つづり
Der Tanzkurs  fängt       im April                  an.
Am Ende       laden       wir Leute zu einer Tanzparty  ein.
```
ダンスの講座は4月に始まる。
最後にはわたしたちは人びとをダンスパーティーに招待する。

　枠の前が**前域**、述語1と述語2の枠に挟まれた部分が**中域**です。前域は文のテーマを提示します。☞ p.313　テーマについての重要な情報を伝達する場は述語1から述語2までで、聞き手／読み手は述語2まで緊張をもって相手の発話を聞いたり読んだりするよう求められます。述語1の意味がわかって安心していると数行下の文末に前つづりが出てきて、辞書を引き直さなければならなかったという経験は、どなたもお持ちではないかと思います。『トム・ソーヤーの冒険』で有名な作家マーク・トウェインも、エッセイ「恐ろしきドイツ語」でab-reisen（旅立つ）を例に、動詞のあとに目的語やその言い換えや添加成分やらが何行も詰め込まれ、忘れた頃にabが出てくる、と怒り呆れています。わたしも分離動詞には何度も引っかかりました。でもドイツ語の表現に慣れてくるにつれ、前つづりがくるかどうか、どの前つづりがくるか、ある程度予測できるようになってきます。予測できなくても、ドイツ語では文末近くに重要な情報がおかれることが多いので、辞書を引く前にまずは文末までざっと目を通すという癖をつけるとよいでしょう。なお情報伝達と語順の関わりについては第22章を参照してください。

（3）主要な前つづりと分離動詞

　前つづりと基礎動詞とからできた分離動詞は、偏と旁（つくり）とから成る漢字に似ているところがあります。はじめてお目にかかる分離動詞でも、基礎動詞と前つづり、それぞれに見覚えがあれば、分離動詞全体でどのような意味になるのか、だいたい推測できます。

　主要な前つづりごとに、よく使う分離動詞をまとめておきましょう。

ab 離れて、下へ、終えて
　　abfahren （乗物で／乗物が）出発する
　　absteigen （乗物などから）降りる
　　abschließen 完了する
an 接近して、接続して
　　ankommen 到着する　　anmachen （スイッチを）入れる
auf 上へ、開いて
　　aufgehen （太陽などが）昇る、（ドアなどが）開く
　　aufstehen 起きる、立ち上がる
aus 外へ、徹底して
　　ausdrücken 表現する　　ausarbeiten 推敲(すいこう)する、念入りに仕上げる
ein なかへ、こちらへ
　　einsteigen （乗物に）乗り込む　　einladen 招待する
fest 固く、確実に
　　festlegen 確定する　　feststellen 確認する
nach あとから、従って、目指して
　　nachschenken 注(つ)ぎ足す
　　nachahmen 模倣する
　　nachschlagen （辞書などで）調べる、探す
vor 前に
　　vormachen 手本を見せる　　vorstellen 紹介する
zusammen いっしょに、ひとつに
　　zusammenarbeiten ともに仕事をする
　　zusammenhängen 関連する

3. 非分離動詞

　複合動詞のうち前つづりが分離しないものを**非分離動詞**といいます。非分離の前つづりはbe-, emp-, ent-, er-, ge-, ver-, zer-の7つです。これらは独立した単語としては存在しない接頭辞です。アクセントは、前つづりの自立性が低いため、基礎動詞の方におかれます。

　よく使われる非分離動詞には次のようなものがあります。

besuchen 訪問する

Wir besuchen zu Neujahr unsere Eltern.
わたしたちはお正月に両親のところに行く。

gefallen 気に入られる

Gefällt Ihnen das Buch? その本はあなたの気に入りましたか？

verlieren 失う

Der Politiker verliert leicht die Geduld.
その政治家はたやすく忍耐を失う。

非分離の前つづりの意味は抽象的だったり多様だったりして、前つづりから動詞の意味を推測することが分離動詞ほど容易ではありません。それでもやはり知っていると手がかりになることもあるので、主な意味・機能を挙げておきましょう。ただ動詞によっては以下に挙げる接頭辞の意味に当てはまらないものもあります。ge- は、前つづり自体の意味もはっきりしません。そのような場合には、**gefallen**（気に入られる）、**gestehen**（白状する）など、動詞ひとつひとつを覚えるのが得策です。

be-
　自動詞や形容詞などから他動詞を作る
　　besuchen　訪問する　beruhigen　安心させる

ent-
　（1）離脱、除去　entschuldigen　許す
　（2）起源、開始　entwickeln　展開する
　※ ent- がfで始まる動詞の前につくときには、emp- となることがあります。
　　empfinden　感じる

er-
　（1）獲得、到達　erkennen　認識する
　（2）形容詞から「～の状態にする」という意味の他動詞を作る
　　ergänzen　補う（< ganz　すべて揃った）

ver-
　（1）名詞や形容詞（原級または比較級）から、「～にする」という意

味の他動詞を作る　verkörpern　体現する（< Körper　体）
（2）消失、消滅　vergessen　忘れる
（3）基礎動詞に「誤って」という意味を加える。再帰動詞になるものも多い　sich verlaufen　道に迷う

zer-

小さい部分への分裂、破壊　zerstören　破壊する

noch mehr

非分離の前つづりには、もうひとつ、「過誤、不良」という意味をつけ加える miss- があります。非分離ですから、misslingen（失敗する）のように、アクセントは基本的には基礎動詞におかれます。

ただし動詞によっては miss- にアクセントがおかれます。特に、missverstehen（誤解する）のように、非分離動詞にさらに miss- がついたものがこれにあたります。

4. 分離・非分離動詞

前つづりのなかには、分離の前つづりにも非分離の前つづりにもなるものがあります。durch-, hinter-, über-, um-, unter-, voll-, wider-, wieder- の8つ、いずれも副詞や形容詞が前つづりになったものです。分離の前つづりのときにはここにアクセントがおかれ、非分離のときにはアクセントは基礎動詞の方におかれます。

これらの前つづりはどんなときに分離し、どのような場合に非分離なのでしょうか。原則は次のとおりです。

分離：前つづりのもとになった語の具体的な意味が強く表われる場合
非分離：もとの語の意味が比喩的になる場合

前つづり über のついた分離・非分離動詞の例で確認しましょう。

a. **Das Wasser in der Badewanne läuft über!**
　水／お湯が浴槽から溢れてる！
b. **Die Angst überläuft mich.**　不安がわたしを襲う。

例文a.の分離動詞 ü̲berlaufenでは、überがもとの副詞と同様に、「超えて」という空間的意味を表わしています。それに対してb.の非分離動詞überla̲ufenでは、überの「上方に」という空間的意味が「襲来」という比喩的意味になっています。

ただ、この区分があいまいな場合も多いので、意味と使い方、そして不定形でのアクセントの位置とを、動詞ひとつひとつ確認する方がよいでしょう。

それぞれの前つづりの基本的な意味は以下のとおりです。分離か非分離いずれかに限られる意味には、【分離】のように限定をつけています。

durch-　貫通して、浸透して
　　du̲rchdringen　（自動詞）貫き通る
　　durchdri̲ngen　（他動詞）〜を貫通する
hinter-　うしろへ、あとへ、背後で
　　hi̲nterziehen　うしろへ引っ張る
　　hinterzi̲ehen　（税などを故意に）納めない
über-
　　【分離】上に、超えて、移動して　ü̲bersetzen　（向こう岸に）渡す
　　【非分離】襲って、超えて、移転して　überse̲tzen　翻訳する
um-
　　【分離】転換、転覆　u̲mkehren　引き返す、改心する
　　【分離・非分離とも】周りに、囲んで　umge̲ben　囲む
unter-
　　【非分離】多者・二者間で　unterschei̲den　区別する
　　【分離・非分離とも】下に、下から
　　　unterschre̲iben　（書面の下に）署名する
voll-
　　【分離】いっぱいに　vo̲llmachen　完全にする、満たす
　　【非分離】完全に　volle̲nden　完成する
wider-
　　【分離】反射　wi̲derspiegeln　反映する
　　【非分離】反対、抵抗　widerle̲gen　論駁(ろんばく)する

wieder-
【分離】再び　w<u>ie</u>dersehen　再会する
【非分離】繰り返し　wiederh<u>o</u>len　反復する

　前つづりによっては、**durch-** のように分離の方が多いもの、**hinter-** や **über-** のように非分離の方が圧倒的に多いものがあります。また **wieder-** は、**wiederholen** だけが非分離、あとはすべて分離です。

5. 複合動詞の3基本形

　複合動詞の3基本形は、過去基本形、過去分詞ともに、基礎動詞の過去基本形、過去分詞に従います。基礎動詞が弱変化なら複合動詞も弱変化、強変化や混合変化なら複合動詞もそれぞれ強変化、混合変化になります。

（1）分離動詞

　分離動詞の過去基本形は、述語動詞として分離している形で示します。過去分詞は［前つづり＋基礎動詞の過去分詞］です。

不定形	過去基本形	過去分詞
aufmachen (開く)	machte ... auf	aufgemacht
aufstehen (起きる)	stand ... auf	aufgestanden
zurücknehmen (取り消す)	nahm ... zurück	zurückgenommen
beibringen (教える)	brachte ... bei	beigebracht

過去時制では過去基本形が人称変化し、次の例文のようになります。

1992 machten sie er ein Geschäft auf.
1992年に彼らは店を開いた。

（2）非分離動詞

　非分離動詞の3基本形の特徴は、過去分詞に ge- がつかないことです。非分離動詞ではアクセントが前つづりではなく基礎動詞にあることを考えると、アクセントが2番目以降の母音におかれる動詞は過去分詞に ge- をつけないというルール ☞ p.35 がここでも有効なのだとわかりますね。

不定形	過去基本形	過去分詞
versuchen（試す）	versuchte	versucht
verstehen（理解する）	verstand	verstanden

noch mehr

　動詞のなかには、非分離動詞にさらに分離の前つづりがついたものがあります。こうした動詞は、現在時制と過去時制で分離動詞として分離しますが、過去分詞では -ge- がつきません。

　たとえば eingestehen（罪などを認める）の3基本形は以下のようになります。

　eingestehen – gestand ... ein – eingestanden
　　　　　　　　　　　　　（× eingegestanden）

第3章 名詞と冠詞類

名詞は、具体的なあるものを名指したり、抽象的なことがらを名づけて言ったりする際に用いられる品詞。冠詞をともなうことが多く、また形容詞などによって規定されることも多い。

1. 名詞の特性と種類

(1) 名詞の特性

名詞は、具体的なあるものを指したり、抽象的なことがらを名づけて言ったりする際に用いられる語です。文の主語、動詞や前置詞の目的語、述語内容語などになります。

Das alte Gebäude dort ist die Bibliothek.
　　　　　　主語　　　　　　　　　　述語内容語

あそこの古い建物は図書館です。

Viele Touristen besuchen in Bamberg den Dom.
　　　　主語　　　　　　　　　前置詞の目的語　動詞の目的語

多くの旅行客がバンベルクで大聖堂を訪れる。

ドイツ語では原則として**名詞の頭文字を大文字**とします。これはとても便利なルールです。文の情報の中核を担うことが多い名詞が大文字で目立つため、ある文章を目にしたときにそのテーマや内容が——ごく大づかみではあっても——とらえやすいのです。

(2) 名詞の種類

名詞は、その意味や特性から次のように分けることができます。

固有名詞	Käthe Kollwitz　ケーテ・コルヴィッツ	Deutschland　ドイツ
可算名詞	Baum　樹木	Spaziergang　散歩
集合名詞	Gemüse　野菜	Menschheit　人類
物質名詞	Wasser　水	Eisen　鉄
抽象名詞	Aufrichtigkeit　誠実	Mut　勇気

```
├─ 具象名詞　知覚可能な事物や人を表わす
│   ├─ 固有名詞　人名や地名など、特定の具体的な人や物の
│   │            名前
│   └─ 普通名詞　具体的な人や事物およびその総体を指す名詞
│       ├─ 可算名詞　数えられる事物を表わす名詞
│       ├─ 集合名詞　同一の種に属する人や物をひとつの
│       │            集合として表わす名詞
│       └─ 物質名詞　ひとつ、ふたつと数えることができ
│                    ない物質を表わす
└─ 抽象名詞　思考のなかでイメージされる抽象的概念を意味する
             名詞
```

　この区分は、名詞の単数・複数の使い分け、そして冠詞の使い分けに関わってきます。

2. 名詞の性と複数形

(1) 名詞の性

　ドイツ語の名詞には**性**という属性があります。性の区分はインド・ヨーロッパ語全般に見られる現象です。基本的に**男性**、**中性**、**女性**の3つがありますが、生物の雌雄とは関係なく、純粋に文法上のカテゴリーです。英語では性がほぼ消滅してしまい、フランス語などでは男性と女性のふたつに統合されていますが、ドイツ語は男性、中性、女性の3つの性を維持しています。家族の名称の **Vater** が男性名詞、**Mutter** が女性名詞、**Kind** が中性名詞というのはわかるとして、家の **Boden**（床）が男性名詞、**Fenster**（窓）が中性名詞、**Tür**（ドア）が女性名詞なのはなぜか、確たる答えはありません。とにかくドイツ語の世界では名詞はすべて性によって3つのグループのいずれかに属しているわけで、ドイツ語を使う場合にはわたしたちもその世界観を受け入れなくてはなりません。ただし複数では性の区別がなくなります。

　名詞の性は、その名詞を受ける代名詞、名詞につく冠詞や形容詞などの形とも連動し、文章の流れを作ったり理解したりする際に重要な役割を果たします。

名詞がいずれの性であるかは、名詞だけではわからないことが多く、後述する冠詞などをつけてはじめて明確になります。ですから、子どもの頃に漢字をコツコツと覚えたように、基本的にはひとつひとつの名詞の性を覚えることが、遠回りのように見えて確実な近道です。ただしいくつか見分けるポイントがあります。☞ p.53

※本書では、名詞の性は以下のように、後述する定冠詞の男性形 der、中性形 das、女性形 die の最後の文字を名詞の前に添えて示します。
男性名詞：*r* Boden、中性名詞：*s* Fenster、女性名詞：*e* Tür

（2）複数形

ドイツ語の名詞は、性と並んで**数**という属性をもち、多くの名詞には複数形があります。特定の語尾をつけることで複数形を作りますが、その語尾によって主として以下の5タイプに分けられます。

● 無語尾型

-er, -el, -en に終わる名詞のほとんどはこのタイプです。アクセントのある母音が a, o, u, au の場合、変音する名詞が多いのも特徴です。

単数	複数
r Garten　庭	Gärten
s Segel　（船の）帆	Segel
e Tochter　娘	Töchter

● -e 型

このタイプにも、アクセントのある母音が変音する名詞が少なからず含まれます。

単数	複数
r Tag　日、昼	Tage
s Jahr　年	Jahre
e Nacht　夜	Nächte

● -er 型

このタイプに含まれるのは男性名詞と中性名詞のみです。単音節の短い名詞が多く、その母音が a, o, u, au のいずれかであれば変音します。

単数	複数
r Wald　森	Wälder
s Haus　家	Häuser

● -[e]n 型

-e や -in で終わる女性名詞、-keit や -ung などの接尾辞をつけて形容詞や動詞などから派生した女性名詞、-or で終わる男性名詞や男性弱変化名詞 ☞ p.59 がこのタイプに含まれます。変音はしません。なお -in で終わる女性名詞は -nen という語尾をつけます。

単数	複数
r Monitor　モニター	Monitoren
e Bewegung　動き	Bewegungen
e Kollegin　同僚	Kolleginnen

● -s 型

主として外来語がこのタイプに含まれます。

単数	複数
r Park　公園	Parks
s Auto　自動車	Autos
e Kamera　カメラ	Kameras

複数形の主要なタイプを5つ挙げましたが、実際には「この名詞は○○型」と分類したうえで覚えるよりも、**der Berg, Berge** のように、性も覚えるために定冠詞をつけて、単数形と複数形とを併記したり唱えたりする方が近道のようです。

noch mehr

ラテン語、ギリシャ語起源の外来語には特殊な複数形を残すものがあります。

単数	複数
s Museum　博物館、美術館	Museen
s Thema　テーマ、話題	Themen

そのほかにも特殊な複数形をもつ名詞があります。

単数	複数
r Saal　広間、ホール	Säle
r Kaufmann　営業マン	Kaufleute

(3) 数の点で注意の必要な名詞

名詞のなかには、複数形しかないものや、複数の意味であっても単数形が用いられるものがあります。

●もっぱら複数形で使われる語

その意味からして複数形しか存在しない名詞や、単数形があっても滅多に用いられない名詞が若干あります。

Eltern　両親　　　Leute　人びと　　　Kosten　費用

●単位を表わす語

KiloやStückのように、ある名詞が数詞とともに別の名詞の前におかれて、その単位を表わすことがあります。この場合、単位を表わす名詞は、複数であってもよく単数形が用いられます。

Jede Woche kaufen wir zwei Kilo Kartoffeln und drei Stück Brot.　わたしたちは毎週じゃが芋を2キロとパンを3つ買う。

ただしScheibe（〜枚）やFlasche（瓶〜本）のように -eに終わる女性名詞だけは、複数形が用いられます。

Geben Sie mir acht Scheiben Schinken.
ハムを8枚ください。

これらの名詞が単位ではなく事物そのものを表わす場合には、複数形が用いられます。

Bei einem Puzzle setzt man viele kleine Stücke zu einem Bild zusammen.
ジグソーパズルでは、たくさんの小さなピースを組み合わせてひとつの絵にする。

（4）名詞の数と動詞

　名詞が文の主語である場合、動詞は、その名詞が単数か複数かによって、3人称単数形または3人称複数形のどちらかを用います。

3人称単数　　Meine Familie stammt aus Franken.
　　　　　　　　うちの一家はフランケンの出だ。

3人称複数　　Viele Familien genießen im Park das schöne Wetter.
　　　　　　　　何家族もが公園で好天を楽しんでいる。

　単位を表わす名詞がつく場合には、その単位が ein Kilo, eine Flasche のように単数の場合には動詞も3人称単数、zwei Kilo, drei Flaschen のように複数の場合には動詞も複数になります。

Ein Kilo Birnen kostet 2,15 Euro. Zwei Kilo kosten vier Euro. 梨1キロは2ユーロ15セントです。2キロで4ユーロです。

（5）性・複数形の見分け方

　上で述べたように、ふつうは名詞だけを見てもその名詞の性はわかりません。ただ一部の名詞については性や複数形を見分ける手がかりがあります。

● 人間や動物の性

　ほぼ自然の性に従います。また雌雄の名称が存在する動物の総称は、たいてい中性名詞です。子どももたいてい中性です。

	総称	男	女	子ども
人間		*r* Mann	*e* Frau	*s* Kind
牛	*s* Rind	*r* Stier	*e* Kuh	*s* Kalb
鶏	*s* Huhn	*r* Hahn	*e* Henne	*s* Küken

● 天候現象

　ほぼ男性名詞です。

　　　r Regen　雨　　*r* Wind　風

● **四季、月名、曜日**

いずれも男性名詞です。
    r Frühling　春　　*r* Mai　5月　　*r* Freitag　金曜日

● **木や花を表わす名詞**

大部分が女性名詞です。-e で終わるものが多く、複数形は -n。
    e Eiche　樫　　*e* Rose　バラ　　*e* Forsythie　レンギョウ

● **金属、化学物質、薬品名など**

中性名詞です。
    s Kupfer　銅　　*s* Vitamin　ビタミン　　*s* Aspirin　アスピリン

● **-e で終わる名詞**

多くが女性名詞で、複数形は -n をつけます。
    e Sprache　言語　　*e* Ecke　コーナー

-e で終わるものには **Käse** や **Junge** などの男性名詞もありますが、まれですから、男性名詞の方を注意して覚えるとよいでしょう。

(6) ほかの品詞から派生した名詞

名詞のなかには、形容詞や動詞などに接尾辞をつけて派生したものもあり、これらはその形で性の見分けがつきます。また接尾辞によって複数形の作り方も決まっています。主なものを挙げておきましょう。

● **動詞の語幹 + -ung**

ある行為を表わす女性名詞。複数形は -en。
    mitteilen　伝達する　➡　Mitteilung　伝達、知らせ

● **動詞の核 + -ation**

-ieren で終わる動詞（外来語）から作られ、ある行為やその行為の結果を表わします。-ation は -ieren を取り去った核の部分につけられます。いずれも女性名詞で、複数形は -en をつけます。
    informieren　知らせる　➡　Information　情報

●形容詞 + -heit/-keit

形容詞の意味を抽象化した名詞で、いずれも女性名詞。複数形は -en で、具体的なものを表わすようになります。複数形のない名詞もかなりあります。

  schön　美しい　➡　Schönheit　美、　Schönheiten　美人
  heiter　陽気な　➡　Heiterkeit　陽気さ
  ※ Heiterkeit には複数形はありません。

●主に名詞 + -schaft

ある性質を備えたものや状態などを表わし、いずれも女性名詞。複数形は -en。

  Gewerk　同業組合　➡　Gewerkschaft　労働組合
  eigen　固有の　➡　Eigenschaft　特性

●形容詞や名詞 + -ismus

ある精神的傾向や主義、制度を表わし、いずれも男性名詞。複数形は -ismen ですが、複数形をもつ名詞は限られます。

  Buddha　仏陀　➡　Buddhismus　仏教
  ※ Buddhismus には複数形はありません。
  Aktion　行動　➡　Aktionismus　行動主義

●動詞の語幹や名詞 + -er

「～する人」という意味で、いずれも男性名詞。複数形は単数形と同形（無語尾型で変音なし）です。単数形では男性を意味します。女性の場合には -er のあとにさらに -in をつけます。

  besuchen　訪問する　➡　*r* Besucher/*e* Besucherin　訪問者
  Musik　音楽　➡　*r* Musiker/*e* Musikerin　音楽家

●名詞 + -chen/-lein

-chen や -lein は「小さくてかわいらしいもの」を表わす縮小辞です。これがついた名詞はいずれも中性名詞で、複数形は単数形と同形です。

  Brot　パン　➡　Brötchen　小型パン
  Mär　お話　➡　Märchen　ちょっとした物語、メルヒェン

（7）複合名詞

　派生語とは別に、名詞と名詞、形容詞と名詞、動詞の語幹と名詞などが組み合わされてできた複合名詞というものがあります。
　　blind 盲目の　＋　r Darm 腸　➡　r Blinddarm 盲腸
　　wärmen 暖める　＋　e Flasche 瓶　➡　e Wärmflasche 湯たんぽ

　Blinddarmの**Darm**のように、複合語の最後の語を**基礎語**、blindのように基礎語の前についてその内容をより詳細なものに限定する語を**規定語**といいます。複合名詞の性や複数形のタイプは基礎語に従います。
　派生語と複合語の大きなちがいは、接尾辞と基礎語のちがいにあります。派生語の接尾辞は単語としては存在せず、必ずある語の一部になります。それに対して、複合語の基礎語はもともとひとつの単語として存在しており、それが別の語と結びつくようになったものです。

noch mehr

　複合名詞のように既存の語から新たな語を作ることを造語といいますが、ドイツ語は造語力の高い言語です。複合名詞も次々と作られています。理論的には無数の名詞を組み合わせて無限に長くできます。2000年に制定されたある法律は、Rindfleischetikettierungsüberwachungsaufgabenübertragungsgesetz（牛肉表示監視業務委任法）といいました。ただあまりに長い複合語は意味が不明確で、その長さゆえに揶揄の対象とはなっても、人口に膾炙しないようです。この法律もあっというまに消えてゆきました。

（8）固有名詞

　人名の性は、その人名が表わす人物の性に従います。また地名はほとんどが中性ですが、男性名詞、女性名詞、複数形もあります。　p.75

3. 名詞の格

(1) 格とは何か

格は**名詞や代名詞が文中で果たす役割**のことで、ドイツ語には1格、2格、3格、4格の4つがあります。格は主に次の役割を果たします。

1格

主語。ほかに述語内容語（A ist B の B）。

Der **Baum** ist eine **Pappel**. その木はポプラだ。

4格

動詞の4格目的語として、主に「〜を」という意味で使われます。ほかに、4格支配の前置詞の目的語など。

Der Vater nimmt die **Kinder** ins **Kino**.
父親は子どもたちを映画館に連れてゆく。

3格

動詞の3格目的語として、主に「〜に」という意味で使われます。ほかに、3格支配の前置詞の目的語など。

Die Frau zeigt den **Touristen** den Weg zu der **Hauptpost**. その女性は旅行者たちに中央郵便局への道を教える。

2格

所有、帰属、範囲、性質などを表わす「〜の」。行為を表わす名詞の意味上の主体や作品の作者、また逆に意味上の目的語やある作者の作品を意味することもあります。2格名詞は、それが規定する名詞の直後におかれます。2格支配の動詞や前置詞の目的語にもなります。

alle Mitglieder der **Gesellschaft** 社会のあらゆる成員
die Spitze eines **Eisbergs** 氷山の突端（一角）
die Ankunft der **Delegation** 派遣団の到着
neue Modelle des **Autoherstellers** 自動車メーカーの新製品

wegen des heftigen Gewitters　激しい雷雨のために

　ドイツ語の文では、原則として1格主語と動詞が必須の成分です。それ以外にどのような格が必要になるかは、動詞によって決まります。これを動詞の**結合価**といいます。☞ p.176　前置詞も特定の格の名詞と結びつきます。☞ p.153

　4つの格のうちもっとも登場頻度が高いのは主語となる1格、ついで4格、そして3格、2格となるとかなりまれになります。本書では原則としてこの使用頻度の順で格を並べています。

（2）名詞の格変化

　名詞や冠詞の格を示すためには、それぞれの格に特有の語尾をつけます。これを**格変化**といいます。ただし現代のドイツ語では名詞はほとんど格変化をせず、後述の冠詞の格変化で代替しています。

　以下の場合には名詞も格変化をします。

●**男性名詞・中性名詞の2格**

　-s または -es という格語尾をつけます。
　　r Onkel 叔父／伯父　➡　Onkels　　　*r* Satz 文　➡　Satzes
　　s Wort 語　➡　Wort(e)s

　-e, -el, -er などアクセントをおかないeをもつ名詞は、-sのみをつけます。また名詞が -s, -sch, -ß, -z などのつづりの歯擦音で終わる場合には、口調上 -es をつけます。ただし -ismus で終わる男性名詞は格変化をしません。その他の名詞は -s または -es どちらでもよいのですが、-es の方が少し改まった響きがします。

●**複数3格**

　-n という格語尾をつけます。
　　Bäume 木々　➡　Bäumen　　Bilder 絵　➡　Bildern

　ただし複数形が Taschen（かばん）のように -n で終わるもの、および Autos（自動車）のように -s で終わるものには、3格語尾はつけません。

●男性名詞・中性名詞の3格を用いた慣用表現

かつては男性・中性の3格にも -e という格語尾をつけていました。特定の慣用表現にはこの形が残っています。

s Haus（家）　**Langsam muss ich nach Hause gehen.**
そろそろ帰らないと。

r Sinn（意味）　**In welchem Sinne ist die Arbeit ein Erfolg?**
どのような意味でその仕事は成功なのか？

●男性弱変化名詞

単数1格以外ですべて -n ないし -en という格語尾がつく名詞があります。いずれも男性名詞で、このタイプを**男性弱変化名詞**といいます。

単数1格		それ以外	単数1格		それ以外
r Löwe ライオン	➡	Löwen	*r* Student 学生	➡	Studenten

男性弱変化名詞には、Löwe, Junge（少年）のように -e で終わる男性名詞や、Student, Präsident（大統領、会長）のように人を表わす名詞で語末にアクセントのあるものが含まれます。ただし Käse（チーズ）は -e で終わりますが、弱変化ではありません。

なお、Herr（～氏、紳士）もこのタイプですが若干イレギュラーで、単数4格、3格、2格で Herrn、複数形はすべての格で Herren です。

●特殊な格変化の名詞

男性弱変化名詞のほかにも、特殊な格変化をする名詞があります。単数形の変化は以下のとおりです。複数形はいずれの格でも -n または -en をつけます。

	r Name　名前	*s* Herz　心、心臓
1格	Name	Herz
4格	Namen	Herz
3格	Namen	Herzen（医学では Herz も）
2格	Namens	Herzens（医学では Herzes も）

Nameと同様の変化をする男性名詞にはほかにGlaube（信仰）、Wille（意志）などがあります。

（3）固有名詞（単数）の2格

-sをつけます。人名でファーストネームと姓を連ねる場合には、姓のみに -sをつけます。女性の名前もこのルールに従います。2格を用いずに、前置詞vonをつけた形で代替することもよくあります。特にHerr, Frau, Direktorなどの称号や職業名をともなう場合には、von + 固有名詞の形の方が一般的です。

die Teilung Deutschlands (die Teilung von Deutschland)　ドイツ分割

Werke Ingeborg Bachmanns (Werke von Ingeborg Bachmann)
イングボルク・バッハマンの作品

Merkels Politik　メルケル（首相）の政策

die Rede von Bundeskanzlerin Angela Merkel
アンゲラ・メルケル首相の演説

※無冠詞の固有名詞の2格は、それが規定する名詞の直前におかれることもあります。

（4）格の用法

（1）で述べたように名詞の格はその多くが動詞、そして前置詞によって決まりますが、動詞との結びつきがゆるいもの、添加語となるものもあります。こうした用法のうち主なものを見ておきましょう。

●副詞的4格

4格の名詞句は副詞に似た添加語となります。主に以下の4つの意味で用いられます。

時間的長さ	den ganzen Tag　一日中	eine Stunde　1時間
反復する時	jede Woche　毎週	jeden Tag/alle Tage　毎日
時点	letztes Jahr　去年	nächste Woche　来週
移動の道のり	den ganzen Weg 途中ずっと	die lange Strecke 長い道のりをずっと

Ich habe **eine Stunde** gewartet.　わたしは1時間待った。

Wir sind **die lange Strecke** zu Fuß gegangen.
わたしたちはその長い道のりを歩いた。

時間的な長さと道のりを表わす4格は、前置詞句や副詞などとともに用いることもあります。

Einen Monat nach dem Abitur habe ich eine Reise nach Südamerika gemacht.
アビトゥーア（高校卒業資格試験）から1か月後にわたしは南米旅行をした。

Das Paket kam **einen Tag** vorher an.
小包はその1日前に届いた。

Die Fahrgäste mussten **drei Kilometer** an den Schienen entlang laufen.
列車の乗客たちは線路に沿って3キロ歩かなければならなかった。

●独立的4格

4格の名詞句が副文や分詞構文 ☞ p.304 のような働きをすることがあります。

Die Kamera in der Hand lief er in der fremden Stadt herum.　カメラを手にして彼はその見知らぬ町を歩き回った。

●副詞的3格

判断基準　「ある人にとって（〜だ）」と判断の基準を表わします。

Der Rotwein war **dem Kunden** zu trocken.
その赤ワインは客にとって辛口すぎた。

所有　体の部位が属している人を表わします。

Der Arzt hat **dem Kind** den Arm verbunden.
医者はその子どもの腕に包帯を巻いた。

利害　動詞の表わす行為による利益・不利益を受ける人を表わします。

Ich habe **meinen Eltern** ein Hotelzimmer gebucht.
わたしは両親のためにホテルの1室を予約した。

noch mehr

関心の3格

命令・要請の文で、そのことがらへの強い関心を1人称ないし2人称の代名詞の3格 ☞ p.82 で表わすことがあります。

Geh mir bloß nicht ans Wasser!　水 (池・川など) に絶対近寄らないで！
Das war dir ein Kerl!　なんてやつだったろう！

● **副詞的2格**

大きな時間的流れのなかで一定期間を区切り、時間的枠組を作ります。
eines Tages　ある日　　eines Morgens　ある朝

Eines Nachts haben wir komische Geräusche gehört.
ある夜、わたしたちは奇妙な音を聞いた。

Nachtは女性名詞ですが、この用法の場合に限り、eines Morgensなどからの類推で男性名詞のような格変化をしています。

ほかに副詞的2格の用法としては、meines Erachtens (わたしの考えでは) のような論拠を表わす慣用表現が比較的よく使われます。またallen Ernstes (おおまじめに) などの精神的状態、eiligen Schrittes (急ぎ足で) のような身体的状態を表わす用法もありますが、これらはほぼ文章語に限られます。

● **述語的2格**

特定の成句で2格が述語内容語として用いられます。

Bruno ist jetzt guter Laune.　ブルーノーはいま上機嫌だ。

Ich bin völlig Ihrer Meinung.　あなたとまったく同意見です。

> **Column**

名詞を辞書で引く

あ る名詞の性がどれで、2格および複数形ではどの語尾がつくのか、こうした情報はすべて辞書に載っています。たとえばBachを引くと次のように出ています。

der Bach　-(e)s / ⸚e

derは男性の定冠詞（1格）で、Bachが男性名詞であることを示します。derの代わりに 男 やm（Maskulinumの略）と出ている辞書もあります。中性と女性の表記には以下のようなものがあります。

　　　中性：　das　　中　　n（Neutrumの略）
　　　女性：　die　　女　　f（Femininumの略）

-(e)s / ⸚eのうちスラッシュの前は単数2格の語尾、2格がBachsまたはBachesとなることを示しています。男性名詞でここが -(e)n となっている場合には弱変化名詞ですから、3格、4格にも格語尾をつけなければなりません。

スラッシュのうしろは複数形です。アクセントのある母音aが変音し語末に -e がつき、Bächeとなることを示しています。現在出版されている辞書の多くは、Bächeという形そのものを挙げています。

またドイツ語は複数の語を組み合わせて新たな語を作る造語力にすぐれ、毎日のように新しい語が作られています。こうした複合名詞は辞書に載っていないことも多いため、要素に還元して調べなければなりません。

　　Ankunftshalle　→　Ankunft（到着）＋ Halle（ロビー）

このように規定語と基礎語とに分け、それぞれの語を調べます。なお複合語には、規定語と基礎語とのあいだに、Ankunfts-halleのように蝶番の -s-（単語によっては -es-）が入るもの、-(e)n- が入るもの、規定語が複数形になるものがあります。その場合には、これらのつなぎの要素を取り除き、規定語、基礎語とも単数1格形にして辞書で調べます。

4. 冠詞

(1) 冠詞とは

　ドイツ語では名詞の多くは冠詞をともなって使われます。冠詞とは名詞の頭につけられて、その名詞が指すもののイメージを限定する品詞です。聞き手も知っているものなのか、不特定多数のものからひとつ任意で取り出したものなのか、この世で唯一無二のものなのか、など、名詞の指示対象の様態を示す働きをします。

(2) 定冠詞と不定冠詞

　ドイツ語の冠詞には、英語などと同様に定冠詞と不定冠詞があります。ただし英語と異なり、ドイツ語の冠詞には**名詞の性・数・格を示す語尾がつきます**。これを冠詞の**格変化**といいます。

● **定冠詞**

　話し手・聞き手にとって、その名詞の指すものが何であるか「特定されている」と話し手が判断した場合につけられます。英語の **the** に相当します。

　定冠詞は以下の格変化をします。

	男性	中性	女性	複数
1格	d**er**	d**as**	d**ie**	d**ie**
4格	d**en**	d**as**	d**ie**	d**ie**
3格	d**em**	d**em**	d**er**	d**en**
2格	d**es**	d**es**	d**er**	d**er**

　定冠詞の形には次のような特徴があります。
- 語尾（色で示した部分）によって性・数・格を明示する。
- 男性以外で1格と4格が同形。
- 男性と中性の3格が同じ。
- 男性と中性、女性と複数で、それぞれ2格が同じ。

　定冠詞の語尾は、定冠詞類の語尾 ☞ p.79 や3人称の人称代名詞 ☞ p.85 とも類似し、格変化の基本になっています。

● **不定冠詞**

話し手・聞き手にとって、その名詞の指すものが何であるか「特定されていない」と話し手が判断した場合につけられます。英語の a, an に相当し、「ある〜」「ひとつの〜」を意味します。名詞が複数形の場合には無冠詞になります。

不定冠詞は以下の格変化をします。

	男性	中性	女性	複数
1格	ein △	ein △	eine	―
4格	einen	ein △	eine	―
3格	einem	einem	einer	―
2格	eines	eines	einer	―

不定冠詞の形には次のような特徴があります。
- 男性1格と中性1・4格で、性を表わす語尾が欠けている。
  ※表の△は語尾がないことを示す。
- それ以外の格語尾は定冠詞と共通する。

5. 冠詞と単数・複数の使い分け

ある名詞に定冠詞をつけるべきか、それとも不定冠詞か、あるいは無冠詞にすべきか、そして名詞は単数、複数のいずれがよいのか…、それは、その名詞をどのような意味で、いかなる文脈で用いるかによって決まります。動詞の人称変化のような「この主語なら動詞の形はこれ！」という絶対的なルールがないために、名詞の複数形や冠詞のない日本語を母語とするわたしたちには、この使い分けがことに難しく感じられます。

以下では冠詞と単数・複数の使い分けとその判断の基準について見てゆきましょう。

（1）名詞の二面性

名詞にはふたつの側面があります。ひとつひとつの具体的なものを意味するという側面と、抽象化・一般化された概念という側面です。

冠詞や単数／複数の使い分けには、この名詞の二面性がまず大きく関わってきます。

時間的概念を表わすSonntagで見てみましょう。

- **a. 個別具体的**   **Es war ein Sonntag.**   ある日曜日のことだった。
- **b. 抽象的・一般的**   **Der Sonntag ist normalerweise kein Arbeitstag.**   日曜日は通常、仕事日ではない。

a. では、毎週めぐってくる日曜日のうちのある具体的な１日を指していますから、［不定冠詞 + 単数］となっています。一方 b. では、Sonntagは「日曜日一般」を表わしており、抽象化された概念です。このような場合には［定冠詞 + 単数］が使われます。

（２）名詞が個別具体的なものを表わす場合

名詞が個別具体的なものを表わす場合には、以下の図式に従います。

	不特定・未知	特定・既知
単数	ein Auto	das Auto
複数	Autos	die Autos

●単数か複数か

話し手は、自分の頭のなかのイメージに従って、その名詞の指すものが単数ならば単数形を、複数なら複数形を用います。

たとえば相手に「車持ってる？」と尋ねるときには、ひとりが所有している車の台数はたいてい１台だという常識に基づいて、**Hast du ein Auto?** と、単数形を用いて尋ねるのがふつうです。逆に複数持っているはずのもの、たとえば玉ねぎでしたら、**Haben wir noch Zwiebeln?**（うちには玉ねぎがまだあったかな？）と、複数形で言います。

●冠詞の選択（不特定・未知か特定・既知か）

定冠詞か不定冠詞か選ぶ際のもっとも基本的な基準は、名詞の指すものが話し手・聞き手にとって特定されているのか、不特定なのか、ということです。「特定されている」とは、話し手・聞き手がその名詞

の指すものが何であるのか了解しているということで、多くの場合それは「既知のもの」ということです。なお「特定されている」「既知である」というのはあくまでも話し手の側の判断であって、話し手が「既知」だと思っていても聞き手にとっては「未知」だということもあります。

● **不特定・未知の場合**

名詞の指すものが聞き手にとって、時には話し手・聞き手の両者にとって、未知の場合には、不定冠詞が用いられます。

Gestern habe ich einen Film gesehen.
昨日わたしは映画を1本見た。

この例文では、自分がどんな映画を見たのか相手は知らないだろう、という話し手の判断が、einen という不定冠詞に表われています。

複数のものがイメージされている場合には、［無冠詞　複数形］になります。

In diesem Kino kann man alte Filme sehen.
この映画館では古い映画が見られる。

不定冠詞は聞き手にとって、未知のものが話題にのぼり、それについて新しい情報がこれから与えられるかもしれない、というシグナルになります。ただしその情報を話し手が実際に与えるかどうかは別問題。話題が逸れることもあるでしょうし、わざと言わないで焦らす、といういじわるな態度だってありえます。

● **特定・既知の場合**

名詞の指すものが話し手と聞き手の双方にとって既知の場合、特定されている場合には、定冠詞が用いられます。

Gestern habe ich den Film gesehen.
昨日わたしはこの／その映画を見た。

この例文では、「自分が見た映画のことを聞き手も知っている」という話し手の判断が、**den**という定冠詞に表われています。この直前に映画のことを話していたのかもしれませんし、映画のポスターが目の前にあるといった言語外の状況からそう判断できたのかもしれません。
　この場合も、聞き手が実際に知っているかどうかはまた別の問題です。話し手が定冠詞を用いたのに聞き手にはそのことは初耳だ、ということも実際にはありうるでしょう。

(3) 未知か既知かの判断

　上述のように、冠詞は未知か既知かに応じて選択するわけですが、では未知か既知かを判断するにはどうしたらよいでしょう。その基準は、会話や文章の流れのなかで——すなわちテクスト内部で——すでにそのことが言及されているか、テクストの外部から前もって情報が与えられているかどうか、のふたつです。

● テクスト内情報

　会話や文章の流れのなかで、それ以前に新出情報として名指されていたあるものを再び取り上げて言う場合には、これは既出で既知のことだ、という判断が働きます。その際、まったく同じ名詞を繰り返す場合もあれば、たとえば ein BMW を das Auto とするなど、別の名詞に言い換える場合もあります。

> In der Heinestraße wurde **eine** neue **Buchhandlung** eröffnet. Kennst du **den Laden** schon?
> ハイネ通りに新しい本屋が開店したんだ。あの店にもう行ったことある？

　この例では、話し手はまず新出情報として eine Buchhandlung の話題を持ち出し、ついでそれを既出情報として den Laden と言い換えています。
　既出情報は名詞である必要はありません。

> A: Anton soll heiraten!　アントンが結婚するんだって！
> B: Woher hast du denn **die Nachricht**?
> いったいそのニュース、どこから聞いたの？

この会話例では、「新出→既出」という流れが複数の話し手のあいだで作られています。そしてBは、Aの発言全体を既出情報として受けて die Nachricht と言っています。
　名詞同士が次のような関係にある場合でも、「既出」の判断が働きます。

下位概念 ➡ 上位概念

　下位概念（「動物」に対する「犬」など）がすでに述べられている場合、その上位概念（「犬」に対する「動物」など）を表わす名詞も既出の情報と見なされます。

Wir halten nun einen Hund. – Wirklich? Wo ist denn das Tier?
わたしたち、いま犬を1匹飼ってるんです。— ほんとですか？　その動物はいったいどこにいるの？

大きな枠組 ➡ 枠組内のもの

　ある名詞によって枠組が与えられている場合、その枠組内にあるものも既出情報と見なされます。

Neulich habe ich mir eine Mietwohnung angesehen. Die Küche ist in Ordnung, aber das Wohnzimmer ist zu klein.
最近、賃貸マンションを1軒見たんだ。台所はまあいいんだけれど、リビングが狭すぎてね。

● テクスト外情報

　一般常識や周囲の状況、また身振りなどによってテクスト外の情報が与えられているときには、ある名詞の表わすものが聞き手にとってもすでに知られている、特定されていると考えられ、そのものにはじめて言及する場合にも定冠詞が使われます。特に Papst（法王）や Sonne（太陽）などは、ひとり／ひとつしか存在しないものと考えられ、特定されていると見なされます。

a. **Die Schauspielerin** habe ich neulich auf dem Bahnhof gesehen.
（映画ポスターの女優を指しながら）この女優さんを最近駅で見かけたよ。

b. **Wo gibt es hier bitte die Toilette?**
(トイレがあることが一般に知られている場所で) ここでトイレはどこですか？

c. **Wie alt ist denn der Papst?** ローマ法王って何歳だっけ？

d. **Die Sonne geht jetzt erst um 21 Uhr unter.**
太陽はいまの時期、21時になってようやく沈む。

ただし Papst や Sonne のような名詞でも、過去何代もの法王たちや太陽以外の恒星の存在が念頭にある場合には「不特定」と見なされ、[不定冠詞 + 単数形] ないし [無冠詞　複数形] になります。

　　ein Papst im sechsten Jahrhundert　6世紀の法王のひとり

　　viele Sonnen　多くの恒星

(4) 普通名詞が類や概念を表わす場合

●普通名詞で類や概念を表わす

Der Apfel gehört zu den Rosengewächsen.（りんごはバラ科だ）の Apfel のように、普通名詞を用いて、個別具体的なものではなく類や概念について述べることも多くあります。このような場合にはよく、その普通名詞に定冠詞をつけます。

「言語は発展し続ける」という文で考えてみましょう。

定冠詞 + 単数形　**Die Sprache entwickelt sich immer weiter.**
定冠詞 + 複数形　**Die Sprachen entwickeln sich immer weiter.**

名詞がある概念を表わす場合の [定冠詞 + 単数形] は、名詞の指すものをひとつの類としてとらえた言い方です。例文の die Sprache だと、「言語というもの」という感じになります。個別の例外を認めない、事典の説明や定義にぴったりの表現です。

[定冠詞 + 複数形] は、言語という類を、複数の言語の集合体としてとらえた場合の言い方です。複数形なのは、集合の中の個々の存在が意識されているためです。

定冠詞は、単数・複数いずれであっても、類の輪郭をくっきりと定めます。それによってそれ以外のものとの対比が、多かれ少なかれ意

識されています。

● **例示からの一般化**

　可算名詞の場合には、概念を抽象化せず、ある概念に属する任意のものを例として取り上げて一般化する、という方法もあります。その場合には、［不定冠詞 + 単数形］ないし「無冠詞　複数形」が用いられます。

不定冠詞 + 単数形　Eine Sprache entwickelt sich immer weiter.
無冠詞　複数形　　Sprachen entwickeln sich immer weiter.

　［不定冠詞 + 単数形］では、「言語はどれをとってみても」という意味合いになります。ある概念に属するものを任意にひとつ取り上げて、それについて言えることがほかのすべてにもあてはまる、という表現です。これも例外を認めない、事典・辞典の説明や定義などに適した表現です。

　［無冠詞　複数形］は、個々の存在の集合体として述べているという点では［定冠詞 + 複数形］と同じですが、集合の境界は定冠詞の場合ほど明確ではありません。言語以外のものとの対比やちがいを際立たせずに、言語一般について述べています。

（5）時間・位置関係を表わす名詞

　時間や位置関係は、わたしたちが世界をとらえる基本的な枠組であって広く共有されている概念であるために、これを表わす名詞はよく［定冠詞 + 単数形］で用いられます。

　　　am (< an dem) Morgen　朝に　　　in der Gegenwart　現在に、現代に
　　　in der Mitte　中心で　　　　　　im (< in dem) Süden　南で

　ただし時間的概念を表わす名詞には複数形を作るものもあります。そうした名詞については、いくつもあるうちの（任意の）ひとつをイメージする場合には［不定冠詞 + 単数形］が、複数のものを念頭におく場合には［無冠詞　複数形］という形が用いられます。

　　　an einem Sonntag　ある日曜に　　　in vielen Nächten　幾多の夜に

（6）物質名詞

　人間の通常の知覚では数えられない物質を表わす名詞です。数えられないため単複の区別がなく、多くは［無冠詞　単数形］という形をとります。名詞によっては「ひとまとまりの」「1種類の」という意味で［不定冠詞 + 単数形］という形をとることもあります。またその名詞が意味するものに複数の種類があることを明確に述べたい場合には、［無冠詞　複数形］を用います。特定・既知のものとして言う場合、またはほかとははっきりと区別して類そのものについて述べる場合には、［定冠詞 + 単数形］を用います。

　Weinを使った例文で確認しましょう。

a. Ich bin mit einem Wein schon zufrieden.
ワイン1杯で満足です。

b. Dieses Restaurant bietet verschiedene Weine.
このレストランはいろいろな種類のワインを提供している。

c. Der Wein schmeckt gut.　このワイン、おいしい。

d. Heute trinken wir Wein.　今日はワインを飲もう。

e. Ist Wein wirklich gesünder als Bier?
ほんとうにワインはビールよりも健康によいのか？

　a.～c. では、Weinという語は、グラスに入ったり瓶に入ったりして並んでいる個別具体的なものを意味しています。それに対してd., e. では、「ワイン」というアルコール飲料そのものを指す総称として、無冠詞で用いられています。

（7）抽象名詞

　抽象的な概念を表わすため、基本的には単数形を用います。ただし、概念が具現化した個々の状態や行動などを複数形で表わすものもあります。また抽象概念であるにもかかわらず、Angstのように、用例によっては不定冠詞とともに用いられるものもあります。単語ごとの主な用法を覚えてゆくのがいちばんの近道かもしれません。

r Mut　勇気　　※複数形はありません

e Angst　不安　　Ängste さまざまな不安の感情

Man braucht Mut und Zuversicht.　勇気と自信とが必要だ。

Mich quält eine würgende Angst.
喉を締めつけられるような不安がわたしを苦しめる。

Hier können Jugendliche ihre Ängste und Wünsche äußern.
ここでは青少年が自分たちの不安や望みを表明することができる。

Die Angst vor der Epidemie ist ansteckender als die Krankheit selbst.
伝染病への不安の方が病気そのものよりも伝染しやすい。

（8）冠詞の使い方の特殊例

● 身分、職業、国籍、宗派など

　身分、職業、国籍、宗派など、社会的に認知された集団への帰属を表わす名詞は、特にそれが sein, werden, bleiben といったコプラの述語内容語となった場合には、無冠詞で用いられます。

Das Mädchen möchte **Pilotin** werden.
この少女はパイロットになりたいと思っている。

Ich bin **Buddhist**, aber meine Frau ist **Christin**.
僕は仏教徒だが、妻はキリスト教徒だ。

　ただしこの場合にも、名詞が形容詞など付加語をともなう場合には、冠詞がつきます。

Sie ist **eine gläubige Christin**.　彼女は敬虔なキリスト教徒だ。

● 地位や職を表わす名詞に人名が添えられた場合

　話し手が想定する範囲内にひとりしか存在しない職名には定冠詞をつけます。ただし人名も添えて言う場合には、同じ職名でも無冠詞で用います。

der Bundeskanzler/die Bundeskanzlerin　ドイツ連邦首相

Bundeskanzlerin Merkel　メルケル首相

● **als（〜として）とともに使われる場合**

als のあとにおかれる名詞はたいてい無冠詞です。

Ich war bei dem Projekt als **Leiter** tätig.
そのプロジェクトではチーフとして活動していた。

● **単位を表わす名詞とともに使われる場合**

可算名詞や物質名詞は、単位を表わす名詞とともに用いられると無冠詞です。

Ich möchte **zwei Kilo Äpfel**.
りんごを2キロいただきたいのですが。

Ein Meter Stoff reicht aus.　1メートルの布で十分だ。

● **特定の動詞と名詞の組み合わせ**

特定の動詞と名詞がセットとなりひとつの行為を表わす場合には、名詞は無冠詞で用いられます。

In der Freizeit fahre ich oft Rad.
余暇にはよくサイクリングをする。

Rad fahren という表現では、自転車に乗る、サイクリングをするという行為そのものが述べられ、「どの自転車か」は問題となりません。そのような場合は名詞が無冠詞となるのです。ほかによく使う言い回しとして **Klavier spielen**（ピアノを弾く）、**Urlaub machen**（休暇を過ごす）などがあります。

このような組み合わせのうち、**Schlange stehen**（行列する）などのように、動詞自体はほとんど意味を担わず［動詞＋名詞］のセットになってはじめて意味をもつ機能動詞構文でも、名詞は無冠詞です。　p.211

Vor diesem Café steht man oft Schlange.
このカフェの前にはよく行列ができる。

(9) 固有名詞

固有名詞はふつう無冠詞で用いますが、冠詞をつけて用いる場合がいくつかあります。

● **地理上の名称のうち男性名詞、女性名詞、複数形のもの**
それぞれの性と数に応じた定冠詞をつけます。
  der Iran　イラン　　die Schweiz　スイス
  die Niederlande　オランダ　　der Rhein　ライン川

● **形容詞などによって規定される場合**
定冠詞をつけます。
  das geteilte Deutschland　分断されたドイツ
  der junge Werther　若きヴェルター

● **「～家の人びと」を表わす場合**
複数の定冠詞をつけ、名前には -s をつけて複数形にします。
  die Buddenbrooks　ブッデンブローク家の人びと

● **「～のような人」を表わす場合**
不定冠詞をつけます。
  Leistungen eines Einsteins　アインシュタインの果たしたような功績

6. 冠詞類（否定冠詞・所有冠詞・定冠詞類）

冠詞のように名詞の前におかれ、名詞とともに用いられる語がいくつかあります。それらを総称して冠詞類といいます。

冠詞類には、不定冠詞と同様の格語尾をとる不定冠詞類と、定冠詞型の格語尾をとる定冠詞類とがあります。不定冠詞類は否定冠詞と所有冠詞のふたつです。定冠詞類には dieser（この）や welcher（どの～？）などがあります。

6. 冠詞類（否定冠詞・所有冠詞・定冠詞類）

（1）否定冠詞 kein

否定冠詞 kein は名詞の前におかれ、その名詞を否定します。

Du brauchst keine Angst zu haben.
不安にならなくていいよ。

Wir können unter keinen Umständen nachgeben.
我々はいかなる事情のもとでも（どんなことがあっても）譲歩できない。

否定冠詞は以下のように不定冠詞型の格変化をします。

	男性	中性	女性	複数
1格	kein △	kein △	keine	keine
4格	keinen			
3格	keinem	keinem	keiner	keinen
2格	keines	keines		keiner

否定冠詞の格変化には次のような特徴があります。
- 単数形には不定冠詞と同様の格語尾がつく。
- 複数形には定冠詞型の格語尾がつく。

（2）所有冠詞

　所有冠詞は、「わたしの」「彼の」など、所有・所属や主語・作者、起源などの関係を表わす冠詞です。

Elke führt jeden Tag ihren Hund spazieren.
エルケは毎日、自分の飼い犬の散歩をする。

Alle bewundern Ihre Leistung.
皆があなたの成し遂げたことに感じ入っています。

所有冠詞には、人称代名詞に対応して以下のものがあります。

ich ➡ mein		wir ➡ unser
du ➡ dein		ihr ➡ euer
er ➡ sein		
es ➡ sein		sie（3人称複数）➡ ihr
sie（3人称単数）➡ ihr		
Sie ➡ Ihr		

　3人称の人称代名詞に対応する所有冠詞seinとihrは、人を受けて「彼の」「彼女の」という意味になるだけでなく、性・数において一致する事物も受けることができます。

a. **Die Regierungspartei** soll **ihre** Wahlversprechen halten.　政権与党は自分たちの選挙公約を守るべきだ。

b. Mir gefällt **das Gebäude** sehr. Ich finde **seine** Farbe besonders schön.
その建物がとても気に入った。建物の色が特に美しいと思う。

　a. では女性名詞Regierungsparteiを受けてihr(e) が、b. では中性名詞Gebäudeを受けてsein(e) が用いられています。ただしドイツ語でも所有冠詞はどちらかというと人や生物と結びつけて考えられるようです。したがって、例文b. のようにまったくの無生物を受ける場合には、所有冠詞を避け、代わりに定冠詞や2格の指示代名詞 ☞ p.98 を用いてdie Farbeやdessen Farbeなどとする傾向も見られます。

　所有冠詞も不定冠詞型の格変化で、男性1格と中性1・4格以外で格語尾をつけます。

	男性	中性	女性	複数
1格	mein △	mein △	meine	meine
4格	meinen			
3格	meinem	meinem	meiner	meinen
2格	meines	meines		meiner

77

なお unser と euer の語末の -er は格語尾ではありません。たとえば「私たちの犬を」でしたら、**unseren Hund** と、unser のあとに男性4格の語尾 -en をつけます。uns(e)ren, eu(e)re のように、所有冠詞中の -e- が発音上省かれることもあります。

名詞が省略され**所有冠詞単独で用いられる場合**には、所有冠詞の男性1格に -er、中性1・4格に -(e)s という定冠詞型の語尾がつきます。

In der Schublade ist nur mein Reisepass. Wo ist deiner (= dein Reisepass)?
引き出しにはわたしのパスポートしかないわ。あなたのはどこ？

(3) dieser

定冠詞類のひとつ dieser は、間近にあるものを指して言ったり、直前に述べられた名詞やことがらを受けて言ったりする場合に、名詞の前におかれて「この〜」という意味を付加します。この項の見出しとして挙げている dieser は男性1格です。dies- が語幹、-er が格語尾です。

In diesem Restaurant kann man gut essen.
このレストランではおいしい食事が食べられる。

Fantasie ist wichtiger als Wissen, denn Wissen ist begrenzt. Dieser Satz stammt von Einstein.
空想は知識よりも大切だ、知識には限界があるのだから。この文はアインシュタインが言ったものだ。

dieser は下表のように格変化します。

	男性	中性	女性	複数
1格	dieser	dieses	diese	diese
4格	diesen	dieses	diese	diese
3格	diesem	diesem	dieser	diesen
2格	dieses	dieses	dieser	dieser

dieserの格変化には以下の特徴があります。
- 中性1・4格、女性と複数の1・4格を除き、定冠詞とまったく同じ語尾がつく。
- 中性1・4格、女性と複数の1・4格の語尾も、名詞の性・数・格を明示する。

この格変化は、以下で取り上げるほかの定冠詞類にも共通します。

(4) その他の定冠詞類

定冠詞類はいずれも、dieserと同じく次の格語尾がつきます。

	男性	中性	女性	複数
1格	-er	-es	-e	-e
4格	-en	-es	-e	-e
3格	-em	-em	-er	-en
2格	-es	-es	-er	-er

定冠詞類にはdieserのほかに以下のものがあります。見出し語はいずれも男性1格形です。

● **aller**

「すべての〜」という意味で、集合体を形成するすべての要素を一括して取り上げる場合に用います。通常は複数で用います。

Alle Geschäfte in dieser Stadt machen schon um 18.30 zu. この町のすべての店は18時30分にはもう閉まる。

物質名詞や抽象名詞の場合にはその単数形とも用いられます。

Wir treiben die Reform mit aller Kraft.
我々は改革を全力で行なう。

また［all- + 数詞 + 単位を表わす名詞］という組み合わせで、「〜ごとに」という意味を表わします。

Alle zwei Wochen geht sie zum Friseursalon.
2週間ごとに彼女は美容院に行く。

all- は定冠詞や dieser、所有冠詞などとともに用いることもできます。この場合、all- に格語尾がつかないことがあります。

All meine Bemühungen waren erfolglos.
わたしの努力はどれもこれも実を結ばなかった。

all- は不定代名詞として単独でも用いられます。　p.97

● jeder

「いずれの～も」という意味です。集合体を形成する要素ひとつひとつを任意に取り上げ、それがほかのどの要素にも該当することを述べる表現です。その意味からもっぱら名詞の単数形とともに用いられます。

Jeder Anfang hat ein Ende.　どんな始まりにも終わりがある。

In jedem Zimmer hängt ein anderes Bild.
どの部屋にもそれぞれちがう絵がかかっている。

jeder の男性形は、「各人」の意の不定代名詞として単独でも用いられます。　p.97

● jener

「あの」「例の」という意味で、話し手から離れたものや、すでに話題にのぼった既知のことを表わします。

Zu jener Zeit haben die Menschen angefangen, Getreide anzubauen.　その頃に人間は穀物を栽培することを始めた。

Jenes kleine Geschäft habe ich vor ein paar Jahren entdeckt.　例の小さな店は数年前に見つけた。

jener は現在では dieser などにとって代わられ、あまり使われなくなっています。

● mancher

「かなりの数の」「少なからぬ数の」という意味で、多いとまでは言えないけれども、まとまった数で存在していることを表わします。

Manche Idee ist nicht realisierbar.

Manche Ideen sind nicht realisierbar.
かなりの案は実現不可能だ。

manch- はこのように、単数形で用いる場合と複数形で用いる場合とがあります。単数形は、かなりの数で存在するもののひとつひとつを任意に取り上げているということを示します。複数形は、それらをまとまった集合体としてとらえる場合に用います。

単数形の manch- の代わりに［manch + 不定冠詞］という形を用いることもあります。

Manch eine Idee ist nicht realisierbar.

● solcher

「そのような」と、後続の名詞の性質を示唆する語です。

Solche Ereignisse bleiben lange im Gedächtnis.
そのようなできごとは長いこと記憶に残る。

単数名詞とともに用いられる場合には［solch + 不定冠詞］ないし［ein + solch-（語尾）］という形になることもあります。

Solch ein Ereignis bleibt lange im Gedächtnis.

Ein solches Ereignis bleibt lange im Gedächtnis.

● welcher

「どの～？」という意味の疑問詞です。

Welchen Kuchen möchtest du essen?
どのケーキが食べたい？

用法は「疑問代名詞」の項 ☞ p.105 を参照してください。

第4章 代名詞

代名詞は名詞の繰り返しを避けるために代わりに用いる語で、ある文を先行する別の文などと結びつける。人称代名詞、再帰代名詞、指示代名詞、不定代名詞、関係代名詞がある。ここでは再帰代名詞と関係代名詞を除く代名詞を取り上げる。

1. 人称代名詞

(1) 人称

ドイツ語は述語動詞が主語の人称に従って変化するため、**Hilfe!**(助けて！)のような動詞のない名詞文や、**Abtreten!**（下がってよし！）のような――軍隊口調の――動詞不定形を用いた命令文を除いて、つねに人称が関わってきます。

人称とは、話し手が自分も含めた世界をとらえる際の区分で、話し手本人が1人称、発話の向けられた相手が2人称、それ以外がすべて3人称です。各人称とも単数・複数の区別があります。

1人称と2人称は人称代名詞によってのみ表わされ、その人称代名詞は基本的に人を表わします。人以外の存在が1人称、2人称で表わされる場合には、擬人化されていると考えられます。それに対して3人称は、発話者と発話の向けられた相手以外のありとあらゆる存在がこれに含まれ、名詞で表わされることも多いのが特徴です。

ここでは1人称・2人称と3人称とを区別して扱い、まず1人称・2人称について述べてから、3人称を見ていくことにします。

(2) 1人称・2人称

1人称・2人称の人称代名詞は、以下のとおりです。

	単数		複数		単・複
	1人称	2人称親称	1人称	2人称親称	2人称敬称
1格	ich	du	wir	ihr	Sie
4格	mich	dich	uns	euch	Sie
3格	mir	dir	uns	euch	Ihnen
2格	meiner	deiner	unser	euer	Ihrer

● 1人称

話し手自身がich、話し手を含む複数者がwirです。

● 2人称

親称と**敬称**の2種類あります。親称の単数はdu、複数はihrで、いずれも小文字で始めます。手紙ではDu, Ihrと大文字で書いていましたが、現在の正書法では小文字で書いてもよいとされています。実際には人によってまちまちです。敬称は単数、複数ともSieで、つねに大文字書きです。

親称は、家族、友人、子どもなど心理的距離感の少ない相手に対して用いられます。神、そして自分に対しても——自分にとってある意味でもっとも近しい存在と言えるのですから——親称が用いられます。それに対して敬称は距離感のある相手に対して用いられます。

親称と敬称の使い分けについては、普遍的なルールがあるわけではありません。相手との関係はもちろん、その場の雰囲気、コミュニケーションの際にどの程度の距離感を好むのかという個人の志向、時代などによって異なります。仕事など公的な領域ではSieが多く用いられます。プライベートな領域では多くの場合、はじめのうちはSieを用い（siezen）、親しさを増してきたら、Wollen wir uns duzen?（duのあいだがらで話そうか？）とduに移行します。

（3）3人称

話し手と聞き手を除くあらゆる存在や事象が3人称です。名詞で表わされることも多く、人称代名詞でしか表わされない1・2人称と大きく異なります。

3人称の人称代名詞は、多くの場合、先行する名詞を表わします。同じ名詞を繰り返していたのでは効率が悪く、また文章が重たくなってしまいます。日本語ならそのような場合に主語や目的語などを「了解ずみのこと」として省略できます（試みに次ページの例文の訳で「彼は」を省いてみてください）が、ドイツ語はそうはいきません。そこで人称代名詞の出番となります。人称代名詞は新しい情報は何も含まない、語形や発音も控えめな存在です。これが、先行する名詞の代わりに主語や目的語などになって、文の一部が欠けることがないように

しているのです。同時に、名詞を人称代名詞でおき換えることで、先行する情報が後続の文に結びつけられ、テクストのまとまりが作られます。

Gerhard ist als Fotograf tätig. Seit einigen Jahren fotografiert er in Asien. Jetzt macht er eine Ausstellung.
ゲーアハルトは写真家として仕事をしている。数年前から彼はアジアで写真を撮っている。いま彼は写真展を開いている。

1文目の主語Gerhardが、2文目以降ではerにおき換えられています。これがすべて名詞だったらどうでしょうか。

Gerhard ist als Fotograf tätig. Seit einigen Jahren fotografiert Gerhard in Asien. Jetzt macht Gerhard eine Ausstellung.

少しくどい、あるいは幼い感じになってしまいますね。加えて名詞にはテクストのまとまりを作るという人称代名詞の機能がありませんから、バラバラの文が並んでいるという印象になります。

3人称の代名詞は、人ばかりでなく、事物や事象を表わす名詞のおき換えにも用いられます。その際、**人称代名詞の性・数は、もとの名詞の性・数と一致**します。

Der Tisch bildet das Zentrum des Zimmers. Er ist nicht nur schön, sondern auch recht groß.
テーブルが部屋の中心を成している。それは美しいばかりでなく、とても大きい。

1文目の主語である男性名詞Tischが2文目でerにおき換えられています。

代名詞による名詞のおき換えは以下のとおりです。

男性名詞	Mann / Hund 犬 / Staat 国家　usw.　→	er
中性名詞	Kind / Pferd 馬 / Parlament 議会　usw.　→	es
女性名詞	Frau / Katze 猫 / Regierung 政府　usw.　→	sie
複数	Kinder / Katzen / Staaten　usw.　→	sie

少し特殊な使い方として、複数のsieが複数名詞を受けるのではなく、文脈から察せられる特定の「人びと」「連中」を指すことがあります。

**Musst du noch heute das Anmeldeformular abgeben?
– Ja, sie verlangen das.**
今日のうちに申込書類を出さなくちゃいけないの？―うん、そうしてほしいってあの人たちが言ってるんだ。

役所か企業か学校か、とにかく申込書類を受け付けている機関の担当者がsieによって漠然と表わされています。

3人称の人称代名詞を概観しておきましょう。

	単数			複数
	男性	中性	女性	
1格	er	es	sie	sie
4格	ihn			
3格	ihm	ihm	ihr	ihnen
2格	seiner	seiner	ihrer	ihrer

冠詞（類）とよく似た格形です。たとえば男性1格ならder – er、4格にはden – ihn、中性1・4格ならdas – esという類似があります。このような類似性が名詞と代名詞との関連性を明示し、テクストのまとまりを強めているのです。

3人称代名詞の格変化の特徴は、定冠詞と同様に以下の3点です。
- 男性以外で1・4格が同形である。
- 男性と中性の3格が同じ。
- 男性と中性、女性と複数で、それぞれ2格が同じ。

（4）人称代名詞の用法

文中でどの格を用いるかは述語動詞や前置詞などによって決まります。それぞれの格の使い方は名詞とほぼ同じ☞ p.57 ですが、2格については異なります。

1. 人称代名詞

1格

主語。ほかに述語内容語（A ist B の B）。

Wo ist meine Brille? – Sie sitzt doch auf deiner Stirn!
僕のめがねはどこ？―額にかかってるじゃない。

4格

動詞の4格目的語、4格支配の前置詞などの目的語。

Hörst du die Sendung oft? – Ja, ich höre sie jeden Tag. その放送をしょっちゅう聞いているの？―うん、毎日聞いているよ。

Letzte Woche wurde unser Opa ins Krankenhaus gebracht. Jetzt bangt die ganze Familie um ihn.
先週祖父が病院に運ばれた。いまは家族全員が彼を案じている。

3格

動詞の3格目的語、3格支配の前置詞などの目的語。

Die Kamera ist supermodern. Man hat ihr die neueste Technik eingebaut.
このカメラは最新鋭だ。これには最新の技術が盛り込まれた。

Was ist mit dir los? あなたいったいどうしたの？

2格

2格支配の動詞や前置詞などの目的語。

Der Komponist wurde vor 300 Jahren geboren. Dieses Jahr gedenkt man seiner mit vielen Veranstaltungen.
その作曲家は300年前に生まれた。今年はいろいろな催し物をして彼のことを偲ぶ。

Meine Mutter war streng und warmherzig. Dank ihrer habe ich manches überstanden.
母は厳しくも温かい心の持ち主だった。彼女のおかげでわたしは多くのことを克服した。

ただ、2格支配の動詞や前置詞が古風であるうえに、人称代名詞の2格はそれに輪をかけて古雅な表現とされていますので、例文のような言い方はいまではほとんどされません。またgedenkt ... von ihmのようにvon + 3格で代用したり、dank ihrのように3格を誤用するケースが目立つようになっています。

　名詞の2格が表わす「所有、帰属」については、人称代名詞の2格ではなく、所有冠詞を用います。☞ p.76

Der Roman steht seit 20 Wochen auf dem ersten Platz der Bestsellerliste. **Sein** Autor ist aber immer noch anonym.
この小説は20週間（約5か月）前からずっとベストセラーリストで1位だ。だがその（それを書いた）作者の名はいまだにわかっていない。

　例文中の所有冠詞seinはdes Romans（小説の）に相当します。

　なお事物を表わす人称代名詞が前置詞と用いられる場合は、**da(r)-前置詞**という形になります。

Sehen Sie die Post dort? Die Sprachschule ist da-neben. あそこの郵便局が見えますか？ 語学学校はその隣です。

　neben der Postを言い換えるわけですが、neben ihrとはせずに、danebenという形を用います。☞ p.159

（5）人称代名詞の位置

　人称代名詞は、話者ないし聞き手を指したり（1・2人称）、既出の名詞を受けたり（3人称）するという役割からして、新規情報を含まないものです。ドイツ語の語順には、「新規情報は文末（またはその近く）」という原則 ☞ p.314 がありますから、情報価値の低い人称代名詞はふつう前域か定形の直後におかれます。☞ p.317

Auf der Party hat mich eine Frau angesprochen.
パーティーである女性がわたしに話しかけてきた。

定形のうしろに注目してください。人称代名詞の4格目的語が定形の直後に、1格主語はそのうしろにおかれています。主語は不定冠詞がついた新規情報、目的語は人称代名詞なので、情報価値の高い主語の方が目的語よりもうしろにきているのです。

3格と4格の目的語をとる動詞で、目的語のいずれかに人称代名詞が用いられる場合にも、上記の原則に従います。

比較のために、まず3格目的語も4格目的語も名詞の例で考えてみましょう。この場合には3格、4格の順で並びます。

Ich schenke meinen Eltern zwei Konzertkarten.
わたしは両親にコンサートのチケットを2枚プレゼントする。

いずれかの目的語が人称代名詞になると、3格、4格いずれの格であっても、人称代名詞が定形の直後におかれます。2つの目的語が「人称代名詞 − 名詞」の順で並ぶのです。

Was schenkst du deinen Eltern? – Ich schenke ihnen zwei Konzertkarten.
ご両親に何をプレゼントするの？ーコンサートのチケットを2枚あげるんだ。

Wem schenkst du die Konzertkarten? – Ich schenke sie meinen Eltern.
誰にそのコンサートチケットをプレゼントするの？ー両親にあげるんだ。

3格、4格とも人称代名詞の場合には、4格、3格の順になります。

Woher hast du so eine schicke Uhr? – Meine Freundin hat sie mir geschenkt.
そんなにシックな時計、どうしたの？ー彼女がぼくにプレゼントしてくれたんだ。

2. esの用法

　esは使う範囲が広く、中性名詞を受けるのではない用法がいくつもあります。前後の文や句などを受けたり、漠然と状況を指したり、天候や時間、知覚を表わす動詞の形式主語になったりします。

(1) 前後の文や句、状況などを指す

● 先行する文や語を受ける
　先行する文やその一部をesが受けることがあります。

Ich habe nicht alles verstanden, es aber verschwiegen.
わたしはすべてを理解したわけではなかったが、そのことを黙っていた。

Er wirkt tüchtig, ist es aber nicht.
彼は仕事ができるという印象を与えるが、そうではない。

　ひとつめの例ではesは先行する文を、2番目の例では述語内容語の**tüchtig**を受けています。

● zu不定句や副文の先取り
　esは後続のzu不定句や副文を先取りすることもあります。このesは主語や4格目的語などになります。

Ich finde es wichtig, andere Meinungen zu akzeptieren.　異なる意見も受け入れることが大切だと思う。

　esが先取りする副文としてもっとも多いのがdass文（～ということ）、それからob文（～かどうか）、間接疑問文があります。☞ p.233

Es scheint mir bedenklich, dass Energie verschwendet wird.　エネルギーが浪費されているのは憂慮すべきことだと思われる。

Es ist noch unsicher, ob der Plan wirklich umgesetzt wird.　計画がほんとうに実現されるかどうか、まだ不確かだ。

　zu不定句や副文が前におかれると、次の例のように、主文のesは不要になり省かれます。

Ob der Plan wirklich umgesetzt wird, ist noch unsicher.

wenn文（〜だったら）を受けることもあります。この場合にはesは省略されません。

Wenn wir uns in nächster Zeit treffen könnten, wäre es natürlich schön.　近いうちに会えたらもちろんいいのだけれど。

● **漠然と状況を指す**

esが文脈によって漠然と状況・事態を指すことがあります。

Es war wirklich schön an dem Tag.
あの日はとても楽しかった。

Wie gefällt es Ihnen hier in Deutschland?
ここドイツはどうお気に召しましたか？

最初の例文ではesはその日過ごした時間やしたことなどを、2番目の例ではドイツでの状況を漠然と表わしています。esが何を表わすかは文脈によって決まります。

（2）非人称のes

esが何かある対象を指すのではなく、文の形式的な主語（まれに目的語）となっている場合、これを**非人称のes**といいます。非人称のesは、天候、時間、知覚の表現のほかに、成句にも用いられます。

● **天候**

kalt（寒い）やwarm（暖かい）などの形容詞や、schneien（雪が降る）、regnen（雨が降る）などの動詞によって天候を表現する場合、主語としてesが用いられます。

Heute schneit es, aber es ist nicht so kalt.
今日は雪が降っているが、それほど寒くはない。

●時間

時刻や時間帯、曜日、季節などの時を述べる際には、esを主語とします。なお前域（文頭）に副詞などほかの要素がおかれたためにesが中域にくる場合には、esは省略可能です。

Wie spät ist es? – Es ist 10.15 Uhr.
いま何時ですか？―10時15分です。

Es ist heute Dienstag./Heute ist Dienstag. 今日は火曜日だ。

●知覚

kaltやwarmなどの形容詞がある人物の知覚を表わす場合、知覚する人物は3格で表わされます。この3格が前域におかれるとesは省かれます。riechen（臭う／匂う）やjucken（かゆい）などの感覚を表わす動詞の場合には、esは文頭以外でも省略されません。

Es ist mir kalt./Mir ist kalt. わたしは寒い。

Hier riecht es gut. ここ、いい匂いがするね。

●熟語表現

esを主語または目的語とする熟語表現がいくつかあります。主なものを挙げておきます。

【主語として】
es gibt et⁴　〜⁴がある

Heute gibt es Nachtisch. 今日はデザートがあるよ。

es geht j³/et³ 副詞　〜³の調子が…だ

Wie geht es Ihrer Mutter? – Danke, ihr geht es wunderbar. お母さまの調子はいかがですか？― ありがとう、とてもいいんですよ。

es geht um et⁴　〜⁴が問題だ、〜⁴が重要だ、〜⁴がテーマだ

In diesem Film geht es um eine Freundschaft.
この映画ではある友情がテーマになっている。

es kommt auf j⁴/et⁴ an　〜⁴が問題だ、〜⁴次第だ

Bei der Berufswahl kommt es nicht nur auf das Einkommen an.
職業選択において決め手になるのは収入だけではない。

【目的語として】
es eilig haben　急いでいる

Ich habe es nicht besonders eilig.
わたしは特に急いでいるわけではありません。

(3) 文頭の穴埋め

　ぽっかり開いた文頭の穴を埋めるための **es** というのもあります。ドイツ語の語順は、前域（文頭）に既知情報、中域に新規情報をおくのが基本です。☞ p.313　既知情報というのは、定冠詞のついた名詞、先行する名詞を受ける人称代名詞、**da**（あそこで）や **heute**（今日）といった場所や時の情報などです。新規情報は、不定冠詞のついた名詞などです。ところがまれに既知情報がないまま新規情報を提示することがあります。その場合に、ふつうなら既知情報が埋めるべき前域を別のもので埋める必要が生じます。そこで登場するのが **es** です。

Es war einmal ein König.　昔ある王様がおりました。

Es gelten hier allgemeine Regeln.
ここでは一般的なルールが適用されます。

　文頭の **es** は、何かある中性名詞を受ける代名詞ではなく、仮主語でもなく、場所塞ぎの役目だけを果たします。主語はそれぞれ **ein König**, **allgemeine Regeln** で、定形もこの主語に応じた人称変化形になります。文頭に副詞（句）などがおかれる場合には、穴埋めの **es** は不要ですから、**Hier gelten allgemeine Regeln.** のように **es** は消えてしまいます。

3. 不定代名詞

　何かある名詞を受けるのではなく、不特定の存在を漠然と表わす代名詞があります。これを不定代名詞といいます。不特定の人を表わすmanやeiner、不特定の事物を表わすwelcherやetwasなどがあります。

(1) man

●不特定の人

　manは文の主語となって、不特定の人を表わします。複数の「人びと」を意味することもありますが、文法的にはつねに3人称単数として扱います。

In Österreich spricht man Deutsch.
オーストリアではドイツ語が話されている。

Dort kann man eine herrliche Aussicht genießen.
あそこではすばらしい眺めを堪能できる。

　manは「人は」「人びとは」と訳すことができますが、日本語ではむしろ受け身的な文や、一般的な人びとを念頭におきながらも主語は特に述べない文として考えるとよいでしょう。

●特定の人

　manは文脈によっては特定の人物を暗示的に表わすことがあります。

Kann man sich nicht bei einem Kaffee unterhalten?
コーヒーを飲みながらお話しできませんか？

So etwas tut man nicht.　そんなことはしないものだ。

　最初の例ではmanはwirを、2番目の例では対話相手を表わしています。manを使うことで、一般化した婉曲な表現になります。

●manの使い方

　manには1格しかありません。3格、4格は後述のeinerで代用します。2格は用いません。

またmanは人称代名詞erでおき換えることができません。必要な場合には、次の例のようにmanを繰り返します。

Da man nicht viel Zeit hat, muss man schon mit Vorbereitungen anfangen.
あまり時間がないのだから、もう準備を始めなければならない。

manに対応する所有冠詞はseinです。

Man muss sein Bestes tun. (人は)最善を尽くさなければならない。

noch mehr

不定代名詞manは男女双方を含意しますが、もともとはMannと同じ語です。男性だけが人類を代表するのはけしからん！ と、frauという不定代名詞を使う動きもありますが、なかなか広まりません。言葉は人びとの意識を作り上げ、その意識に根ざした言葉は変化しにくいのですね。とはいえまでは、数十年前には「教授夫人」を意味したProfessorinが「（女性の）教授」の意味で使われ、以前なら考えられなかったBundeskanzlerin（［女性の］首相）が違和感なく受け入れられていますから、frauもいずれ定着するかもしれません。

(2) einer

einerの意味は、ein（ひとつの、ひとりの）が入っていることからもわかるように、「誰かある（ひとりの）人」です。manと同じく不特定の人びとを表わすこともあります。特に3・4格はよくmanの代わりに用いられます。

格変化は以下のとおりで、1・4・3格すべてに男性の格語尾がつきます。2格はほとんど用いられません。

1格	4格	3格
einer	einen	einem

● あるひとりの人

男女に関わりなく einer という男性形が用いられます。

Einer muss diese Arbeit übernehmen. Vielleicht kann Anna das tun?
誰かひとりはこの仕事を引き受けなければならない。ひょっとしてアナがやってくれるかな？

● man（人は）の代用

Sobald man in dieses Lokal eintritt, ist einem wie zu Hause zumute.
この飲食店に入ると、たちまち家にいるような気がしてくる。

前半の主語 man を受けて、後半で3格の einem が使われています。

einer の否定形は keiner（誰も〜ない）で、後述の niemand と同義で使われます。

Keiner handelt so mutig wie du.
あなたほど果敢に行動する人はいない。

(3) ein(e)s

中性1・4格の eines または eins という形で、「何かあるもの、あるひとつのこと」という意味を表わします。

Ein(e)s ist sicher: unsere Mannschaft wird gewinnen.
ひとつのことは確かだ。我々のチームが勝つ。

（4）先行する可算名詞を受ける einer

先行する可算名詞を受け、「ひとつの〜」「ひとりの〜」を表わします。

Es gibt hier so viele schöne Kleider. Ich kann mich nur schwer für ein(e)s entscheiden.
ここにはこんなにすてきなドレスがたくさんあるのね。なかなか1着に決められないわ。

この用法では、不定代名詞は先行する名詞の単数形の性と一致します。格は不定代名詞が文中で果たす役割によって決まります。
　例文では、2文目のein(e)sは、先行するKleid（>複数形Kleider）を受けて中性、前置詞 für の目的語なので4格です。
　この用法の不定代名詞は、以下の格変化をします。

	男性	中性	女性
1格	einer	ein(e)s	eine
4格	einen		
3格	einem		einer
2格	eines		

ほぼ不定冠詞と同じですが、男性1格に -er、中性1・4格に -(e)s という定冠詞型の語尾がつきます。

（5）先行する名詞を受ける welcher

●複数名詞を受ける

先行する可算名詞が複数の場合には、「ひとつ」を意味する einer は使えません。この場合には welcher を用います。welcher は定冠詞型の格変化をします。 p.79

Wir brauchen noch drei Stühle. – Im Raum nebenan sind noch welche.
椅子があと3脚いるね。— 隣の部屋にはまだ何脚かあるよ。

正確に「5脚ある」と言うような場合なら、welcheではなくfünf (Stühle) と言えばよいのです。複数ではあるが「いくつか」「何人か」と数がはっきりしない場合に、welcheを用います。

● 物質名詞を受ける

数えられない物質を表わす物質名詞もwelcherで受けます。

Müssen wir Wein besorgen? – Ich glaube, wir haben zu Hause noch welchen.

ワインを買わないとだめかな？―家にまだいくらかあったと思うけれど。

例文では、Weinを受け、かつhabenの4格目的語となっているため、welchenという男性4格形になっています。

(6) その他の不定代名詞

● alle/alles

複数形のalleで「すべての人びと」を表わします。中性単数allesは「あらゆること、すべてのもの」という意味で使われます。alle/allesの格変化は定冠詞型です。

Alle sind schon da. 全員がもう来ている。

Ist alles in Ordnung? すべて大丈夫ですか？

● jeder

「いずれの〜も」という意味で、定冠詞型の格変化です。

all- が複数のもの全体を包括的にとらえるのに対して、jed- は複数存在するもののなかから任意のひとつを取り出します。したがって単数形でしか用いられません。

何かある名詞を受けるのではなくこれ単独で用いられる場合には、男性単数で「いずれの人（も）」という意味になります。

Hier kennt jeder jeden. ここでは誰もが互いを知っている。

3. 不定代名詞

● jemand/niemand

jemandは「誰かが」、niemandは「誰も〜ない」を表わします。どちらも3人称単数で、不定冠詞型 p.76 の男性単数に即した格変化をします。

1格	4格	3格	2格
jemand	jemanden	jemandem	jemand(e)s

ただし4格、3格では語尾 -en, -emがつかずjemandとなることがよくあります。

Heute habe ich einen Termin mit jemand(em).
今日、人と会う約束がある。

Niemand kann genau sagen, wann das nächste Erdbeben geschieht.
次の地震がいつ起こるのか、誰も正確にはわからない。

● etwas/nichts

etwasは「何かあるもの、あること」、nichtsは「何も〜ない」。いずれも3人称単数です。1、4、3格で用いられ、格変化はしません。

Dort bewegt sich etwas. あそこで何かが動いている。

Heute habe ich noch nichts gegessen.
今日はまだ何も食べていない。

4. 指示代名詞

指示代名詞は、ある存在を「これ」「あれ」「こいつ」「あの人」と指示しながら述べる場合に用いられます。人称代名詞は先行する名詞を特に意味を付加せずにおき換えるのに対して、指示代名詞は、指し示したり周囲のものから際立たせたりします。

指示代名詞の主なものはderとdieserです。ほかにjener、関係代名詞の先行詞となるderjenigeなどがあります。なお、これらはいずれも男性1格の形です。

(1) der

ある人や事物を表わすのに人称代名詞ではなく指示代名詞derを用いることで、その人・事物を特に取り上げて指示したり際立たせたりすることができます。

a. Ich brauche einen Schal ... Ach, **der** hier ist wunderschön! **Den** nehme ich.
ショールが1枚入り用なんだけれど…。あら、ここのこれ、すごくすてき！これをもらいましょう。

b. Kennst du Karin? – Ja, **die** kenne ich sehr gut.
カーリンって知ってる？―うん、あの娘ならよく知ってるよ。

例文a.では指示代名詞が周囲の事物（*r* Schal）を指し示し、b.では念頭にある存在をほかから区別し際立たせて述べています。

指示代名詞derは文のテーマとなることが多く、そのためよく文頭におかれます。☞ p.313

形は定冠詞とほぼ同じで、次のように格変化します。

	男性	中性	女性	複数
1格	der	das	die	die
4格	den			
3格	dem	dem	der	denen
2格	dessen	dessen	deren/derer	deren/derer

男性と中性の2格、女性と複数の2格、複数3格において、定冠詞と異なり、強調された形になっています。定冠詞と同じ形の場合も、定冠詞より強く、母音を長めに発音します。女性2格と複数2格では、ほかの名詞の前におかれてその名詞を規定する場合にはderenが、後続の関係文 ☞ p.247 の先行詞となる場合にはdererが用いられます。そのほか動詞や前置詞の目的語となる場合には、どちらも可能です。

die Geschwister und deren Lebensgefährten
兄弟姉妹とその伴侶たち

die Wünsche derer, die hier leben ここで暮らす者たちの望み

なお指示代名詞で人を指す場合、その人をほかの人から特に区別して取り上げることで、口調や文脈によっては侮蔑や非難などの否定的な意味合いを帯びることがあります。

Wo ist Chef? – Ach, der verschwindet immer, wenn irgendein Problem auftaucht.
部長（課長）はどこ？—あいつは何か問題が出てくるといつも姿を消すんだよ。

余計な誤解を避けるために、慣れないうちは特に、人物を表わすときには指示代名詞ではなく人称代名詞を用いるようにするとよいでしょう。

(2) das

dasは、人称代名詞のesに似て、先行する文の情報を指示したり、また先行する情報を受けることなく主語として単独で使われたりします。ただesとは異なり、dasには、「これは」「あれは」と指し示したり、ほかの存在から際立たせたりする意味合いが含まれます。

Das sind meine Freunde Anna und Erich.
こちらは友人のアナとエーリヒです。

Hast du schon die Betten gemacht? – Das schon. Aber die Wäsche wasche ich erst jetzt.
もうベッドは整えた？—それならもうすませた。でも洗濯物を洗うのはこれからだ。

(3) その他の指示代名詞

●dieser

dieserは、自分の周囲にあるものや、文脈上近い名詞を指す場合に用いられます。格変化は冠詞的に用いられるdieserと同じです。
☞ p.78　ただし中性の1・4格では、語尾のつかないdiesという形も用いられます。

空間的な近接性

Jetzt sind einige Fahrräder im Sonderangebot. Dieses hier ist hochleistungsfähig, und das dort ist sehr preiswert.
いま何台かの自転車を特売しています。こちらのこれは高性能で、あちらの方のはとてもお得です。

中性形のdiesesが先行する名詞Fahrrad（>複数形Fahrräder）を受け、話者の近くにあるものを指示しています。

文脈上の近接性

dieserが直前に述べられた名詞を指示することもあります。

Ein Unglück beruht oft auf menschlichem Versagen. Diesem kann man vorbeugen.
事故は往々にして人間の失策のために起こる。これは未然に防ぐことができる。

以前はこの用法のdieserがjenerとセットで使われることがありました。その場合、dieserは直前の名詞を、jenerはそれよりも前に述べられた名詞を指します。

● derjenige

関係代名詞の先行詞として「～する人」「～するもの」という意味で用いられます。語の前半のder- は定冠詞と同じ変化、後半の -jenige は形容詞の弱変化です。☞ p.114

derjenigeは「～する人（男性）」、diejenigeは「～する人（女性）」、diejenigenは「～する人びと」、dasjenigeは「～するもの」を表わします。

Diejenigen, die in Deutschland studieren wollen, müssen ausreichende Deutschkenntnisse nachweisen.
ドイツの大学で学びたい者は、十分なドイツ語力を証明しなければならない。

● derselbe

「〜と同じ人・物」を表わします。格変化は derjenige と同じで、der- が定冠詞の変化、後半の -selbe は形容詞弱変化です。

Ich sehe ihn immer im rosa Hemd. – Ja, er trägt immer dasselbe.
いつも彼がピンクのシャツでいるのを見るんだけど。— そうさ、あいつはいつも同じのを着てるんだ。

derselbe は名詞の前におかれ、その名詞を規定することもあります。

Wir benutzen dieselbe Email-Adresse.
わたしたちは同じメールアドレスを使っている。

「〜と同じ人・物」という意味で、der gleiche が使われることもあります。こちらは定冠詞と形容詞の組み合わせです。本来は derselbe がまったく同一の人や物を指すのに対して、der gleiche は「同じような人」「同等の物」に用いられていました。ただし昨今では混同されています。

第5章 疑問詞

疑問詞とは、不足する情報を話者が相手から得ようと、疑問を表わす際に用いる語。疑問代名詞と疑問副詞とがあり、補足疑問文を作る。

1. 疑問代名詞

疑問代名詞は、不足する情報が主語だったり動詞や前置詞の目的語だったりする場合に用いる疑問詞です。wer（誰）、was（何）、名詞とともに用いるwelcher（どの）、was für ein（どのような）があります。

疑問代名詞は文頭におかれます。前置詞と組み合わされる場合には、[前置詞 + 疑問代名詞]のセットが文頭にきます。

● wer 誰

werは人を尋ねる補足疑問文を作る疑問代名詞です。1〜4格のすべてで用いられ、指示代名詞derと同様の格変化をします。

1格	4格	3格	2格
wer	wen	wem	wessen

1格

主語としては3人称単数扱いです。

Wer möchte Kaffee trinken?
誰がコーヒーを飲みたいのですか？（コーヒーの欲しい方は？）

Wer sind die Herren dort?　あそこにいる紳士方はどなたですか？

4格

Wen hast du zur Geburtstagsparty eingeladen?
誰を誕生パーティーに招待したの？

An wen soll ich mich wenden?
誰を頼りにすればよいのですか？（どなたにお尋ねすればよいのでしょう？）

1. 疑問代名詞

3格

Wem habt ihr die Nachricht mitgeteilt?
君たちは誰にそのニュースを知らせたの？

Von wem hast du das erfahren? 誰からそれを聞いたの？

2格

Wessen Hund läuft da ohne Leine?
誰の犬が引き綱なしで駆け回っているんだろう？

● was　何

事物を尋ねるときに用います。格形は以下のとおりですが、3格はないとされ、2格もほとんど使われません。

1格	4格	3格	2格
was	was	(was)	wessen

1格

Was steht in dem Brief?　手紙には何が書いてあるの？

4格

Was machen wir jetzt?　これから何をしようか？

3格

Zu was (= wozu) hast du ihr gratuliert?
彼女に何のお祝いを言ったの？

※ 3格のwasを用いるのは3格支配の前置詞と組み合わせられる場合に限ります。ただしこれも口語的で、正しくは[wo(r)-前置詞]という形です。

2格

Wessen sind sie sich bewusst?
彼らは何を意識しているのでしょうか？

前置詞と組み合わせて
前置詞とともに用いる場合にはwo(r)- となります。 ☞ p.160

Woraus ist der Stoff? その布は何でできているのですか？

● welcher　どの

welcherは後続の名詞とセットで、ある集合やグループなどのなかから特定のものを尋ねる際に用いられます。定冠詞型の格変化をします。 ☞ p.79

Welche Nummer haben Sie?
どの番号をお持ちですか？（何番ですか？）

Welche Vornamen sind jetzt beliebt?
いまはどの名前が人気があるのでしょうか？

Von welchem Gleis fährt der nächste ICE ab?
次のICE特急はどの番線から発車しますか？

● was für ein　どのような

人や事物の性質や種類などを問う際に、名詞の前に添えて用いられます。einは不定冠詞で、後続の名詞の性と格とに応じた格変化をします。

Was für einen Mantel suchen Sie?
どのようなコートをお探しですか？

口語ではwasとfür einを離して言うことがあります。

Was hast du für eine Sache angerichtet?
いったいどんなことをやらかしたんだい？

また後続の名詞が数えられない名詞（一部の抽象名詞や物質名詞）や複数名詞の場合には、einはつきません。

Was für Träume hattest du als Kind?
子どもの頃、どんな夢（複数）を持っていた？

Was für Käse mögen Sie? Schnittkäse?
どのようなチーズがお好きですか？　ハードタイプですか？

2．疑問副詞

疑問副詞は、時、場所・方向、方法・様態、原因・理由などの副詞や前置詞句に相当する情報を尋ねる際に用います。疑問副詞も必ず文頭におかれて、補足疑問文を作ります。

● wann　いつ

時を尋ねる際に用います。

Wann hast du Geburtstag? – Im Februar.
誕生日はいつ？ーー2月だよ。

wannを前置詞とともに用いることもできます。

Von wann bis wann ist der Deutschkurs?
ドイツ語講座はいつからいつまで？

● wo　どこで、どこに

場所を尋ねる疑問副詞です。

Wo haben Sie studiert?
あなたはどこで（どの大学で）学業を修めたのですか？

● woher　どこから

出身や出どころを尋ねる際にはwoherを用います。

Woher kommen Sie? Aus Deutschland? – Nein, aus Österreich.
ご出身はどちらですか？ ドイツでしょうか？ーーいいえ、オーストリアです。

Woher hast du das Ticket?　どこからチケットを手に入れたの？

● wohin　どこへ

行き先、目的地を尋ねる疑問副詞です。

Wohin kommt der Ordner?　このファイルはどこに入るの？

Wohin gehst du jetzt?　これからどこに行くの？

口語では wo と hin が離れることもあります。

Wo gehst du jetzt hin?

● wie　どのように

方法、手順、様態を尋ねます。

Wie kommt man zur Stadthalle?
シティホールにはどうやって行くのでしょうか？

Wie kommst du zu dem Schluss?
どうやってその結論になるの？

形容詞や副詞と組み合わせて程度を問うこともできます。

Wie lange dauert der Film?
映画の時間はどれくらいですか？

Wie viel kostet so eine Luxusreise?
そんな豪華な旅行って、料金はいくらするものなの？

Um wie viel Uhr kommt der Zug aus Wien an?
ウィーン発の列車は何時に着きますか？

● warum　なぜ

原因、理由、動機を尋ねる疑問副詞です。

Warum ist das Bild unscharf?
この写真はなんでボケているのかな？

Warum willst du Agrarwissenschaft studieren?
なぜ農学を専攻しようと思うの？

3. 感嘆文

疑問詞は感嘆文にも用いられます。感嘆文でよく用いられるのは was, was für (ein), welcher, wie です。

Was hier wieder los ist! ここでまたぞろ何が始まったのやら！

Wie groß ist das Kind aber geworden!
この子、ずいぶん大きくなったねえ！

感嘆文は定形が文末におかれることも多いのですが、ふたつめの例のように補足疑問文と同じく2番目の位置にくることもあります。Wie groß ... geworden ist! という語順でも意味は変わりません。なおふたつめの例文のaberは、驚きを表わす心態詞です。

☞ p.34
☞ p.326

第6章 形容詞と副詞

形容詞や副詞は別の語の意味を規定し、その**性質**、**状態**、**程度**などを表わす。形容詞は名詞を、副詞は動詞、名詞、形容詞や別の副詞などを規定する。

1. 形容詞と副詞

　形容詞と副詞はいずれも別の語や句と結びつき、その性質や状態、程度などについての情報を補足し、その意味を限定します。ドイツ語の形容詞の多くは副詞としても使われますが、形容詞と副詞はそれぞれ使い方が異なります。

　形容詞は名詞と結びつき、その性質や状態についての情報を付加します。規定する名詞の前におかれ格変化をします。また形容詞の多くは比較変化をし、比較級、最上級を作ることができます。

　それに対して副詞は主として動詞の意味を規定しますが、形容詞やほかの副詞、名詞、また文全体にかかることも珍しくありません。形容詞と異なり格変化がないことも副詞の特徴です。比較変化をしないものがほとんどですが、**gern**（好んで）などのように比較級、最上級をもつものが少数あります。

2. 形容詞とその用法

　形容詞は、ある存在やことがらの性質を表わす語の総称です。「性質」と一口に言っても、**gut**（よい）、**klug**（利口な）、**hell**（明るい）、**schwer**（重い、難しい）、**groß**（大きな）、**weiß**（白い）、**rund**（丸い）など、道徳や知識に関するものから形や色まで千差万別です。

(1) 派生形容詞と複合形容詞

　上に挙げたような単音節の語は、もともと形容詞として生み出され使われてきたものですが、他の語をもとにして作られた形容詞も多く存在します。

2. 形容詞とその用法

● **派生形容詞**

Kann man das Leitungswasser hier trinken? – Ja, das Wasser hier ist trinkbar.
ここの水道水は飲めますか？—はい、ここの水は飲用可能です。

trinkbar（飲用可能である）という形容詞は、動詞 trinken の語幹 trink- に可能を表わす接尾辞 -bar がついてできたものです。このように、動詞や名詞に接尾辞がついてできた形容詞を、派生形容詞といいます。

形容詞を作る接尾辞の主なものを概観しておきましょう。

動詞の語幹に結びつく接尾辞
- -bar［〜されうる］　hörbar 聞こえる（< hören 聞く）
- -lich［〜されうる］　beweglich 可動式の（< bewegen 動かす）

名詞に結びつく接尾辞
- -haft［〜のような、〜の性質の］　schmerzhaft 痛む、つらい
  （< r Schmerz 痛み）
- -ig［〜のある、〜の傾向の］　kräftig 力強い（< e Kraft 力）
- -lich［〜の］　jährlich 毎年の（< s Jahr 年）
- -los［〜のない］　geschmacklos 悪趣味な
  （< r Geschmack 趣味、好み）
- -voll［〜に満ちた］　eindrucksvoll 印象深い（< r Eindruck 印象）

● **複合形容詞**

Das Manuskript ist schon druckreif.
その草稿はもう印刷できる状態だ。

druckreif は、名詞 Druck（印刷）と形容詞 reif（熟した、準備が整った）から成る形容詞で、reif für den Druck という句に相当します。原稿が内容の点でも文章表現の点でも整っており、そのまま印刷に入れられる状態にあるということを意味します。このように、ある形容詞に、その形容詞の意味を限定する別の語が結びついてできた形容詞を、複合形容詞といいます。複合名詞と同様に、もとの形容詞を基礎語、

その意味を限定する語を規定語といいます。**druckreif**なら**reif**が基礎語、**druck**が規定語です。

複合形容詞を作りやすいのは、**reif**(〜するほどに熟した、完成した)、**gleich**(〜と同じ)、**ähnlich**(〜と似た)、**bedürftig**(〜を必要とする)、**eigen**(〜に固有の、〜所有の)、**schwer**(〜の重さの)、**lang**(〜の長さの)などです。また **blau wie der Himmel**(空のように青い)に相当する **himmelblau**(空色の)のように、[形容詞 + wie ...](…のように〜)の組み合わせもひとつの複合形容詞になりえます。

なお派生語と複合語のちがいについてはp. 56を参照してください。

(2) 形容詞の結合価

形容詞のなかには特定の補完語を必要とするものがあります。たとえば **ähnlich** は、3格の名詞や代名詞とともに用いられ、「〜³に似ている」という意味になります。

> **Sie ist ihrer Schwester zum Verwechseln ähnlich.**
> 彼女は姉／妹さんととりちがえるほどよく似ている。

判断基準を表わす3格と結びつく形容詞もあります。

> **Mir ist kalt.** わたしは寒い。

上のふたつの例文では、文が成り立つために必要な文成分が形容詞によって決まっています。これを形容詞の結合価といいます。 ☞ p.180

(3) 形容詞の用法

形容詞には主として3通りの使い方があります。ひとつには、名詞の前におかれてその名詞の意味を限定する用法で、これを**付加語的用法**といいます。付加語的用法では、うしろの名詞の性・数・格に応じた格語尾がつきます。形容詞の格変化については次で詳しく述べます。形容詞はまた、sein などコプラ動詞の述語内容語にもなります。これは**述語的用法**といいます。またドイツ語では、形容詞の多くは副詞的にも用いられます。

2. 形容詞とその用法

付加語的用法

Ich höre gern die **klaren** Töne von Glocken.
わたしはあちこちの鐘の澄んだ音色を聞くのが好きだ。

述語的用法

In dieser Jahreszeit ist der Himmel **klar**.
この季節、空は澄んでいる。

副詞的用法

Ich kann meine Gefühle nicht **klar** ausdrücken.
わたしは自分の感情をはっきりと言い表わすことができない。

　形容詞のなかには述語的用法しかないもの、付加語的用法しかないものがあります。主要なものを挙げておきましょう。

● 付加語的にのみ用いる形容詞
　場所、時間、帰属などを表わす形容詞は、ふつう付加語としてのみ用いられます。

場所　hiesig（ここの）

Die hiesigen Häuser sind alle zweistöckig.
ここの建物はすべて2階建てだ。

時間　heutig（今日の）

Wir empfehlen Ihnen unser heutiges Menü.
今日のコース料理をお勧めいたします。

帰属　ärztlich（医師の）

Mein Mann hält sich an den ärztlichen Rat.
夫は医師の助言に従っている。

素材　hölzern（木製の）

Die Misosuppe isst man aus einer hölzernen Schüssel.　味噌汁は木製のお椀から食べる。

これらの形容詞を、下の右側の例のように述語的に用いることはできません。述語内容語には、左側のように、副詞や前置詞句を用いなければなりません。

> ○ **Der Park ist hier.** 　　× Der Park ist hiesig.
> 公園はここだ。
>
> ○ **Die Tür ist aus Holz.**　× Die Tür ist hölzern.
> この扉は木製だ。

● 述語的にのみ用いる形容詞

　形容詞のなかには、わずかながら述語的にのみ用いられるものがあります。schade（残念な）やschuld（責任がある）などです。

> **Das ist schade.** 　それは残念だ。
>
> **Du bist daran schuld.**
> あなたはそれに責任がある（それはあなたのせいだ）。

　このほかに、klipp und klar（明々白々だ）やgang und gäbe（ありふれたことだ）のように2つの語をundでつないだ形の形容詞も、述語的にのみ用いられます。

（4）形容詞の付加語的用法と格変化

　形容詞が名詞の前におかれ、その名詞の意味を限定する用法です。付加語形容詞には格語尾がつきます。

> **In der traditionellen japanischen Küche sind frische Zutaten wichtig.**　伝統的な日本料理では新鮮な食材が重要だ。

　形容詞の格変化には、その前に冠詞があるかどうか、ある場合にはそれが定冠詞（類）か不定冠詞（類）かによって、3つのパターンがあります。格変化の機能は名詞の性・数・格を明示することで、冠詞がこの機能を果たしていれば形容詞はこの役を免除され、それに対して無冠詞の場合や冠詞に格語尾がついていない場合には、形容詞が一手にこの役割を担うわけです。

●弱変化［定冠詞（類）＋ 形容詞 ＋ 名詞］

定冠詞（類）が名詞の性・数・格を明示するために、形容詞には弱語尾（-eないし -en）しかつきません。男性1格、中性と女性の1・4格の語尾が -e、それ以外はすべて -enです。

	男性 （ゴシック式聖堂）	中性 （古城）	女性 （美しい山城）
1格	der gotische Dom	das alte Schloss	die schöne Burg
4格	den gotischen Dom		
3格	dem gotischen Dom	dem alten Schloss	der schönen Burg
2格	des gotischen Doms	des alten Schlosses	

	複数　（近代的な家々）
1格	die modernen Häuser
4格	
3格	den modernen Häusern
2格	der modernen Häuser

●強変化［無冠詞 ＋ 形容詞 ＋ 名詞］

冠詞がないために、名詞の性・数・格を明示する役割を形容詞が一手に引き受けます。具体的には、形容詞に定冠詞型の語尾がつきます。ただし男性・中性の2格だけは、名詞に -(e)s という語尾がつきますから、形容詞の方は -en ですませます。

	男性 （ホットコーヒー）	中性 （新鮮な果物）	女性 （冷たい空気）
1格	heißer Kaffee	frisches Obst	kalte Luft
4格	heißen Kaffee		
3格	heißem Kaffee	frischem Obst	kalter Luft
2格	heißen Kaffees	frischen Obst(e)s	

	複数　（温かい料理）
1格	warme Speisen
4格	
3格	warmen Speisen
2格	warmer Speisen

●混合変化［不定冠詞（類）＋形容詞＋名詞］

　不定冠詞（類）では、男性1格と中性1・4格で語尾が欠けています。この3か所については、形容詞の方が性・数・格を明示する役割を負い、強語尾がつきます。その他はすべて弱変化です。弱変化と強変化が混じっているために、混合変化といいます。

	男性 （ふつうの1日）	中性 （よい1年）	女性 （予定のない1週間）
1格	ein △ normal**er** Tag	ein △ gut**es** Jahr	eine frei**e** Woche
4格	einen normal**en** Tag		
3格	einem normal**en** Tag	einem gut**en** Jahr	einer frei**en** Woche
2格	eines normal**en** Tags	eines gut**en** Jahrs	

複数　（わたしの昔からの友人たち）
1格 / 4格　meine alt**en** Freunde
3格　meinen alt**en** Freunden
2格　meiner alt**en** Freunde

(5) 付加語的用法についての注意

●複数の形容詞が並ぶ場合

　複数の形容詞がひとつの名詞の付加語となる場合には、すべて同一の語尾をつけます。

Der Speyerer Dom ist ein bekannt*er* romanisch*er* Kirchenbau.　シュパイアー大聖堂は有名なロマネスク教会建築です。

　形容詞が複数並ぶ場合、形容詞と形容詞のあいだにコンマを打つかどうかが問題になります。 ☞ p.337

　上の例は、最後の形容詞と名詞とが強く結びついて ein ... romanischer Kirchenbau というひとつの概念を形成しており、それをさらに bekannt という形容詞が限定しています。このような場合には、形容詞と形容詞のあいだにはコンマを打ちません。複数の形容詞が同じ程度の緊密さで名詞にかかる場合には、形容詞のあいだをコンマで区切ります。

Der Karneval im Rheinland ist ein bekanntes, traditionsreiches Fest.
ラインラントのカーニヴァルは有名で伝統豊かな祭りだ。

● -el, -en, -auer, -euer で終わる形容詞

　これらの形容詞は、格語尾がつくと、発音上の理由から語幹の -e- が落ちることがあります。

　　dunkel　色の濃い　➡ **dunkles Bier**　黒ビール
　　teuer　値段が高い　➡ **eine teure Gegend**　（不動産などの）価格の高い地域

● hoch

　hoch（高い）は付加語では **hoh-** となります。

述語的用法

Die Zugspitze ist 2 962 Meter hoch.
ツークシュピッツェ山は2,962メートルの高さだ。

付加語的用法

Sie hat einen 2 500 Meter hohen Berg bestiegen.
彼女は標高2,500メートルの山に登った。

● viel と wenig

　viel（多くの、たくさんの）と **wenig**（少しの、わずかの）は、物質名詞、集合名詞、抽象名詞の付加語として用いられるときには、ふつう格語尾がつきません。

Iss viel Gemüse und trink nicht so viel Alkohol.
野菜をたくさん食べて、アルコールはそんなにたくさん飲まないようにしてね。

Die Gäste haben das ganze Menü mit viel Vergnügen verzehrt.　客はコース料理すべてをおおいに楽しんで食べた。

　可算名詞の複数形とともに用いられる場合には、格語尾がつきます。

Dieses Jahr tragen die Apfelbäume viele Früchte.
今年はりんごの木々がたくさんの実をつけている。

● **-erという接尾辞で終わる形容詞**

Wiener（ウィーンの）や 60 er（sechziger：60年代の）のように、地名、数詞などから派生し、接尾辞 -er で終わる形容詞には、格語尾がつきません。

In den 60er Jahren habe ich ein Wiener Kaffeehaus besucht. 60年代にわたしはウィーンのコーヒーハウスを訪れた。

（6）形容詞の述語的用法

形容詞が sein（〜である）や finden（…を〜だと思う）などの述語内容語になる場合です。ドイツ語では、フランス語などとは異なり、述語的用法では形容詞は格変化しません。

述語内容語をとる動詞にはほかに、werden（〜になる）、bleiben（〜であり続ける）、wirken（〜の印象を与える）、machen（…を〜にする）などがあります。

Die Gesellschaft war heiter. その会合は愉快だった。

Die Frau am Schalter wirkte sympathisch.
窓口の女性は感じがよかった。

Ich fand sein Verhalten unmöglich.
彼の態度はありえない（ひどい）と思った。

Der Lärm machte uns nervös. 騒音が我々をいらいらさせた。

（7）形容詞の副詞的用法

ドイツ語では形容詞の多くが副詞的に用いられ、動詞や副詞、別の形容詞にかかり、その意味を限定します。副詞的用法では形容詞は格変化しません。

a. **Der Chor der Kirche singt so schön.**
その教会のコーラスはすばらしい声で歌う。

b. **Hier ist es schön ruhig.**
ここはとても静かだ。

例文 a. では schön は singen を限定し、b. では ruhig を限定しています。

> **Column**
>
> # 形容詞を辞書で引く
>
> **形**容詞を辞書で引く際には、格語尾や比較級の語尾などは取り去った形にします。たとえば Er trug einen zimtfarbenen Rock mit breiten Aufschlägen und keulenförmigen Ärmeln. というある小説の 1 文で考えましょう。まず mit breiten Aufschlägen の breiten、これは Aufschlägen（襟の折り返し）の付加語ですから複数 3 格、したがって語尾 -en を取り去って breit という形にします。
>
> 　この 1 節には派生語もふたつ含まれています。zimtfarbenen と keulenförmigen です。前者は Rock にかかり男性 4 格の語尾 -en が、後者は Ärmeln にかかり複数 3 格の語尾 -en がついていますので、それを取り去ります。さらに zimtfarben は、zimt と -farben とに分けます。r Zimt は「シナモン」、-farben は e Farbe（色）から派生した接尾辞で「～色の」を意味します。keulenförmig は keulen と -förmig とに分けます。e Keule は「棍棒」、-förmig は e Form（形）から派生した接尾辞で「～の形をした」という意味です。これらをすべて総合すると、上記の 1 文は、「彼は、幅広の襟と棍棒のような袖をしたシナモン色の上着を着ていた」となります。
>
> 　ドイツ語では複合形容詞も次々と生み出されており、辞書に載っていない語も多くあります。そのような語に出合ったときには、規定語と基礎語とに分けて、それぞれの意味を引いてみます。ある短編小説では子どもたちの描写に kükenproper という語が使われていました。この語はどんな辞書にも載っていませんので、Küken と proper とに分けて意味を調べます。Küken は「ひよこ」という中性名詞、proper は「こざっぱりとした」という形容詞だとわかります。

> 親による世話が行き届いて、汚れなどなくきちんとした身なりをしているあどけない子どもたちの姿が浮かんできます。
> 　形容詞には補完語をとるものもありますが、そうした結合価の情報も辞書に載っています。bereitという形容詞を引いてみましょう。［zu + 3格］とともに用いて「~³する用意のある、~³の準備のできた」という意味になることが記されているでしょう。作文をする際にはこの結合価に従って句を組み立てます。「出立の準備ができた」なら、「出立」e Abreiseを用いて、zur Abreise bereitとします。
> 　付加語的用法の形が特殊なもの、比較級、最上級が変則的な形のものについても、辞書に掲載されています。たとえばhoch（高さが高い）の項には、付加語がhoh- という形になること、また比較級はhöher、最上級がhöchstであることが載っています。

3. 副詞とその用法

（1）副詞の用法

　副詞の多くは動詞と結びつき、その添加語や補完語になります。またほかの副詞や形容詞にかかってその意味を詳細に規定することもあります。名詞の付加語や文の述語内容語になるものもあります。

● 動詞の添加語・補完語

Ich nehme gern an der Studienfahrt teil.
研修旅行に喜んで参加します。

Morgen fahren wir dorthin.
明日わたしたちはそこに行きます。

gern と morgen は添加語、dorthin は補完語です。

● 形容詞や副詞の規定

Der Weg war sehr steil. 道はとても急だった。

Die Ferien gehen **schon** morgen zu Ende.
休暇はもう明日で終わりだ。

● 名詞の付加語

Das Konzerthaus **dort** ist weltberühmt.
あそこのコンサートホールは世界的に有名だ。

● 述語内容語

Das Konzerthaus ist **dort**. コンサートホールはあそこだ。

（2）副詞の種類

　副詞はその意味によって場所の副詞、時の副詞、方法・様態の副詞の3つに大別されます。ほかに論理関係を表わすものがありますが、それは第16章で接続詞とともに取り上げます。

● 場所の副詞
　場所を表わす副詞のうちもっとも重要なのが次の3つです。
　　　hier　ここで、ここに　　　話し手のいる場所、またはその近くを表わします。
　　　dort　あそこで、あそこに　話し手から隔たっている場所。
　　　da　　そこで、そこに　　　話し手が指示している場所。

Hier in Österreich sagt man Semmel statt Brötchen.
ここオーストリアでは（小型パンを指すのに）BrötchenではなくSemmelといいます。

　上記の副詞に、話者から離れてゆく動きを意味するhinや、逆に話者の方へ近づく動きを意味するherを組み合わせると、行き先や出どころを表わす副詞になります。
　　　hierher　ここへ　　dorthin　あそこへ　　dorther　あそこから
　　　dahin　そこへ　　　daher　そこから

Das Thema gehört nicht hierher.
このテーマはここに属してはいない（ここで議論すべき問題ではない）。

Eine Fahrt dorthin dauert drei Stunden.
そこに行くには3時間かかる。

またhinやherは、位置関係を表わす別の副詞と結びついて、より詳しい方向を表わす語を作ります。
 herein　なかへ　　hinaus　外へ　　herunter　こちらの下へ
 hinauf　上へ

● 時の副詞
時間帯
 tagsüber　昼間、日中　　morgens　朝に　　vormittags　午前に
 mittags　昼に　　nachmittags　午後に　　abends　晩に
 nachts　夜中に

Wir gehen abends manchmal essen.
わたしたちは晩に時々食事に出かける。

これらにfrüh（早く）やspät（遅く）を組み合わせると、frühmorgens（朝早くに）やspätnachmittags（午後遅くに）など、さらに細分化した時間帯表現になります。

曜日
 wochentags　週日に　　montags　月曜日に

Ich stehe wochentags um sechs, aber am Wochenende erst um neun auf.
わたしは週日には6時に起きるが、週末は9時になって起きる。

過去・現在・未来
過去
 einst　かつて　　damals　あの頃　　früher　以前に
 kürzlich/neulich　最近　　soeben/gerade　いましがた
 gestern　昨日
現在
 eben/gerade　ちょうどいま　　jetzt　いま、現在
 heute　こんにち、今日

未来

gleich/sofort　すぐに　　bald　まもなく　　später　あとで
irgendwann　いつか　　morgen　明日

Kann ich dich jetzt sprechen? – Tut mir leid. Ich habe gerade etwas zu tun. Ich rufe dich später an.

いまあなたに話してもいい？―ごめん。ちょうどいましなくちゃいけないことがあるんだ。あとで電話するよ。

頻度

nie　決して〜ない　　　　manchmal　時々
kaum　ほとんど〜ない　　oft　頻繁に
selten　めったに〜ない　　immer　いつも

Das werde ich nie vergessen. Ich werde immer daran denken.

そのことをわたしは決して忘れないでしょう。いつもそのことを覚えているでしょう。

主観的な時間評価

時の副詞のうち次のものは、時間そのものではなく、話し手の時間評価を表わします。

schon　すでに　　話し手の期待よりも早いことを表わします。
noch　まだ　　　あることが話し手の期待よりも長く続いていることを表わします。
endlich　ようやく　あることの達成が話し手の期待よりも遅いことを表わします。

Schläft Papa noch? – Nein, er ist schon im Garten.

パパはまだ寝てるの？―いいえ、もう庭にいるわよ。

Ich habe … 50 Seiten von diesem Buch gelesen.

「…」の部分にschonを入れれば、「もう50ページ読んじゃった」と、思いのほか早いという気持ちの表現になります。endlichなら、「(時間をかけているのに) ようやっと50ページ読んだ」と、当初の予定などより遅いという気持ちを表わします。

● 方法・様態の副詞

　sehr（とても）など方法、様態、程度などを表わす副詞です。vergebens（無駄に）など、述語動詞の述べる行為の結果を表わす語もあります。

Wir hatten es sehr eilig. わたしたちはとても急いでいた。

Vergebens habe ich auf eine Nachricht von zu Hause gewartet.
わたしは家からの知らせを待っていたが無駄だった。

4. 形容詞・副詞の比較級と最上級

　ふたつ以上のものを比べ、その性質や程度を比較する際に、形容詞や副詞の比較級や最上級を用います。

(1) 比較級と最上級の作り方

● 比較級・最上級の基本形

　形容詞も副詞も、**比較級**には **-er** をつけ、**最上級**には **-st** をつけるのが基本ルールです。英語と違い、複数の音節から成る長い語であっても、この基本ルールに従います。

原級	比較級 -er	最上級 -st
schön 美しい	schöner	schönst
wichtig 重要な	wichtiger	wichtigst
gemütlich 居心地のよい	gemütlicher	gemütlichst

● 発音上の理由で -e- が落ちたり挿入されたりするもの

原級が -e, -el, -auer, -euer で終わる場合

　比較級で語幹の e が落ちます。

原級	比較級	最上級
weise 賢い	weiser	weisest
dunkel 暗い	dunkler	dunkelst
teuer 値段が高い	teurer	teuerst

原級が -d, -t, -s, -ß, -sch, -z などで終わる場合
最上級で -est をつけます。

原級	比較級	最上級
spät 遅い	später	spätest
süß 甘い	süßer	süßest
stolz 誇りをもった	stolzer	stolzest

また、さほど多くありませんが、原級が -eu, -ei などの母音で終わる語にも、最上級が -est となるものがあります。

原級	比較級	最上級
neu 新しい	neuer	neuest
frei 自由な	freier	frei(e)st

● 母音が変音するもの

1音節、つまり母音が1か所にしかなく、その母音が a, o, u である語の多くは、比較級・最上級で母音が変音します。

原級	比較級	最上級
alt 古い、年取った	älter	ältest
kurz 短い	kürzer	kürzest
oft 副詞：頻繁に	öfter	öftest

● 不規則なもの

文字が落ちたり加わったり、変音したり、あるいはまったく不規則に作られるものがあります。

原級	比較級	最上級
groß 大きい	größer	größt
gut よい	besser	best
hoch 高い	höher	höchst
nah 近い	näher	nächst
viel 多くの	mehr	meist
gern 好んで	lieber	liebst

（2）比較級の用法

ふたつのものを比較して、いずれかが「より〜」と言う場合に比較級を用います。比較の対象は **als**（〜よりも）で表わします。

●述語的形容詞および副詞の比較級

形容詞の比較級が述語内容語となる場合には、比較級を――格語尾などはつけずに――そのまま用います。

Das menschliche Leben ist **wichtiger** als Profit.
人間の命の方が利益よりも大切だ。

Ich finde deine Idee **besser** als meine.
あなたのアイデアの方がわたしのよりよいと思う。

副詞比較級および副詞的用法の形容詞比較級も同様です。

Mit dem PC kann ich **schneller** schreiben als mit der Hand.
わたしは PC を使う方が手を用いるよりも速く書ける。

程度が「より低い」ことを表わすには、wenig（少なく）の比較級を用いて、**weniger** + 形容詞／副詞という形をとります。

Es ist hier weniger laut als dort unter der Überführung.
ここの方が、あそこの高架（道路・鉄道）の下よりは、うるさくない。

「より静かだ」と積極的に評価できないような場合に、このような表現を用います。

●比較の対象

比較の対象を表わす **als** は、[定形…定形と結びつきの強い文成分]とから成る枠がある場合には、そのさらにあとにおかれます。これを**枠外配置**といいます。☞ p.311

Am Freitag haben die Museen länger auf als sonst.
金曜日には美術館がふだんよりも長く開いている。

als 以下に文が続く場合、als は従属接続詞ですから、これに続く文は副文となり ☞ p.231 、定形が後置されます。

Die Statue der Bremer Stadtmusikanten war kleiner, als ich sie mir vorgestellt hatte.
ブレーメンの音楽隊の像はわたしが想像していたよりも小さかった。

●比較にもとづく差異

ふたつのものの差の程度を表わすには、比較級の前に **viel**（ずっと）、**noch**（さらに）、**weit**（はるかに）、**um + 数量**（〜の差で）などを入れます。差の数量は um を用いずに4格で表わすこともできます。

Sie sprechen jetzt viel besser Deutsch als vor zwei Jahren.
あなたは2年前よりもずっと上手にドイツ語をお話しになりますね。

Mein Bruder ist um drei Jahre jünger als ich.
弟はわたしより3歳下なんです。

Morgen fängt die Sendung eine Stunde früher an.
明日、その放送番組は1時間早く始まる。

noch mehr

比較級を用いた慣用表現がいくつかあります。

比較級 und 比較級／immer 比較級（ますます～）

Heute lebt man **schneller und schneller/immer schneller**.
こんにち人はますます速く生きる。(暮らしのスピードがますます速まっている。)

je 比較級 ～, desto 比較級 …（～であるほどますます…）

Je länger man hier lebt, **desto besser** gefällt es einem hier.
ここに長く暮らせば暮らすほど、ここがより気に入るようになる。

je は従属接続詞で副文を導くため、定形が後置されます。☞ p.232
それに対して主文の desto は副詞ですから、desto + 比較級のあとに定形がおかれます。desto に代えて umso と言うこともできます。

● 付加語的形容詞の比較級

形容詞の比較級を、名詞を限定する付加語として用いる場合には、比較級の -er のあとにさらに格語尾を加えます。

Der ICE kommt zu spät an. Ich nehme einen **früheren** Zug.
そのICE特急は到着が遅すぎます。もっと早い時間の列車にします。

Sehen Sie die zwei Gebäude dort? Das **größere** (Gebäude) ist das Museum, und das **kleinere** ist die Bibliothek.
あそこのふたつの建物が見えますか？ 大きい方は美術館で、小さい方は図書館です。

ただし mehr (< viel) と weniger (< wenig) は、付加語であっても格語尾をつけません。

Dieses Jahr kommen **mehr** Touristen als in den vergangenen Jahren.
今年は過去数年間よりも多くの旅行者がやってきている。

（3）最上級の用法

3つ以上のものを比較して、いずれかひとつが「もっとも～だ」と言う場合に、最上級が用いられます。

● **述語的形容詞および副詞の最上級**

形容詞の最上級が述語内容語となる場合には、**am —sten** という形にします。

Ich finde Ihren Vorschlag am besten.
あなたの提案がいちばんよいと思います。

sein の述語内容語になる場合には、**定冠詞 + —ste(n)** の形がよく使われます。

Die Wohnung ist von allen angebotenen Wohnungen die größte. この住居がすべての物件のうちでいちばん広い。

die größte のうしろに名詞（例文では Wohnung）を補って考え、最上級に形容詞格語尾をつけます。

特定の名詞を想定できない場合には、中性で das —ste とするか、am —sten とします。

Mit guten Beispielen lernen, das ist das beste/am besten. よい例を利用して学ぶこと、それがいちばんよい。

同一のものを複数の条件で比較して、ある条件のときに「もっとも～だ」という場合には、もっぱら am —sten を用います。

Die Landschaft hier ist im Herbst am schönsten.
ここの景色は秋がいちばん美しい。

副詞（副詞的用法の形容詞も含む）の最上級は am —sten です。

Er schießt in der Mannschaft am häufigsten ein Tor.
彼はチームでいちばん頻繁にゴールを決める。

● 比較の範囲

比較の範囲を表わすには、次のような形をとります。

von + 複数名詞3格（複数のもののうちで）

Von allen Vögeln sind Strauße die schwersten.
あらゆる鳥のうちダチョウがもっとも体重がある。

unter allen Vögeln のように（unter + 複数3格）を用いることもあります。

in + 単数名詞3格（ある範囲のなかで）

Diese Straße ist in der Stadt die belebteste.
この通りは市中でいちばんにぎやかだ。

2格名詞（ある範囲のなかで）

Der See ist der tiefste der Welt.
その湖は世界でいちばん深い。

● 付加語的形容詞の最上級

形容詞の最上級を名詞の意味を限定する付加語として用いるには、最上級の -st のあとにさらに格語尾を加えます。

Das Gemälde ist das **schönste** Werk von Paula Modersohn.
その絵はパウラ・モーダーゾーンのもっとも美しい作品だ。

Meine Mutter fährt jedes Jahr mit ihrer **besten** Freundin in Urlaub.
母は毎年、いちばんの親友とバカンスに出かける。

ある範囲で「いちばん〜なもの」は限定されますから、最上級がつく名詞には定冠詞ないしは所有冠詞がつけられます。

（4）絶対的比較級・絶対的最上級

比較級が、ほかのものと比較して「より～」という意味ではなく、「比較的～」「どちらかと言うと～」という程度を表わすのに用いられることがあります。これを**絶対的比較級**といいます。

neuere Erscheinungen　比較的最近発行されたもの、新刊本

eine ältere Dame　年配の婦人

絶対的比較級 älter の方が原級の alt よりも年が若いのです。またある性質をそのものずばり名指すよりは、絶対的比較級の方が、少しぼかして表わすことになります。したがって Kennst du den alten Mann dort?（あそこの老人、知ってる？）ではなく、Kennst du den älteren Herrn dort?（あそこの年配の紳士、知ってる？）と表現する方が丁寧です。

最上級も「きわめて～」という意味で用いられることがあり、これを**絶対的最上級**といいます。

Mein Chef war heute bester Laune.
上司は今日、とても上機嫌だった。
※ Laune は述語的2格　p.62

また aufs —ste という形で、「きわめて～に」という添加語になります。auf のあとは最上級を中性名詞化した語ですが、大文字書きでも小文字書きでもよいとされています。　p.342

Die Gitarre muss regelmäßig aufs Genaueste/aufs genaueste gestimmt werden.
そのギターは定期的にごく厳密に調弦されなければならない。

（5）同等比較

同等比較は、ふたつのものを比較して「…と同じくらい～」と述べる際の表現で、**so ～ wie ...** という形をとります。

Der Hauswein hier schmeckt so gut wie ein teurer Burgunder.
ここのハウスワインは高いブルゴーニュワインと同じくらいおいしい。

否定では「…ほど〜ではない」という意味になります。

Der Film erregt nicht so viel Aufsehen wie die Romanvorlage.
その映画は、もとの小説ほど大きな反響を巻き起こしていない。

比較の対象を表わす als と同じく、wie 以下も枠外配置になります。
☞ p.311

wie 以下が副文のこともあります。

Der Vortrag war nicht so anregend, wie ich erwartet hatte. 講演は期待していたほどおもしろくなかった。

「…倍〜だ」も同等比較です。so の前に、doppelt/zweimal（2倍）や halb（半分）などの「…倍」を意味する語を入れます。3倍以上は、zehnmal（10倍）のように［基数 -mal］で表わします。

Die neue Lampe leuchtet doppelt so hell wie die alte. Dabei verbraucht sie nur halb so viel Energie.
新しいライトは古いものの2倍明るく照らす。それでいながら（古いものの）半分のエネルギーしか消費しない。

noch mehr

同等比較を用いた定型句に so 〜 wie möglich（可能な限り〜）があります。

Ihre Frage werden wir so bald wie möglich beantworten.
ご質問にはできるだけ早くお答えいたします。

5. 形容詞の名詞化

Ein Bekannter von mir gibt nächsten Monat ein Klavierkonzert. わたしの知り合いが来月ピアノコンサートをする。

Gibt es etwas Neues? 何か新しいことある？

ein Bekannter（< bekannt 既知の）、etwas Neues（< neu 新しい）のように、形容詞からその性質をもつ人や事物を表わす名詞を作ることができます。頭文字を大文字にし格語尾 p.114 をつけます。

（1）〜な人

形容詞から、その性質をもつ男性、女性、複数の人びとを表わす名詞を作ることができます。かのカール大帝はドイツ語でKarl der Großeといいますが、der Großeは形容詞groß（偉大な、体の大きな）を名詞にしたものです。der große Mann（偉丈夫）のMann（男）が省略されたと考えると理解しやすいかもしれません。

deutsch（ドイツの）という形容詞を例にとると、以下のような名詞を作ることができます。

	ドイツ人（男性）	ドイツ人（女性）	ドイツ人たち
不定冠詞（類）	ein Deutscher	eine Deutsche	Deutsche
定冠詞（類）	der Deutsche	die Deutsche	die Deutschen

Viele Deutsche reisen sehr gern. **Mein Bekannter** macht auch jedes Jahr mehrere Reisen.
ドイツ人の多くは旅行好きだ。わたしの知人も毎年、何度も旅行をする。

比較級や最上級からも名詞を作ることができます。

Nimm dich gut in Acht. Du bist nicht mehr die Jüngste.
体に気をつけてね。あなたはもういちばん若いってわけじゃないんだから。

なおこの例文は、die Jüngsteという形からわかるように、(親しいあいだがらの)女性に対する発言です。

(2) 〜なもの、こと

形容詞から、その性質をもつ事物やその性質そのものを表わす中性名詞を作ることもできます。

よく用いられるのは、etwas (何か)、nichts (何も〜ない)、viel (たくさん) などと組み合わせ、強変化の語尾 ☞ p.114 をつけた形です。

Ich möchte Oma **etwas Schönes** schenken. Aber was?
おばあちゃんに何かすてきなものをプレゼントしたいんだけれど。でも何かなあ？

Er hat schon wieder gemeckert. – Ach, das ist **nichts Besonderes**.
彼はまたがみがみ言ってたよ。―ああ、そんなの特別なことじゃないね。

noch mehr

形容詞の名詞化を用いた慣用句もいくつかあります。まずもっともよく使う表現から。

Ich wünsche Ihnen alles Gute.

誕生日、就職のような人生の転機など、さまざまなシーンで使われます。直訳すると「あなたにあらゆるよいものを望む」ですが、たとえば年末のグリーティングカードに添えると「あなたにとって来年がよい年になりますように」という意味になります。

もうひとつ、sein Bestes tun (最善を尽くす) という表現もあります。辞書などでは主語をmanと想定してBestesの前の所有冠詞がseinですが、実際には主語に応じた所有冠詞を入れます。

Die Ärzte haben ihr Bestes getan.
医師たちは彼らの最善を尽くした。

第7章 数詞

ものの大きさ、時間といった身の回りの事象から抽象的な数学や物理学まで、世界をとらえたり思考したりするのに数は欠かせない。数詞は、こうした数に関わる概念を表わす語の総称で、数や量、順序などを表わすのに用いられる。

1. 基数

(1) 基数

0、1、2、3…と続く基本の数です。整数ともいいます。ドイツ語の数の体系は、英語と同じく、12以下と13以上とで異なります。

0〜12

0 null	1 eins	2 zwei	3 drei	4 vier
5 fünf	6 sechs	7 sieben	8 acht	9 neun
10 zehn	11 elf	12 zwölf		

13〜19

3〜9の基数に -zehn をつけます。ただし16と17は発音上の理由からsechsの -sやsiebenの -enが落ちて発音も変わります。また18の -tz- は [ts] と1音になります。

13 dreizehn	14 vierzehn	15 fünfzehn	16 sechzehn
17 siebzehn	18 achtzehn	19 neunzehn	

20〜90

2〜9の基数に -zig をつけるのが基本です。ただし20、30、60、70で一部の音とつづりが変わります。

20 zwanzig	30 dreißig	40 vierzig	50 fünfzig
60 sechzig	70 siebzig	80 achtzig	90 neunzig

2桁の数

［1の位の数　und　10の位の数］という形です。48ならachtundvierzig（8 + 40）、92 なら zweiundneunzig（2 + 90）です。大きな数の読みを書くことはあまりありませんが、つづる場合にはあいだを空けずに1語とします。21や31などでは、einsの -s が落ちて **einund-zwanzig** のようになります。

3桁以上の数

100	(ein)hundert	200	zweihundert
1 000	(ein)tausend	1万	zehntausend
10万	hunderttausend	100万	eine Million
1000万	zehn Millionen	1億	hundert Millionen
10億	eine Milliarde	1兆	eine Billion

Million, Milliarde, Billion はいずれも女性名詞です。100万なら **eine Million** と不定冠詞がつき、200万だと **zwei Millionen** と複数形になります。形容詞 **halb**（半分の）を用いると、**eine halbe Million**（50万）と言うことができます。

文章中に数を記す場合、12までは **zwölf** のようにつづりで、それ以上は数字で書くのがふつうです。また1,000以上の数を書く際に日本語ではよく2,500のように「,」を打ちますが、ドイツ語では2 500と3桁と4桁目の間を少し離すか、点を打つのであれば「.」を用いて2.500とします。「,」はドイツ語では小数点です。

数は、以上を組み合わせて言います。
102　(ein)hundertzwei
365　dreihundertfünfundsechzig
98 400　achtundneunzigtausendvierhundert

あいだに **und** を入れるのは、365の65や、98 400の上2桁の98など、2桁でセットになっている数だけです。

100以上の単位を **viel**（多くの）や **mehrere**（いくつもの）などと組み合わせると、**viele hundert**「何百もの」、**mehrere tausend**「何千もの」など概数になります。

マイナスの数

minus fünf Grad（零下5度）のように、頭にminusをつけます。

小数

通常は数字をひとつずつ読みますが、小数点以下が2桁の場合には2桁セットで読むこともあります。小数点はKomma (,) です。

0,8　null Komma acht

1,25　eins Komma zwei fünf/eins Komma fünfundzwanzig

※分数についてはp.142以下を参照してください。

(2) 基数の使い方

●付加語として

名詞の前に付加語としてつく場合、「1」のときは不定冠詞となり、名詞の性と格に従って格変化します。☞ p.65　2以上の基数詞は無変化です。

Die Tür ist **einen** Meter breit und **zwei** Meter hoch.

扉は幅が1メートルで高さが2メートルだ。

※Meterはbreitやhochという形容詞の4格の補完語です。

なお「1」は、定冠詞とともに用いられると形容詞の格変化をします。

Ich habe zwei Brüder. Der **eine** ist als Ingenieur tätig und der andere studiert noch.

わたしには兄弟がふたりいる。ひとりはエンジニアとして働いており、もうひとりはまだ学生だ。

● 計量単位

重さ、長さなどを表わすには、基数に以下のような計量単位を添えます。単位を表わす名詞の多くは、数量が複数を表わす場合でも単数形のままです。☞ p.52

　r Zentimeter　　*r* Meter

　r Quadratmeter (m²)　　*r* Kubikmeter (m³)

　s Gramm　　*s* Kilo(gramm)

　s Pfund　　*r* Liter

Ein Pfund sind 500 Gramm. 1ポンドは500グラムだ。

Für 50 Gramm Butter braucht man einen Liter Milch.
50グラムのバターのためには(を作るには)1リットルの牛乳が必要だ。

●金額

　ドイツ、オーストリアの通貨単位はEuro、下位単位はCent、100 Centが1 Euroです。スイス通貨はFrankenです(1 Franken = 100 Rappen)。いずれも男性名詞で、金額が複数であっても単数形を用います。

金額の表記法と読み方

　主な表記法と読み方は以下のとおりです。

65セント	0,65 Euro/EUR 0,65/€ 0,65	fünfundsechzig Cent
8ユーロ20セント	8,20 Euro/EUR 8,20/€ 8,20	acht Euro zwanzig
4フラン50ラッペン	4.50 Fr./CHF 4.5	vier Franken fünfzig

※スイスでは小数点はPunkt (.)です。

Eine Postkarte kostet 1,00 Euro (einen Euro) und drei Stück kosten 2,50 Euro (zwei Euro fünfzig).
葉書は1枚1ユーロで、3枚だと2ユーロ50セントだ。

Ich möchte zehn Briefmarken zu 0,80 Euro (achtzig Cent). 80セントの切手を10枚いただきたいのですが。

●電話番号・郵便番号

　電話番号には、2桁ずつ読む場合、1桁ずつ読む場合のふた通りがあります。2は3と聞き違えるのを避けるために、zwoと発音されることがあります。

　26 80 73　　zwei (zwo) sechs acht null sieben drei
　　　　　　　sechsundzwanzig achtzig dreiundsiebzig

　市外局番は、089(null acht neun)のように1桁ずつ読みます。
　郵便番号は、ドイツのものは5桁で、10785(eins null sieben acht fünf)のように1桁ずつ読むのがふつうです。

●年齢

〜歳だ

基数のあとに Jahre alt（〜歳）を添えます。Jahre alt は省略されることもあります。

Mein Großvater wird 90 (Jahre alt). 祖父は 90（歳）になる。

〜歳で

前置詞 mit を用います。

Meine Großmutter ist mit 104 gestorben.
祖母は 104 歳でこの世を去った。

〜十代

個々の人について言う場合には、Anfang（前半）、Mitte（半ば）、Ende（終わり）と基数を組み合わせます。

Er ist Anfang dreißig. 彼は 30 代前半だ。

ある世代を指す場合には、以下のような言い方が可能です。

Viele Frauen in den Dreißigern haben Schwierigkeiten, Beruf und Familie zu vereinbaren.
30 代の女性の多くが仕事と家庭を調和させるのに苦労している。

In der Mannschaft spielen Senioren zwischen siebzig und achtzig. このチームでは 70 歳から 80 歳のシニアがプレイしている。

●倍数

基数に -fach や -mal がつくと、「〜倍」などを表わします。

-fach 〜倍の、〜重の 【形容詞】

Die Tür wird dreifach verschlossen.
このドアは 3 重に鍵がかけられる。

「2 重」は zweifach の代わりに doppelt と言うこともできます。

-mal　〜倍、〜回　【副詞】

Wir sind bislang fünfmal umgezogen.
わたしたちはこれまでに5回引っ越した。

● 数式

　加減乗除の言い表わし方にはいくつかあります。足し算にplusまたはund、引き算にminusまたはweniger、かけ算にmal、割り算にdurchまたはgeteilt durchを用いることが多いようです。「=」は、答えが複数であっても、ist, gibt, machtで、gleichを用いることもあります。

$6 + 4 = 10$　　Sechs plus vier ist zehn.

$80 - 15 = 65$　Achtzig minus fünfzehn gibt fünfundsechzig.

$5 \cdot 7 = 35$　Fünf mal sieben macht fünfunddreißig.
※かけ算の記号には「×」ではなく「・」を用います。

$24 : 3 = 8$　Vierundzwanzig geteilt durch drei gleich acht.
※割り算の記号には「÷」ではなく「:」を用います。

　同じ数を掛け合わせる累乗はhoch、平方根はQuadratwurzel、立方根はKubikwurzelを用いて言います。

$5^3 = 125$　Fünf hoch drei ist (ein)hundertfünfundzwanzig.

$\sqrt{9} = 3$　Die Quadratwurzel aus neun ist gleich drei.

$\sqrt[3]{8} = 2$　Die Kubikwurzel aus acht ist zwei.

● 数そのもの

　数はe Zahl、番号はe Nummer、いずれも女性名詞です。数そのものを挙げる場合、数もまた女性名詞として扱います。

Wer hat die Fünf?　5番はどなたですか？

2. 序数

(1) 序数

「〜番目の」と順位を表わす数です。日付や建物の階数などにも序数が使われます。

数で表わすには「1.」と、基数のうしろに「.」を打ちます。読み方は、19までは基数に -t を、20以上は基数に -st をつけるのが基本です。8. は基数と同形、1. と 3. は変則的です。

1. **erst**	2. zweit	3. **dritt**	4. viert
5. fünft	6. sechst	7. sieb(en)t	8. acht
9. neunt	10. zehnt	…	19. neunzehnt
20. zwanzigst	21. einundzwanzigst		
100. hundertst	101. hunderterst		

(2) 序数の使い方

●基本的な使い方

ほとんどの場合、付加語として、[定冠詞 + 序数 + 名詞]という組み合わせで用いられます。この場合、序数に形容詞の弱変化語尾（☞ p.114）がつきます。

Gehen Sie die erste Straße nach links.
最初の道を左に入ってください。

Unsere Wohnung ist im dritten Stock.
わたしたちの住居は4階です。

Wilhelm der Zweite war der letzte Deutsche Kaiser.
ヴィルヘルム2世は最後のドイツ皇帝だった。

※ 建物の1階は s Erdgeschoss、「上階」である r Stock ないし e Etage は2階以上を指し、2階が der erste Stock/die erste Etage、5階なら der vierte Stock/die vierte Etage になります。
※ 人名に「〜世」と添える場合には、der Zweite のように序数から作られた名詞を名前と同格で添えます。

● 等級

形容詞の最上級の前に序数をつけて「〜番目に…」という等級を表わします。

Hamburg ist die zweitgrößte Stadt in Deutschland.
ハンブルクはドイツで2番目に大きな町だ。

この用法では、序数と形容詞を1語としてつづります。

●「〜ごとに」

[jeder ＋ 序数 ＋ 単数名詞]という形で、「〜ごとに」を表わします。なおjederは定冠詞型の格変化をします。☞ p.79

Jedes zweite Kind über neun Jahre jobbt in seiner Freizeit.
9歳以上の子どものふたりにひとりが、空き時間にアルバイトをしている。

Er geht jeden zweiten Monat zum Arzt zur Untersuchung. 彼は2か月に1度、検診のために医者に行く。

jeden zweiten Monatはalle zwei Monateとも言います。☞ p.79

●「〜人で」

[zu ＋ 序数]で、ある行為をする人数を表わします。

Arbeiten Sie bitte zu viert. 4人で作業をしてください。

● 順序

序数に -ensという接尾辞をつけた副詞を用いて、「1番目に」「2番目に」といった順序を表わします。

Diesen Stadtplan finde ich praktisch. Erstens gibt er einen guten Überblick, zweitens ist er geeignet zum Mitnehmen.
この市街地図は便利だと思う。ひとつには十分な全体像がわかるし、ふたつには持ち運びに適しているから。

● 分数

分数は、「〜分の1」を意味する［序数-el］をもとに表わします。
 1/3　ein Drittel　　3/4　drei Viertel
 6 2/5　sechs zwei Fünftel

⅓は、Drittel がひとつなので ein Drittel と考えるわけです。⅔なら zwei Drittel です。［序数-el］は中性名詞として扱います。
　なお「½」にはふつう名詞 *e* Hälfte（半分）や形容詞 halb（半分の）を用います。1½ は anderthalb か eineinhalb、2½ なら zweieinhalb です。halb は後続の名詞の性・数・格に応じて形容詞の語尾変化をしますが、anderthalb/eineinhalb などは格語尾なしで用います。

Ich möchte von dem Stoff einen halben Meter.
この布を2分の1メートルいただきたいのですが。

Der Film dauert anderthalb Stunden.
映画は1時間半の長さだ。

「3分の1は」「半分だけ」と程度を分数で表わす場合には、前置詞 zu を添えます。

Das Hochhaus wurde zu einem Drittel renoviert.
その高層ビルは3分の1まで改修された。

Ich habe das Buch zur Hälfte gelesen.
その本を半分読んだ。

noch mehr

　小数や分数が主語になった場合に、動詞は単数形でしょうか、複数形でしょうか。おおいに迷うところです。
　小数は、0,5のように1に満たない数であっても、これが主語になると、複数として扱われる傾向にあります。

　0,5 (null Komma fünf) Liter Milch kosten 1,20 Euro (einen Euro zwanzig).

　分数では、分子が1で、次の例のように単数名詞が付加語としてあるか、

付加語なしで単にein Viertelと言う場合には、単数として扱います。

Ein Viertel der Strecke ist momentan im Bau.
区間の4分の1は現在工事中である。

ein Drittel der Studenten（学生の3分の1）のように複数2格の付加語がある場合には、単数、複数のどちらも可能です。einのついた名詞（Drittel）が主語だということを重視すると動詞も単数になりますが、想定されているのは複数の人や物ですから、動詞も複数になることも多いのです。

分子が2以上なら複数になります。

Zwei Drittel der Bevölkerung wohnen in städtischen Gebieten.
国民の3分の2は都市部に住んでいる。

3. 数を用いた時の表現

(1) 日付

ドイツ語では年月日を日・月・年の順に言います。日本語と逆の並び順です。

Paul Klee wurde am 18. (achtzehnten) Dezember 1879 (achtzehnhundertneunundsiebzig) geboren.
パウル・クレーは1879年12月18日に生まれた。

日にちは［男性の定冠詞 + 序数］で表わし、序数に形容詞の格語尾をつけます。月日をセットで言う場合に限り、月にも序数を用いることがあります。

〜月〜日だ
「何日？」と尋ねるには、wievielt（何番目の）に定冠詞をつけ、名詞化して用います。wie viel（いくつ？　どれほどの分量？）は2語として書きますが、wievieltは1語です。

Der Wievielte ist heute? – Heute ist der 25. 6. (fünfundzwanzigste Juni/sechste)
今日は何日ですか？―今日は6月25日です。

Den Wievielten haben wir heute? – Heute haben wir den 3. 12. (dritten Dezember/zwölften)
今日は何日ですか？―今日は12月3日です。

〜月〜日に

「〜日に」は、[am + 序数-en]で表わします。amは、前置詞anに定冠詞demがくっついた形です。☞ p.158　月・年を添えて言う場合でも、am 18. Dezember 1879のように、日にちの前にamをつけます。

Wann hast du Geburtstag? – Am 18. 3. (achtzehnten März)
誕生日はいつ？―3月18日。

(2) 年

●西暦年

西暦年は以下のように言います。

1〜1099年	数を言うときと同じように読みます。
1100年〜1999年	[上2桁 + 100]と[下2桁の数]とに分けて言います。
2000年〜	数と同じように読みます。

814　achthundertvierzehn
1989　neunzehnhundertneunundachtzig
2011　zweitausendelf

紀元前は、年のうしろにv. Chr. (vor Christus) を添えます。
390 v. Chr.　dreihundertneunzig vor Christus

西暦年は、「〜年に」と添加語として述べる場合でも、ふつう前置詞はつけません。

Das Jugendbuch erschien 2004 (zweitausendvier).
その青少年向けの本は2004年に出版された。

つけるのであればim Jahr(e) 2000のようにJahr(e)も入れなければなりません。

Im Jahr(e) 1949 (neunzehnhundertneunundvierzig) gründete Bertolt Brecht das Berliner Ensemble.
1949年にベルトルト・ブレヒトはベルリーナー・アンサンブルを設立した。

※ Jahreの -e は古い3格の格語尾で、特定の言い回しでつけることがあります。

● ～年代・～世紀

「～年代」は、基数に -er を加えた形容詞を用いて表わします。なおこの形容詞には格語尾をつけません。 ☞ p.117

1920年代　die neunzehnhundertzwanziger Jahre
90年代に　in den neunziger Jahren

「～世紀」には、[das + 序数 + Jahrhundert]を用います。序数には形容詞の格語尾がつきます。

10世紀　　das zehnte Jahrhundert
21世紀に　im einundzwanzigsten Jahrhundert

(3) 時刻

時刻の表現には、日本語と同じように、24時間制と12時間制があります。

● 24時間制

交通機関の発着時刻や催し物の開始時刻のアナウンスなど、公的な場で時刻を正確に伝える必要がある場合に用いられます。

6.00 Uhr　　sechs Uhr
12.20 Uhr　 zwölf Uhr zwanzig

16.35 Uhr	sechzehn Uhr fünfunddreißig
23.07 Uhr	dreiundzwanzig Uhr sieben
24.00 Uhr	vierundzwanzig Uhr
0.05 Uhr	null Uhr fünf

[**時間 Uhr 分**]の順で基数を用いて述べます。ただし「1時」はeins Uhrではなく ein Uhrです。また、「〜時」にはUhrをつけますが、「〜分」にはふつう Minute(n) はつけません。

● 12時間制

私的なコミュニケーションで用いられることの多い表現です。基準となる正時（○○分などの端数のつかない時間）から〜分後、〜分前、という言い方をします。

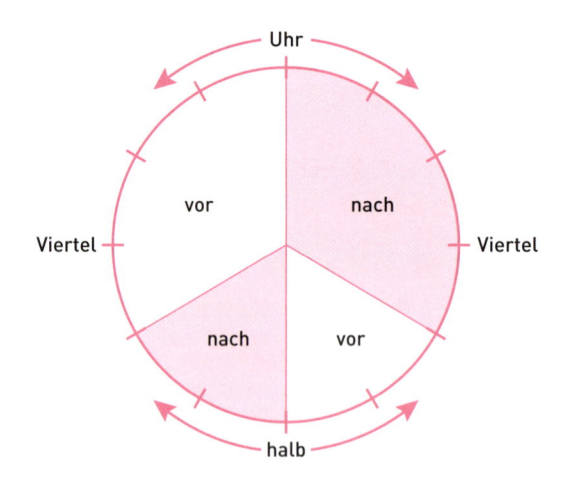

24時間制		12時間制
7.00 Uhr	19.00 Uhr	sieben (Uhr)
7.05 Uhr	19.05 Uhr	fünf nach sieben
7.10 Uhr	19.10 Uhr	zehn nach sieben
7.15 Uhr	19.15 Uhr	Viertel nach sieben
7.20 Uhr	19.20 Uhr	zwanzig nach sieben
7.25 Uhr	19.25 Uhr	fünf vor halb acht
7.30 Uhr	19.30 Uhr	halb acht

7.35 Uhr	19.35 Uhr	fünf nach halb acht
7.40 Uhr	19.40 Uhr	zwanzig vor acht
7.45 Uhr	19.45 Uhr	Viertel vor acht
7.50 Uhr	19.50 Uhr	zehn vor acht
7.55 Uhr	19.55 Uhr	fünf vor acht

　正時については、**19.00**を**sieben**または**sieben Uhr**といいます。**1.00**ないし**13.00**は**eins**ないし**ein Uhr**です。
　「〜時…分」は、基準となる時間より「…分後」を**nach**、「…分前」を**vor**で表わし、**16.05**なら**fünf nach vier**（4時より5分後）とします。「15分」「45分」には、「4分の1」を意味する**Viertel**を使います。
　「〜時半」には**halb**を用い、7時半を**halb acht**と言います。「8時に向かって半時間経った」というわけです。同様に**19.15 Uhr**を**Viertel acht**と、**19.45 Uhr**を**drei Viertel acht**と言うこともあります。
　19.58のような細かい時間は、12時間制では**kurz vor acht**（8時少し前）とするか、あるいは**acht**などと言ってしまいます。

● 時刻表現の使い方
　時刻を尋ねるとき、答えるときには、非人称の**es** p.90 を使います。

Wie spät ist es jetzt?／Wie viel Uhr ist es jetzt?
いま何時ですか？

Es ist zwölf Uhr dreißig.／Es ist halb eins.
12時30分です。　　　　　　　12時半です。

「〜時に」を表わすには前置詞**um**を用います。

Um wie viel Uhr beginnt das Konzert? – Um 18.30 Uhr (halb sieben／achtzehn Uhr dreißig).
コンサートは何時に始まりますか？ー 6時半／18時30分です。

　時刻とともに用いる前置詞にはほかに**gegen**（〜時頃）、**ab**（〜時から）、**von 〜 bis …**（〜時から…時まで）があります。

Ich rufe dich gegen acht abends an.
晩の8時頃に電話するね。

Ab sechs Uhr kann man Fahrkarten kaufen.
6時から列車の切符を買うことができる。

Der Kurs ist von 9.00 Uhr bis 16.00 Uhr.
授業は9時から16時までだ。

始点のみを表わすには **ab**、「〜から…まで」と述べる場合の始点には **von** と使い分けます。終点は、始点があってもなくても、**bis** で表わします。

4. 数量を表わす語

狭義の数詞のほかにも数や量を表わす形容詞的な語があります。いずれも形容詞の格語尾をつけます。

● beid-　両方の

zwei が複数あるもののうち任意の「ふたつ、ふたり」を表わすのに対して、聞き手にとって既知の「ふたつ、ふたり」を意味します。

Die beiden sind sich einig.
ふたりとも同意見だ。

Käsekuchen oder Obsttorte? – Ich nehme beides!
チーズケーキ、それともフルーツケーキにする？─両方いただきます。

● ander-　別の、ほかの

あるものを基準として、そのほかにひとつまたは複数存在するものを意味します。英語の **another** や **other** に相当します。

Das machen wir ein anderes Mal.
それは別の機会にしよう。

Vom Truthahn haben wir die eine Hälfte gegessen und die andere aufgehoben.
七面鳥の半分は食べて、もう半分はとっておいた。

Wir blieben im Hotel und die anderen gingen Ski fahren.
わたしたちはホテルにとどまったが、ほかの人たちはスキーをしに出かけた。

● einig-　いくらかの、いくつかの

さほど多くない量や数であることを表わします。

Ich muss noch einiges erledigen.
これからまだ用事をいくつかすませなければならない。

Einige Verwandte sind zusammengekommen.
親戚が何人か集まった。

● mehrer-　いくつもの

量や数が比較的多いことを表わします。

Es regnet schon mehrere Tage.　もう何日も雨が降っている。

　数量を表わす語にはほかに形容詞 viel（多くの）、wenig（わずかの）☞ p.116 や定冠詞類 manch-（少なからぬ）☞ p.81 などがあります。いずれも、単独で名詞的に用いられる場合にも小文字で記します。
　また以上の語のうち、beid- には定冠詞が、ander- の前には定冠詞ないし不定冠詞がつくこともあります。冠詞の使い分けについては第3章を参照してください。☞ p.65

　特定の数の集まりを表わす名詞もあります。単位を表わす名詞と同じく、複数の場合でも単数形が用いられます。

● s Paar　ひと組

ふたつでひとまとまりを成すものを指します。

Ich suche für meine Eltern zwei Paar Handschuhe.
両親用に手袋をふた組探しています。

※ ein paarと小文字で書くと「いくつかの、いくらかの」という意味になります。

● *s* Dutzend　1ダース

12個でひとまとまりを成すものを指します。

Ein halbes Dutzend Kugelschreiber kostet/kosten zehn Euro.　ボールペン半ダースで10ユーロする。

noch mehr

PaarやDutzendは複数のものを意味しますが、ein Paarやein halbes Dutzendのように不定冠詞がついて主語になる場合には、定形は3人称単数形となります。ただしそのうしろに複数名詞が付加語として添えられるときには、3人称複数形になることもあります。

Was kosten die Rosen? – Ein Dutzend kostet fünf Euro.
このバラはいくらですか？ー12本で5ユーロです。

Ein Paar warme Socken ist/sind zum Verschenken immer gut.
暖かい靴下ひと組は、どんな場合にも（どんな相手でも）贈り物にいい。

第 8 章　前置詞

名詞や代名詞を用いて場所、時、理由、手段などの情報を表わす場合には、名詞・代名詞の前に前置詞をつける。前置詞はそれぞれ特定の格の名詞や代名詞と結びつく。

1. 前置詞とその用法

前置詞はその名のとおり、名詞や代名詞の前におかれて、その名詞・代名詞と他の語（動詞、名詞、形容詞、副詞）とを結びつけます。

(1) 前置詞の役割

前置詞は、場所、時、原因・理由・目的、様態・手段を表わす添加語を作ります。前置詞の多くはもともと場所を表わしており、それが時間的な意味に転用され、やがては原因や様態など比喩的な意味でも使われるようになりました。

［前置詞 + 名詞・代名詞］から成る前置詞句はまた、動詞、形容詞、名詞の補完語になります。このうち動詞と緊密に結びつく前置詞句を特に前置詞つき目的語（または前置詞格目的語）といいます。

添加語（原因）

Dank Ihrer Unterstützung konnten wir unser Ziel erreichen.
あなたの助力のおかげでわたしたちは目標に達することができました。

動詞の補完語

Stefan kommt **aus der Schweiz**.
シュテファンはスイス出身だ。

前置詞つき目的語

Darf ich Sie **um Ihren Namen** bitten?
お名前をうかがってもよいでしょうか？

(2) 前置詞の使い方

(1) の例文のように、前置詞はふつう名詞や代名詞の前におかれます。ただしなかには、名詞や代名詞の直後におかれる(後置される)ものもあります。

Meiner Meinung nach müsste es nachts nicht so hell beleuchtet werden.
わたしの考えでは、夜中にこれほど明るく照明で照らさなくてもよい。
※ nach meiner Meinungともいいます。

Dem Bericht zufolge gab es hier schon drei Unfälle.
報告によるとここではすでに3度事故があった。

ふたつの語が組になりひとつの前置詞として用いられるものもあります。[um + 2格 + willen]（〜のために）などです。

Wir nennen **um** der Vollständigkeit **willen** weitere Beispiele.
完全を期して（もれがないように）さらなる例も挙げましょう。

前置詞が副詞や形容詞、別の前置詞句と結びつくこともあります。

副詞と

Das Musikfest dauert **bis morgen**.　音楽祭は明日までだ。

形容詞と

Ich wollte **seit langem** singen lernen.
ずっと前から歌を習いたかった。

Ich halte sein Verhalten **für unangebracht**.
彼の態度は不適切だと思う。

前置詞句と

Sie müssen das Anmeldeformular bis zum Freitag abgeben. 申込書は金曜日までに提出しなければなりません。

(3) 前置詞の由来

前置詞の多くはもともと副詞から生まれてきました。名詞、形容詞由来のものもあります。また、いくつかの前置詞は分詞を転用しています。[前置詞＋名詞]の句だったものが1語の前置詞として使われるようになったものもあります。

副詞由来	an ～に接して　bei ～のそばで
名詞由来	dank ～のおかげで　wegen ～のゆえに
形容詞由来	ausschließlich ～を除いて　bezüglich ～に関して
分詞由来	entsprechend ～に応じて
	ungeachtet ～にもかかわらず
前置詞＋名詞	zufolge ～に従えば　anstatt ～の代わりに

2. 前置詞の格支配

前置詞はそれぞれ特定の格の名詞・代名詞と結びつきます。前置詞が自分のうしろに何格がくるかを決めている、という意味で、これを**前置詞の格支配**といいます。4格支配、3格支配、3・4格支配、2格支配の4種類があります。ここでは格支配ごとに主な前置詞を列挙します。さらに5節で、(1) 場所・方向、(2) 時、(3) 原因・理由・目的、(4) 様態・手段に分けて、注意を要する前置詞の使い方を中心に見ていきましょう。

(1) 4格支配の前置詞

bis	～まで	bis nächste Woche　来週まで
		bis Mainz　マインツまで
durch	～を通って	durch den Wald　森を通って

entlang	〜に沿って	den Fluss entlang　川に沿って
für	〜のために	für eine bessere Chance よりよい機会を求めて
	〜の期間	für zwei Wochen　2週間
gegen	〜に反対して	gegen den Wind　風に逆らって
ohne	〜なしで	ohne deine Hilfe　あなたの助力なしで
um	〜をめぐって	um den Turm　塔のまわりで

※entlangは後置されます。
※ohneのあとに続く名詞にはふつう、不定冠詞や定冠詞がつきません。所有冠詞やdieserなど、特定の意味を名詞に加える冠詞類は添えられることがあります。

（2）3格支配の前置詞

aus	〜のなかから	aus der Flasche　瓶のなかから
	〜から（出身）	aus Deutschland　ドイツから
	〜でできている	aus Seide　絹製の
bei	〜のそばで	bei der Post　郵便局のそばで
	〜のもとで	bei den Eltern　両親のもとで
	〜の際に	bei einem Treffen　ある会合の際に
gegenüber	〜の向かいに	gegenüber der Kirche　教会の向かいに
mit	〜とともに	mit dem Partner　パートナーとともに
	〜を使って	mit dem Stift　ペンで
nach	〜のあとに	nach dem Essen　食後に
	〜へ	nach Japan　日本へ
	〜によると	nur dem Namen nach　ただ名前だけで
seit	〜以来	seit einigen Jahren　何年か前から
von	〜から	vom (< von dem) Büro　オフィスから
zu	〜へ、に	zum (< zu dem) Arzt　医者に
	〜のために	zu diesem Zweck　この目的のために

※gegenüberは後置されることも多い前置詞です。
※典拠を表わすnachは後置されることがあります。

(3) 3・4格支配の前置詞

位置関係を表わす前置詞のなかには、**3格支配で場所を、4格支配で移動の方向**を表わすものがあります。

a. **Gehen wir schon in den Saal.** もうホールに入りましょう。

b. **Warten wir eine Weile im Saal.**
少しのあいだホールで待っていましょう。

例文 a. の gehen は移動を、in den Saal は移動先を表わしています。それに対して b. の warten はひとところから動かない静止状態を、im Saal はその場所を示しています。

3・4格支配の前置詞は、このように、移動を表わす動詞（bringen, fahren, kommen, umziehen usw.）とともに用いられると4格支配、一定の場所から動かないで行なう行為や状態を表わす動詞（arbeiten, essen, wohnen, sein usw.）とともに用いられると3格支配になります。もともと3格は場所を表わし、4格には動作の向かう先を表わすという機能があり、3・4格支配の前置詞はそうした格の機能と結びついたものと言えるでしょう。

3・4格支配の前置詞には以下の9つがあります。

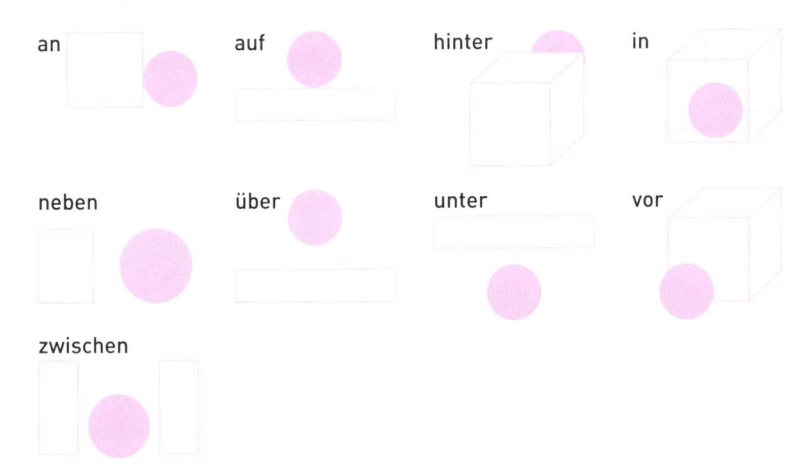

an　　　　　auf　　　　　hinter　　　　　in

neben　　　über　　　　unter　　　　vor

zwischen

2. 前置詞の格支配

	場所（〜で）	方向（〜へ）
an 〜の表面に接して	am (<an dem) Fenster	ans (<an das) Fenster　窓辺
auf 〜の表面上に	auf dem Tisch	auf den Tisch　テーブルの上
hinter 〜のうしろ側に	hinter der Post	hinter die Post　郵便局の向こう側
in 〜のなかに	im (< in dem) Zimmer	ins (< in das) Zimmer　部屋のなか
neben 〜のとなりに	neben mir	neben mich　わたしのとなり
über 〜の上方に	über der Insel	über die Insel　島の上空
unter 〜の下に	unter der Brücke	unter die Brücke　橋の下
vor 〜の前に	vor dem Publikum	vor das Publikum　聴衆の前
zwischen 〜のあいだに	zwischen den Bäumen	zwischen die Bäume　木々のあいだ

空間的な意味のほかに、時間や様態を表わす用法もあります。代表的なものを挙げておきましょう。

an	（3格と）〜のときに	am Wochenende　週末に
auf	（4格と）〜の方法で	auf diese Weise この方法で、このようにして
hinter	（3格・4格と）〜より遅れて	hinter der Mode　流行に遅れて
in	（3格と）〜のときに	in diesem Jahr　今年
	（3格と）〜ののちに	in zehn Tagen　10日後に

neben	（3格と）〜のほかに	neben dem Hauptthema 主要テーマのほかに
über	（4格と）〜を越えて	über drei Jahre　3年以上
	（4格と）〜について	über die Religion　宗教について
unter	（3格・4格と）〜のなかに	unter den Zuschauern 聴衆のなかで
vor	（3格と）〜以前に	vor der Abreise　出発の前に
zwischen	（3格と）〜と〜のあいだのときに	
		zwischen ein und zwei Uhr 1時と2時のあいだに

（4）2格支配の前置詞

außerhalb	〜以外で	außerhalb der Gegend　地域外で
		außerhalb der Geschäftszeiten 営業時間外で
innerhalb	〜以内で	innerhalb der Gemeinde 地域の内部で
		innerhalb einer Woche 1週間以内に
(an)statt	〜の代わりに	statt des Kollegen　同僚の代わりに
trotz	〜にもかかわらず	trotz des Unwetters 悪天候にもかかわらず
während	〜のあいだに	während der Ferien　休暇中に
wegen	〜のゆえに	wegen des Umbaus 建て替えのために

　口語では、wegen dem Umbauのように、3格と用いられることがあります。また、複数無冠詞の名詞の場合には、2格が1格と見分けがつかないことから、innerhalb fünf Monatenのように3格が用いられます。

3. 前置詞と定冠詞の融合形

vom Büroやzum Arztのように、前置詞と定冠詞とが融合して1語になる場合があります。融合形を作るのは定冠詞にアクセントがなく指示性が弱いとき、特に以下の場合です。

●名詞が一般的な概念を表わす場合

名詞が個別具体的なものではなく一般的な概念を表わす場合に、融合形を用います。

Wir kaufen Fleisch nicht im Supermarkt, sondern beim Metzger. わたしたちは肉をスーパーではなく肉屋で買う。

この例では、SupermarktやMetzgerという名詞は具体的な特定の店を指すのではなく、食料品全般を扱うセルフサービス中心のスーパーマーケットと、食肉や肉の加工品を対面販売する個人商店という店のタイプを表わしています。

●［前置詞 + 名詞］が行為を表わす場合

［前置詞 + 名詞］の句が動詞とともにある行為を表わす場合も、融合形が用いられます。

Ich gehe jede Woche ins Kino. わたしは毎週、映画を見に行く。

gehe(n) ... ins Kinoは、行き先が映画館だということだけを表わしているのではなく、映画館に行ってそこで映画を観るという行為全体を表わしています。

いずれの場合でも、個別具体的なものを表わす場合には、前置詞と定冠詞とを分けて言います。

Neuerdings kaufen wir Fleisch bei dem Metzger, den unsere Nachbarn uns empfohlen haben.
このところわたしたちは肉を、近所の人ご推薦の精肉店で買う。

Das Theater zieht in das alte Kino.
劇場は昔の映画館に移る（昔の映画館を劇場にする）。

融合形になるのは、主として次の組み合わせです。

am < an dem	ans < an das	im < in dem	ins < in das
beim < bei dem	vom < von dem	zum < zu dem	zur < zu der

話し言葉では、定冠詞がしばしばごく弱く 'm（< dem），'s（< das）のように発音されることもあり、上記以外の組み合わせが用いられることがあります。

aufs < auf das	durchs < durch das	fürs < für das
überm < über dem	übers < über das	ums < um das
vorm < vor dem	vors < vor das	

et⁴ nicht übers Herz bringen（～⁴をするに忍びない）のような成句では、書き言葉であっても融合形が用いられます。

4. 前置詞と人称代名詞・疑問代名詞

（1）前置詞と人称代名詞

前置詞は人称代名詞とともに用いることができます。

a. **Sara ist meine beste Freundin. Ich fahre oft mit ihr in Urlaub.**
ザーラはわたしの親友だ。わたしはよく彼女と休暇旅行に出かける。

ただし人称代名詞が事物を表わす名詞を受けると、[前置詞 + 人称代名詞]の代わりに、**da-前置詞**という形が使われます。

b. **Mein Auto ist alt, aber bequem. Ich fahre oft damit in Urlaub.**
わたしの車は古いが乗り心地がよい。わたしはよくそれで休暇旅行に出かける。

例文 a. では、mit が Sara を受ける女性の人称代名詞3格の ihr とともに用いられています。それに対して b. では、人称代名詞が mein Auto という事物を受けることになりますから、mit ihm ではなく、**damit** という形になります。

母音で始まる前置詞では、発音上の理由から、daranやdarinのように **dar-前置詞** となります。

Siehst du das Gebäude dort? Darin ist ein kleines Privatmuseum beherbergt.
あそこの建物見える？　あのなかに小さな私設美術館が入っているんだ。

［da(r)-前置詞］という形をとる前置詞は、3格支配、4格支配、3・4格支配のものです。ただしentlang, gegenüber, ohneなどはこの形をとりません。

（2）前置詞と疑問代名詞

前置詞は疑問代名詞とも用いられます。

Von wem ist die Rede?　誰のことを話しているの？
Aus welcher Gegend kommt diese Keramik?
この焼物はどの地方のものですか？

事物を問う疑問代名詞wasが前置詞と用いられる場合には、**wo(r)-前置詞** という形を使います。

Wovon ist die Rede?　何のことを話しているの？
Woraus ist der Stoff? – Er ist aus Baumwolle.
この布は何からできていますか？—綿からできています。

ただし、理由を尋ねるにはふつう疑問副詞warum（なぜ）、行き先・移動先を尋ねるにはwohin（どこへ）、出どころ・出発点を尋ねるにはwoher（どこから）を用います。Die Keramik kommt *aus Mallorca*.（この陶器はマジョルカ製だ）の斜体部を聞き漏らして尋ねるときには、Woraus? ではなく Woher? と聞きます。

5. 前置詞の表わす諸関係

（1）場所・方向

an 【3格と】 〜（の表面）に接して　【4格と】 〜（の表面）へ
「あるものの側面や下面」を表わします。

Der Beamer ist an der Decke befestigt.
プロジェクターは天井に取りつけてある。

あるものの輪郭や境界に沿ってあるという関係も、**an**で表わします。

Hamburg liegt an der Elbe.　ハンブルクはエルベ川沿いにある。

Im Sommer fahren viele Urlauber ans Meer.
夏には多くの休暇旅行者が海辺に行く。

学校や教会などへの帰属を表わす際にも [**an** + 3格] が用いられます。

An welcher Universität hast du studiert?
どこの大学に行っていたの？

auf 【3格と】 〜（の上面）に接して　【4格と】 〜（の上面）へ
「あるものの上面」を表わします。

Auf dem Umschlag fehlte die Empfängeradresse.
封筒上には受取人の住所が記されていなかった。

Setz dich nicht auf den Tisch, sondern auf den Stuhl!
テーブルに腰掛けないで、椅子に座りなさい。

r Platz（広場）や、広場で開かれる *r* Markt（市）についても、**auf**を用います。

Den Kranz habe ich auf dem Weihnachtsmarkt gekauft.　このリースはクリスマス市で買った。

r Bahnhof（駅）、*e* Post（郵便局）、*s* Rathaus（市役所、区役所）な

ど公共的性格の強い施設についても auf を用いることがあります。

Das Elterngeld muss man auf dem Rathaus beantragen. 育児手当は市役所で申請しなければならない。

Ich gehe jetzt auf die Post. これから郵便局に行ってきます。

転じて、行事についても auf を用いることがあります。

Sie haben sich auf einer Party kennengelernt.
彼らはあるパーティーで知り合った。

bei 【3格と】 ～のそばで、～のもとで
「あるものの（ごく）近く」という位置関係を表わします。

Das Geschäft liegt beim Bahnhof. その店は駅の近くにある。

転じて、ある人物ないし組織・機関の領域にいるという関係も表わします。

Jeder Zweite zwischen 20 und 29 wohnt bei den Eltern. 20代のふたりにひとりは親もとで暮らしている。

Meine Schwester arbeitet bei einer Logistikfirma.
わたしの姉／妹は物流会社で働いている。

in 【3格と】 ～のなかで 【4格と】 ～のなかへ
「あるもののなか」「ある領域内」を表わします。

Sein Büro liegt im fünften Stock. 彼の事務所は6階にある。

Unsere Tochter hat ins Ausland geheiratet.
うちの娘は結婚して外国に行った。

国名、地名のうち、定冠詞のつく男性名詞、女性名詞、複数名詞については、「～へ」と行き先を表わすのに [in + 4格] を用います。

Lukas ist in die Schweiz umgezogen.
ルーカスはスイスに引っ越した。

公共施設でも、施設の機能よりもむしろ「建物の内部」という位置関係に焦点を合わせる場合には、**in** が用いられます。

Heute Abend findet im Rathaus ein Konzert statt.
今晩、市役所でコンサートがある。

nach 【3格と】 ～へ

国名、地名のうち無冠詞の中性名詞については、「～へ」と行き先を表わすのに nach を用います。

Der Ausflug geht nach Lübeck.
遠足／遠出の行き先はリューベックだ。

「うちへ」と言う場合にも、nach Haus(e) と、nach で表わします。

Mein Vater hat oft seine Kollegen nach Haus(e) mitgenommen. 父はよく同僚をうちに連れてきた。

※ Hause の -e は古い3格語尾で、このような慣用句にのみ残っています。

links（左に）、**außen**（外で）、**vorne**（前方で）など場所を表わす副詞とともに用いられることもあります。

Diese Tür geht nach innen auf.
このドアは（部屋などの）内側に向かって開く。

zu 【3格と】 ～へ

ある目的に向かうことを表わします。[zu + 人³] や [zu + 行事] という形でもよく用います。

Wie komme ich zum Bahnhof?
駅まではどう行くのでしょうか？

Kannst du morgen zu mir kommen?
明日わたしのところに来てもらえる？

An Heiligabend gehen viele Menschen zur Messe.
クリスマス・イヴには多くの人がミサに出かける。

s Haus（家）や地名などとの組み合わせで、「〜で」という意味で用いられることもあります。古い用法の名残です。

Sie macht einen Kochkurs bei sich zu Haus(e).
彼女はうちで料理教室をしている。

Der Dom zu Köln wurde erst 1880 vollendet.
ケルンの大聖堂は1880年にようやく完成した。

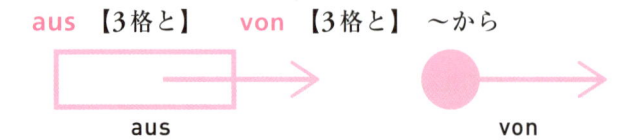

aus【3格と】　**von**【3格と】　〜から

aus　　　　　　　　　von

aus は「あるもののなかから（外へ）」を表わします。

Die Leute sind aus dem qualmenden Bahnhof geflohen.　人びとは煙を出している駅舎から逃げた。

そこから転じて出どころ、由来の意味もあります。

Seine Familie stammt aus Bern.
彼の一家はベルン出身だ。

Das Möbel stammt aus dem 19. (neunzehnten) Jahrhundert.　この家具は19世紀のものだ。

Das Wort stammt aus dem Französischen.
この単語はもとはフランス語だ。

von は「出発点」を表わします。

Vom Bahnhof ist die Stadtmitte 15 Minuten zu Fuß.
駅からは町の中心は徒歩15分のところにある。

また aus は名詞・代名詞とのみ結びつきますが、von は副詞と用いることができます。したがって副詞を用いて出身・出どころなどを言う場合には、von を用います。

Sie stammt von hier.　彼女はここの出身だ。

Die Brötchen sind von gestern.
この小型パンは昨日の（昨日焼かれた）ものだ。

noch mehr

（1）bis + 方向を表わす前置詞

4格支配の前置詞 bis（～まで）は、よくほかの前置詞と組み合わせて使います。方向を表わす前置詞 an, nach, zu などと組み合わせて、移動・変化の到達点を表わします。

Der Zug fährt nur bis nach Hannover.
その列車はハノーファーまでしか行かない。

Darf ich Ihnen noch etwas nachschenken? – Danke, bis zur Hälfte bitte.
もう少し（酒などを）おつぎしてよいでしょうか？― ありがとう、（グラス）半分まで入れてください。

ほかの前置詞が入らない［bis + 名詞］の組み合わせでは、bis Ende（終わりまで）や bis nächsten Samstag（次の土曜日まで）のように、名詞は無冠詞です。

（2）視線は移動

視線などは「移動」としてとらえます。したがって3・4格支配の前置詞のあとは4格になります。

Alle haben auf die Uhr geschaut. 皆が時計を見た。
　※時を知るために時計の文字盤を見ることを、auf die Uhr schauen（または sehen）と言います。それに対して die Uhr sehen は、時計全体をモノとして見る感じです。

（3）出現・消失は静止

逆に、人や物が現われたり消えたりすることは、2点間の移動ではなく、ある場所に静止したまま生じることとしてとらえます。したがって3・4格支配の前置詞のあとは3格です。

Die Sonne erscheint am Gipfel. 太陽が山頂に現われる。

（2）時

ab【3格と】　　**von**【3格と】　～から
abはある行為、できごと、状態の開始の時を表わします。

In Deutschland kann man ab dem 18. (achtzehnten) Lebensjahr wählen.　ドイツでは18歳から投票できる。

vonも同じく始点を表わしますが、単独では用いられず、副詞**an**とともに**von ... an**という形で使われます。**von**はまた**bis**とひと組みで、「～から…まで」を表わします。いずれも**heute**（今日）のような副詞とも用いられます。

Von heute an (= Ab heute) rauche ich nicht mehr!
今日からタバコは吸わない。

Die Bibliothek ist von Montag bis Freitag von 9.00 Uhr bis 20.00 Uhr geöffnet.
図書館は月曜から金曜までは9時から20時まで開いている。

an【3格と】　～（の時点）に
Morgen（朝）などの時間帯、日、曜日などとともに用いて、時点を表わします。

Die Post kommt in dieser Gegend am Nachmittag.
この地区では郵便は午後に来る。

Am letzten Schultag habe ich verschlafen.
授業最後の日に寝坊をした。

Auf dieser Autobahn entsteht am Wochenende Verkehrsstau.　この高速道路は週末には渋滞する。

in【3格と】　～（のとき）に
月名、季節などとともに用いて「～に」と時点を表わします。また時間帯はほとんどが**an**と結びつきますが、*e* **Nacht**（夜中）だけは**in**を用います。

Im Herbst färben sich die Blätter rot und gelb.
秋には葉が赤や黄色に色づく。

Im August gibt es vielerorts Feuerwerksfeste.
8月にはあちこちで花火大会がある。

Es hat in der Nacht geregnet. 夜のうちに雨が降った。

西暦年はふつう前置詞なしで言いますが、Jahrを入れる場合には、im Jahr(e) 2014と、inを使います。～年代や世紀もinを用います。

In den 70er (siebziger) Jahren entwickelte sich ein breites Interesse am Naturschutz.
(19)70年代に自然保護への広範な(人びとの)関心が育った。

Das Gebäude wurde im 18. (achtzehnten) Jahrhundert gebaut. この建物は18世紀に建てられた。

um 【4格と】　　gegen 【4格と】

umは、時刻とともに用いられると正確な時点を表わしますが、日付や年などとの組み合わせでは「～頃に」とおおまかな時を述べます。

Die Sitzung beginnt um 15 Uhr. 会議は15時に始まる。

Um 1965 haben viele Frauen einen Minirock getragen. 1965年頃には多くの女性がミニスカートをはいていた。

およその時刻や時間帯を表わすにはgegenを用います。

Jemand hat gegen Mittag angerufen.
昼頃、誰かから電話があった。
※この用法のgegenとともに用いる名詞は無冠詞です。

seit 【3格と】　～以来

現在まで継続する状態やできごとが始まった時点を表わします。gestern (昨日) などの副詞とともに用いられることもあります。

Der Regisseur arbeitet seit Jahren an einem Film.
その映画監督は何年も前からある映画を作っている。

seit はその意味するところから、一定期間継続する行為・事象や反復行為を表わす動詞（arbeiten, sein usw.）とともに用いられます。

in【3格と】　　**nach**【3格と】　〜ののちに

in は、ある期間を表わす名詞とともに用いられると、現在を基準として「（いまから）〜後に」という意味になります。現在よりあとのことを言うのですから、現在時制ないし未来時制と用いられるのがふつうです。

In einem Jahr werde ich das Studium abschließen.
1年後に大学を卒業する予定だ。

それに対して nach は、過去のある時点を基準として、そこから「〜後に」を表わします。過去のことがらですから、動詞の時制は原則として現在完了ないし過去時制です。

Sie haben sich 1990 kennengelernt. Nach einem Jahr haben sie gemeinsam ein Geschäft eröffnet.
彼らは1990年に知り合った。1年後にはふたりで店を開いた。

nach が行為や行事などを表わす名詞とともに用いられる場合には、過去、現在、未来、いずれのことも表現できます。

Die Kinder kommen/kamen erst nach Weihnachten.
子どもたちはクリスマスが終わってから来る／来た。

bei【3格と】　〜の際に　　**während**【2格と】　〜のあいだに

bei は、行為やできごとを表わす名詞とともに用いられ、「〜の際に」と、その行為やできごとが生じる時を表わします。

Beim Empfang hat der Präsident eine Rede gehalten.
歓迎行事の際に理事長が演説をした。

während も、行為やできごとを表わす名詞とともに用いられますが、「〜のあいだに」と、その行為やできごとを一定期間におよぶものとして表わします。

Während des Empfangs haben sich die Gäste ausgetauscht. 歓迎行事のあいだ、客は情報交換をした。

noch mehr

2点間のへだたりやふたつのものの差を表わすには、次のような手段があります。
「修理の1か月後に」など、ある時点を基準にした時間的な幅を述べるには、4格を用います。

Einen Monat nach der Reparatur machte der Staubsauger wieder komische Geräusche.
修理の1か月後に掃除機はまたもやおかしな音を立てた。

Er wurde zwei Tage vor der Reise krank.
彼は旅行の2日前に病気になった。

例文のeinen Monatやzwei Tageのように、時間的な差を表わす4格が、前置詞句の直前におかれます。

ある地点を基準にした空間的な距離を述べる場合にも、4格が用いられます。

Hundert Meter hinter der Einfahrt blieb der Wagen stehen.
入り口の100メートル向こうで車は停まった。

Einen Kilometer vor der Küste steht ein Hotel.
浜辺の1キロ手前にホテルが1軒立っている。

> ふたつ以上のものを比較した場合の差を表わすには、4格または［前置詞 um ＋ 4格］を用います。☞ p.126
>
> **Mit dem Zug kommt man (um) eine Stunde schneller ans Ziel, aber mit dem Bus kostet die Fahrt (um) 50 Euro weniger.**
> 列車を利用する方が目的地まで1時間早く着くが、バスを利用する方が50ユーロ安い。

(3) 原因・理由・目的

wegen 【2格と】 〜のゆえに

あることを原因・理由として人間が行動する、という関係が想定される場合、その原因・理由を表わすのに wegen を用います。

Der Flug wurde wegen des Unwetters gestrichen.
フライトは悪天候のために欠航となった。

durch 【4格と】 〜によって、〜を通じて

ある状態や事象を結果として引き起こす原因を表わします。

Der Baum wurde durch den Sturm abgeknickt.
その木は嵐によってぼきりと折れた。

原因が durch で表わされる場合には、その原因を主語とする文に変換できます。

Der Sturm knickte den Baum ab.
嵐が木をぼきりと折った。

für 【4格と】　zu 【3格と】 〜のために

für は、人や組織を表わす名詞とともに用いて、「〜のためになるように」と利益を表わします。「〜を求めて」と、獲得したいものも für で表わします。それに対して zu は、「〜することを目的として」と、ある行為の目的を述べるのに使います。この意味の差に応じて、純粋な名詞は für と結びつき、動詞から作られた名詞はよく zu と結びつきます。

Es gibt einige Stipendien für Künstler.
芸術家のための奨学金がいくつかある。

Seit drei Tagen streikt man im öffentlichen Dienst für bessere Löhne.
3日前から公共サービスで賃上げを求めてストライキが行われている。

Wir haben uns zu einer Verhandlung versammelt.
わたしたちは交渉のために集まった。

（4）様態・手段

durch 【4格と】　mit 【3格と】　～によって
durchは、「～を通じて」と、媒介・手段を表わします。

Ich habe durch einen Freund Näheres erfahren.
友人を通じてより詳しいことを知った。

mitは、「～を用いて」と、行為者が意図的に用いる手段を表わします。

Manche Leute reisen lieber mit dem Zug als mit dem Auto.　列車で旅をする方を自動車旅行よりも好む人がかなりいる。

以下のような場合にはdurchもmitも可能です。durchの場合には媒介という意味合いが、mitの場合には利用する手段という意味合いが含まれます。

Heutzutage kann man durch das Internet zahlreiche Informationen gewinnen.

Heutzutage kann man mit dem Internet zahlreiche Informationen gewinnen.
今日、インターネットによって無数の情報を得ることができる。

in 【3格と】　～で
ある行為、できごとや事物の方式や様態を表わします。

Ich möchte Dostojewski im Original lesen.
ドストエフスキーを原語で読んでみたい。

Du siehst in Weiß schick aus.
白い服を着ているとあなたはシックに見える。

auf 【4格と】 〜で

「方法」を意味する *r* Weg, *e* Weise や *e* Art また Deutsch などの言語名とともに用いて、手段を表わします。4格と用いますが、Weg だけは3格です。

Das Ziel kann man auf unterschiedlichen Wegen erreichen. 目的にはさまざまな方法で達することができる。

Der Text wurde auf Deutsch geschrieben.
その文章はドイツ語で書かれた。

6. 前置詞つき目的語

Ich warte schon eine Woche auf eine Antwort der Fluggesellschaft. 航空会社からの返事をもう1週間も待っている。

warten はじかに4格目的語をとることはできず、待っている対象を表わすには必ず [auf + 4格] という形をとります。このように前置詞句は、動詞の必要不可欠な補完語にもなります。これを**前置詞つき目的語**といいます。前置詞つき目的語が必要なのか、必要な場合にはどの前置詞を使うのかは、動詞によって決まります。 p.175

ドイツ語は前置詞つき目的語の表現が多彩です。以下に代表的なものを挙げます。

●自動詞（4格目的語をとらない動詞）
j³ für 4格 danken　人³に〜⁴のことで感謝する

Ich danke Ihnen für Ihre letzte Mail.
先日のメールをありがとうございました。

an 3格 teil|nehmen 〜³に参加する

Letztes Jahr habe ich an einem Yogakurs teilgenommen.　昨年、ヨガの講座に参加した。

● 他動詞（4格目的語をとる動詞）
j⁴ um 4格 bitten 人⁴に〜⁴を頼む

Wir bitten Sie um Ihr Verständnis.
ご理解をお願いいたします。

et⁴/j⁴ für 4格 halten 事物⁴／人⁴を〜⁴だと思う

Ich halte seine Meinung für Unsinn.
彼の意見はナンセンスだと思う。

● 再帰動詞　p.216
sich⁴ an 4格 erinnern 〜⁴のことを思い出す、覚えている

Nur wenige Menschen erinnern sich noch an den letzten Krieg.
この前の戦争のことをまだ覚えているのはごく少数の人だけだ。

sich⁴ über 4格 freuen 〜⁴のことで嬉しい、喜んでいる

Ich habe mich über deine Nachricht sehr gefreut.
あなたから知らせをもらってとても喜んでいます。

形容詞や名詞にも、前置詞つき目的語をとるものがあります。

● 形容詞
fähig zu 3格 〜³する能力のある

Sind Tiere denn zu Gefühlen fähig?
動物はいろいろな感情をいだくことができるのだろうか？

zufrieden mit 3格　〜³に満足して

Das Publikum war mit dem Konzert zufrieden.
聴衆はコンサートに満足していた。

● 名詞

前置詞つき目的語をとる名詞は、動詞や形容詞と派生関係にある語が多く、たいていの場合には動詞・形容詞の場合と同じ前置詞を用います。

e **Erinnerung an 4格**　〜⁴の思い出、回想

Diese Woche findet ein Konzert zur Erinnerung an den Herbst 1989 statt.
今週は1989年の秋を記念してコンサートが開かれる。

e **Fähigkeit zu 3格**　〜³する能力

Den Menschen kennzeichnet die Fähigkeit zum Mitgefühl.　共感する能力が人間の特徴である。

第9章 結合価

動詞がどの成分と結びつくのかは、その動詞によって決まっている。この結びつき方のことを動詞の結合価という。形容詞や名詞にも結合価がある。

1. 結合価とは

ある文で目的語が必要なのか、何格の目的語なのか、それとも特定の前置詞句が必要なのか、文を組み立てるルールは動詞によって決まります。例を見てください。

A: Haben Sie die Gäste über den Tagesplan für morgen informiert?
B: Herrn Bach habe ich noch nicht Bescheid gegeben.

A: お客様に明日の予定について知らせましたか？
B: バッハさんにはまだ知らせていません。

Aのセリフのinformieren（知らせる）は、1格主語のほかに、4格目的語（人⁴）と［über + 4格］（〜⁴について）とともに用いられます。一方Bのセリフのgeben（与える）は、3格目的語（人³に）と4格目的語（事物⁴を）を必要とします。Herrn Bachが3格目的語、Bescheid（知らせ）が4格目的語です。

このように動詞は、それぞれの意味に応じて、どのような成分と結びつくのか決まっています。この結びつき方のことを、化学の原子価の考え方を応用して、**動詞の結合価**といいます。

たとえばgebenの結合価は3価で、次のようなイメージです。

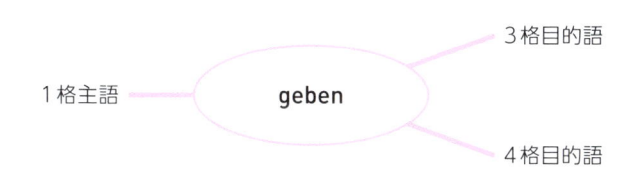

1. 結合価とは

　ドイツ語の文に接するときには、この結合価が大きな意味をもってきます。というのもドイツ語は主語や目的語の位置が固定しておらず、目的語などがテーマとして文頭にくることも頻繁にあるからです。ある語句が文のどこにあるのかということよりも、動詞の結合価にもとづいて名詞や代名詞の格などを手がかりにする方が、作文や読解がすっきりできるようになります。

2. 動詞の結合価

　動詞の結合価にはいくつもの種類があります。1価で1格主語だけをとるもの、2価で1格主語のほかに4格目的語と結びつくもの、2価で補完語を必要とするもの、3価で1格、3格と4格と結びつくものなど、さまざまです。ここではつまずきやすいケースを取り上げます。なお、いずれの動詞も1格主語は原則として必須の成分です。そこで以下では、主語は暗黙の前提とします。

+ 4格目的語

Die Nachricht hat mich sehr überrascht.
その知らせはわたしをとても驚かせた。

　überraschen（驚かせる）は、4格目的語（人）と使われ、人物の感情への働きかけを表わす動詞です。同じような機能と結合価を持つ動詞に **ärgern**（怒らせる）、**freuen**（喜ばせる）などがあります。

+ 方向を表わす補完語

Im Sommer fahren wir oft in die Berge.
わたしたちは夏にはよく山に行く。

　fahren（乗物で行く）は、この例のような場合に、**dorthin**（そこへ）などの副詞や、**in die Berge, nach Süden**（南へ）などの句が必要になります。Im Sommer fahren wir oft. では文は成立しません。**oft** の方は、より詳細な情報を与えるための添加語で、なくても文の成り立ちに影響はありません。それに対して **in die Berge** は、文を成り立たせるのになくてはならない補完語です。

+ 前置詞つき目的語

Alles hängt von Ihrer Antwort ab.
何もかもあなたの返答次第です。

　abhängen（依存する）は、依存する対象を［von + 3格］で表わします。このように、動詞が特定の前置詞句と結びつく場合に、この前置詞句のことを前置詞つき目的語といいます。☞ p.172

+ 3格目的語
動詞のなかには3格目的語とだけ結びつくものがあります。

Viele Freiwillige helfen den Einwohnern bei der Erhaltung des Waldes.
多くのボランティアが住民の（行なう）森林保全を手伝っている。

　helfenは3格目的語（人）をとる動詞の代表格です。例文は「手伝う」と訳しましたが、「人³に手を貸す」と覚えるのもよいでしょう。
　3格を「〜に」と訳そうとすると無理の出てくる動詞もあります。

Die Theatervorstellung hat den meisten Zuschauern gut gefallen. その演劇公演をたいていの観客は気に入った。

　gefallenは直訳すると「人³に気に入られる」。気に入られる事物や人が主語となり、主語のことをいいなあ、気に入ったぞ、と思う人が3格目的語になります。

+ 3格目的語 + 4格目的語

Der Reiseleiter hat uns alle Sehenswürdigkeiten gezeigt. 旅行ガイドはわたしたちにあらゆる名所を見せてくれた。

　zeigen（示す）のように、「人³に」「事物⁴／人⁴を」と、2つの目的語をとる動詞も多くあります。geben（与える）、schenken（贈る）、erklären（説明する）もそうですね。人に何らかのものや情報などを与えることを表わす動詞群です。そのためドイツ語では3格をDativ（与格）といいます。

ただし、このタイプの動詞の3格目的語すべてが「〜に」に相当するわけではありません。

Das Spiel hat den Kindern die Angst genommen.
遊戯が子どもたちから不安を取り去った。

nehmenは、3格目的語（人）と4格目的語（事物／人）とともに使われることがあり、その意味は「人^{3}から事物^4／人^{4}を取り去る」です。3格には、かつてあったAblativ（奪格）の名残で、人から何かを奪ったり取り除いたりすることを示す機能もあるのです。同じ3格に「〜に（与える）」と「〜から（奪う）」の正反対の意味があるとは厄介ですね。ただ奪格的3格をとる動詞は、nehmenのほかにrauben（奪う、盗む）やab|nehmen（取り去る）などごくわずかです。nehmenの奪格的3格を頭の片隅に入れておけば、ほかのケースにも応用できるでしょう。

+ 4格目的語 + 前置詞つき目的語

Das Unternehmen fragt die Kunden nach ihrer Meinung.
その企業は顧客に意見を尋ねる。

fragen（尋ねる、質問する）は、4格目的語（人）をとります。問いかけて手に入れたい情報は、[nach + 3格] という前置詞つき目的語で表わします。

+ 4格目的語 + 方向を表わす補完語

Ich bringe Sie zum Bahnhof.
あなたを駅までお連れしましょう。

「連れて行く、持って行く」という意味のbringenは、4格目的語と、zum Bahnhofのような方向の補完語とを必要とします。こうした動詞では、行き先が文脈や状況から明らかな場合でも、欠けると文が不完全になるため、dorthin（あそこへ）やweg（離れて）などの副詞が必要です。

Du fliegst vom neuen Flughafen ab? Soll ich dich dorthin bringen?
新空港から出発するの？ あなたのこと、そこに送って行こうか？

+ 4格目的語 + 述語内容語

Viele Bürger finden die Abschaffung der lokalen Buslinie falsch.
多くの市民が、地域バス路線の廃止をまちがったことだと思っている。

4格目的語の様態や性質を述語内容語が表わしています。

+ sich⁴ + 前置詞つき目的語

Haben Sie sich schon an das Leben in Japan gewöhnt? 日本での生活にもうお慣れになりましたか？

sich⁴ gewöhnen（慣れる）は、慣れる対象を［an + 4格］で表わします。このように再帰動詞 ☞ p.216 の多くも特定の前置詞つき目的語を必要とします。

Column

結合価を辞書で確認する

結合価の情報はすべて辞書に載っています。nehmenを辞書で引くと、「手に取る」や「手に入れる」という意味の項には、「4格」「et⁴」「～⁴を」などと、4格目的語をとることが記されています。なおetはetwas「何か」の略で、et⁴は4格目的語（事物）を表わします。そこから少しあとの方には、「取り去る」という意味と、この意味のnehmenが必要とする成分も載っているでしょう。

ひとつの動詞の結合価は1種類とは限りません。nehmenのように、意味に応じて結合価が異なる場合も多いのです。たとえばfahrenには、方向を表わす補完語と用いるほかに、4格目的語をとる用法などもあります。

面倒なようですが、でも結合価のルールひとつひとつは明確です。「なんとなくこんな言い方」という曖昧さがありません。わたしたちのようにドイツ語を外国語として学んでいる学習者にとっては、熟達のための便利な手がかりなのです。

3. 形容詞・名詞の結合価

形容詞や名詞も補完語と結びつく場合があります。動詞ほど多くはありませんが、いくつかよく使うものを見ておきましょう。

(1) 形容詞

lang + 4格　〜⁴の長さの

Der Stoff ist zehn Meter lang.
この布は10メートルの長さがある。

ähnlich + 3格　〜³に似ている

Sie ist ihrer Schwester sehr ähnlich.
彼女は姉／妹さんにとてもよく似ている。

zufrieden + mit 3格　〜³に満足した

Bist du mit dem Ergebnis zufrieden?　結果に満足している？

(2) 名詞

e Antwort + auf 4格　〜⁴への返答

Seine Antwort auf meine Frage war ein freundliches Kopfnicken.　わたしの問いへの彼の答えは、にこやかな頷きだった。

r Mangel + an 3格　〜³の不足

Die Industrie klagt über den Mangel an Fachkräften.
産業界は専門知識のある労働力の不足を訴えている。

e Sorge + um 4格　〜⁴をめぐる心配

Viele Jugendliche sind in tiefer Sorge um die Zukunft.　多くの若者が未来を憂慮している。

第10章 過去時制

ドイツ語では過去時制を、できごとを話し手の現在とは別次元の世界のこととして物語るときに用いる。過去時制でも動詞は人称変化する。

1. 過去時制の用法

ドイツ語では、会話やメールなど日常的な場で過去のことがらを語るには、主に現在完了が用いられます。☞ p.185　現在完了は、過去のできごとを現在と関わりのあるものとして語る時制です。

それに対して過去時制は、小説や回想録など、できごとを**話し手の現在とは別次元の世界のこととして物語る**場合に用いられます。聖書の物語も過去時制です。

Am Anfang schuf Gott Himmel und Erde.
はじめに神は天と地とを創造した。

Gott hat Himmel und Erde geschaffen. と現在完了で語ると、神による創造が話し手のいまと同一次元の時の流れのなかで起こったという感じが強くなり、神話的な性格が薄れます。

同じ過去のことがらでも、話し手がそのことをいまの自分と何らかの形でつながることとして語るのか（現在完了）、それ自体で完結した別次元の世界のこととして語るのか（過去時制）、時制は話し手の心的態度の表われなのです。

ドイツでは最近まで叙述形式の履歴書が求められ、そこでは過去形を用いましたが、これも自分の履歴をひとつのまとまった世界として表現する態度なのでしょう。

2005 nahm ich ein Studium der Politikwissenschaft an der Universität Stuttgart auf.
2005年にわたしはシュトゥットガルト大学で政治学を専攻し始めました。

ただし日常的な言語使用でも、**sein**や**haben**、話法の助動詞などは過去形が好んで用いられます。それ以外の動詞は現在完了ですから、現在完了と過去形が混在することになります。☞ p.185

また特定の言い回しで、知っているはずのことを失念しているという場合にも、過去時制が用いられます。

Wie war gleich Ihr Name?　お名前はなんとおっしゃいましたっけ？

Wie hieß der Ort noch?　その地名、なんて言ったっけ？

※gleichやnochは「知っているはずなんだが」というニュアンスをつけ加える心態詞です。

2. 過去人称変化

過去時制では、現在時制と同じように動詞が人称変化します。過去基本形 ☞ p.35 に人称変化語尾をつけます。過去人称変化のいちばんの特徴は、**1人称単数と3人称単数で語尾がつかない**、つまり過去基本形と同形だということです。

弱変化動詞・混合変化動詞

不定形	sagen（言う）	wissen（知っている）	kennen（知っている）
過去基本形	sagte	wusste	kannte
ich	sagte	wusste	kannte
du	sagtest	wusstest	kanntest
er/es/sie	sagte	wusste	kannte
wir	sagten	wussten	kannten
ihr	sagtet	wusstet	kanntet
sie	sagten	wussten	kannten

強変化動詞

不定形	kommen（来る）	sitzen（座っている）	tun（する）
過去基本形	kam	saß	tat
ich	kam	saß	tat
du	kamst	saßest	tatest
er/es/sie	kam	saß	tat
wir	kamen	saßen	taten
ihr	kamt	saßt	tatet
sie	kamen	saßen	taten

※ 強変化動詞で過去基本形が [s] ないし [ts] の音で終わる場合には、du に対する語尾が -est になります。[t] 音で終わる場合には、du -est, ihr -et になります。

haben・sein・werden

不定形	haben（～をもつ）	sein（～である）	werden（～になる）
過去基本形	hatte	war	wurde
ich	hatte	war	wurde
du	hattest	warst	wurdest
er/es/sie	hatte	war	wurde
wir	hatten	waren	wurden
ihr	hattet	wart	wurdet
sie	hatten	waren	wurden

過去人称変化語尾　まとめ

	単数		複数	
1人称	ich	–	wir	-(e)n
2人称	du	-(e)st	ihr	-(e)t
3人称	er/es/sie	–	sie	-(e)n

第11章 完了の時制

完了は、できごとや行為を「ある時点から見てすでに行われたこと、完了したこと」として表わす時制である。現在完了、過去完了、未来完了の3つがある。

1. 現在完了

(1) 現在完了の用法

現在完了は、あることがらを**現在すでに完了していること**、**現在とつながる過去**として表わします。

●現時点で完了していること

現在完了は、話し手にとっての現在から見てすでに起こったことを表わす時制です。すでに完了したことなら、はるか以前のことでも現在完了で表わします。

Vor etwa 180 Jahren haben die Brüder Grimm ihr Deutsches Wörterbuch begonnen.
180年ほど前にグリム兄弟は彼らのドイツ語辞典 (の仕事) を始めた。

●未来のある時点で完了していること

未来のことであっても、その未来の時点で「完了した」こととして述べる場合には、現在完了で表わすことができます。未来完了もありますが、現在では構文がよりシンプルな現在完了の方が好まれます。
☞ p.202

この用法では、基準となる未来の時点を述べなければなりません。未来の時点は、**in einer Woche**（1週間後には）や **nächsten Monat**（来月には）などを加えたり、未来のことがらやこれからなす行為を表わす文を前後に添えることで示します。

**Kannst du noch warten, bis ich die Mail fertig ge-
schrieben habe?**
わたしがこのメールを書き上げてしまうまで、待ってもらえる？

● 現在とつながる過去

　過去時制ができごとを話し手の現在とは別次元のこととして物語るのに対し、現在完了は過去のできごとを現在とひとつながりの時間的経過のなかで起こったものとして語ります。したがってドイツ語では、会話や手紙、メールなどで過去のことを述べるのに、主として現在完了を用います。

Vor einer Woche habe ich meine Tante getroffen.
わたしは1週間前に伯母／叔母に会った。

（2）現在完了と過去時制との混在

　動詞のなかには、現在完了ではなく、過去時制で用いられやすいものがあります。特に **sein** や **haben**、**話法の助動詞**は**過去時制**が好まれます。そのため、日常会話や報道などで過去のことを語るときにこれらの動詞が使われると、現在完了で語られる文章のなかに過去形が混入することになります。

Der Pandabär hat ein Junges zur Welt gebracht. Die Geburt war schwer, aber das Muttertier hat sie gut überstanden.
パンダが赤ん坊を産んだ。出産は困難だったが、母熊はそれをよく乗り切った。

　このような場合には、過去形が混在していても、現在とつながる過去として語る態度に大きな切り替えは見られません。ただし異なる時制が用いられるために、また現在完了が後述のように枠構造をとるのに対し過去形はそうではないために、文の調子がかすかに変わります。過去形への切り替えは文章に凹凸を施し浮き彫り(レリーフ)を作っていると言えるでしょう。

　上記3種類の動詞のほかにも、**wissen**（知っている）や **stehen**（立っ

1. 現在完了

ている）など状態を表わす動詞は、日常の言語使用でも過去形で用いることが多いようです。また非人称動詞として使う場合の geben（es gab）や gehen（es ging） ☞ p.91 、「～のままである」という意味の bleiben も、過去形を用いる傾向があります。geben や gehen の場合には、「与える」「行く」という本来の意味と区別するという理由もあるのでしょう。bleiben などのコプラ動詞は、［動詞 … 述語内容語］という枠を作るため ☞ p.310 、そこにさらに現在完了の［haben/sein … 過去分詞］という枠を重ねるのを嫌うのだと考えられます。scheinen（～であるらしい）などの助動詞的な動詞も過去時制で用います。 ☞ p.294 　報道の文章ではほかにも sagen（言う）、sprechen（話す）、erklären（説明する、宣言する）などは過去形がよく用いられますが、いずれもレリーフでいえば背景となる凹の部分といえます。

（3）現在完了とその語順

現在完了は、完了助動詞と本動詞の過去分詞とを組み合わせます。**[haben/sein の現在人称変化形 … 過去分詞]** という形です。haben ないし sein が文の2番目におかれ、文末の過去分詞とともに述語の枠を作ります（枠構造）。

前域	述語1 haben/sein の 現在人称変化形	中域	述語2 本動詞の 過去分詞
Ich	habe	gestern einen Reiseführer	gekauft.
Nachmittags	sind	wir ins Reisebüro	gegangen.

わたしは昨日旅行ガイドブックを買った。
午後にわたしたちは旅行社に行った。

（4）完了の助動詞

完了の助動詞は haben か sein だと述べましたが、どちらでもよいというわけではなく、動詞によって haben なのか sein なのかが決まっています。大多数の動詞が haben で、sein をとる動詞は自動詞の一部に限られます。

●sein とともに完了形を作る動詞

自動詞（4格目的語をとらない動詞）のうち以下のものは、完了形を作るときに、完了助動詞として sein をとります。

場所の移動を表わすもの

gehen, fahren, kommen, umziehen（引っ越す）など

Wir sind über Berlin nach Danzig gefahren.
わたしたちはベルリン経由でダンツィヒ（グダニスク）に行った。

状態の変化を表わすもの

aufstehen（起きる）、geschehen（起こる）、sterben（死ぬ）、werden（〜になる）など

Bei dem Unfall ist mir nichts geschehen.
事故のときにわたしの身には何も起きなかった。

慣用的に sein を用いるもの

sein および begegnen（〜^{3}に会う）、bleiben（〜のままである、とどまっている）

Wo bist du gerade gewesen? いままでどこに行っていたの？

Wir sind bei unserer Entscheidung geblieben.
わたしたちは決断を覆さなかった。

●haben とともに完了形を作る動詞

上記以外の動詞は、いずれも完了助動詞として haben を用います。自動詞のうち sein 支配以外のもの、他動詞（4格目的語をとる動詞）のすべて、再帰動詞、話法の助動詞です。

Auf der Bank hat eine Familie gesessen.
ベンチにはある一家が座っていた。

●意味に応じて haben/sein を使い分ける動詞

意味によって完了助動詞を使い分ける動詞がいくつかあります。
fliegen（飛ぶ）、schwimmen（泳ぐ）、tanzen（踊る）など運動を表わす動詞は、運動そのものに焦点があてられている場合には haben を

1. 現在完了

とり、場所の移動がイメージされている場合には sein をとります。

Heute habe ich im Hallenbad geschwommen.
今日は屋内プールで泳いだ。

Heute bin ich bis zu einer Boje geschwommen.
今日はブイまで泳いだ。

ただし現在では、場所の移動が明確でない場合でも sein をとることが多くなっています。

Das Flugzeug ist 10 000 Stunden geflogen.
その飛行機は1万時間飛行した。

● 紛らわしいケース

完了助動詞 haben/sein の使い分けでまちがいやすいケースをふたつ挙げておきましょう。

「移動」「変化」を表わす他動詞ないし再帰動詞

他動詞や再帰動詞にも、besuchen（〜⁴を訪れる）や sich ereignen（起こる）のように、場所の移動や状態の変化を表わすものがありますが、これらはすべて haben 支配です。

Neulich habe ich meine alte Schule besucht.
最近わたしは母校に行った。

Auf der Exkursion hat sich ein Unfall ereignet.
研修旅行で事故が起こった。

自動詞として用いられることが多い fahren なども、他動詞や再帰動詞として使われる場合には haben をとります。

Soeben habe ich mein Auto in die Garage gefahren.
いま車をガレージに入れてきた。

日本語訳だと「変化」か「持続する状態」かわかりにくい自動詞

たとえば日本語の「寝る」に相当する schlafen で考えましょう。この動詞は眠っている状態にあることを表わしますから、完了助動詞は haben です。それに対して einschlafen は睡眠状態に入ること、つま

り状態の変化を表わしますので、sein です。

Haben Sie gut **geschlafen?** よくお休みになりましたか？

Ich bin über dem Lesen **eingeschlafen.**
読書をしているうちに寝入ってしまった。

　日本語の「寝る」には「眠っている」と「寝入る」の両方の意味がありますが、ドイツ語では意味に応じてふたつの動詞を使い分けますので、注意が必要です。ほかにも「立つ」に相当する stehen（立っている、立った状態にある）と aufstehen（立ち上がる）などがあります。

Column

完了助動詞を辞書で確認する

辞書には、「h」や「habe … besucht」、「s」「bin … gegangen」のように、その動詞が完了助動詞として sein をとるのか haben をとるのか記してあります。haben が多数派なので、sein をとる動詞に限って記している辞書もあります。何も記されていない場合は、完了助動詞が haben だということです。使い方によって sein だったり haben だったりする動詞は、用法ごとに「s」または「h」と記してあるか、「h, s」と併記したうえで用例などで使い分けを示しています。

---

2. 過去完了

　過去完了は、過去のある時点を基準とし、それ以前の行為や状態を表わす時制です。

Endlich habe ich die Aufenthaltserlaubnis erhalten.
Ich hatte fünf Wochen darauf **gewartet.**
ようやく滞在許可を得た。わたしはそれを5週間待った。

2. 過去完了

　滞在許可を得た過去の時点が基準となり、2文目で過去完了が用いられています。このように過去完了は、基準となる過去の時点を提示する現在完了ないし過去形の文と組み合わせて使われます。もっとも、こうした過去の時の前後関係は日常会話では副詞等で表わされ、過去完了が用いられることはさほど多くありません。どちらかといえば書き言葉の時制です。

　過去完了は［haben/seinの過去人称変化形 ... 過去分詞］の組み合わせで作ります。**Ich habe meine Kamera verkauft.**（わたしはカメラを売り払った）に続く文で確認しましょう。

前　域	述語1 haben/seinの 過去人称変化形	中　域	述語2 本動詞の 過去分詞
Die Kamera	hatte	ich vor zwanzig Jahren	gekauft.
Mit der Kamera	war	ich rund um die Welt	gereist.

そのカメラをわたしは20年前に買っていたのだった。
そのカメラをもってわたしは世界中を旅していたのだった。

3. 未来完了

　未来完了は、未来の助動詞werdenと完了不定句［過去分詞 + haben/sein］との組み合わせで作られる時制です。未来の助動詞werdenを扱う第12章を参照してください。☞ p.202

第12章 助動詞

助動詞は、動詞の表わす行為や状態に、推測や可能、願望、使役など何らかの意味を加える。主なものにwollenなどの話法の助動詞、未来の助動詞werden、使役を表わすlassenがある。また助動詞に似た働きをする知覚動詞もある。

1. 助動詞とは

　助動詞は、本動詞とともに用いて本動詞の表わす行為や状態に何らかの意味を加え、本動詞を補助する語です。wollen（〜するつもりだ）、können（〜できる）など、多様なニュアンスを加える**話法の助動詞**、推測を表わす**未来の助動詞werden**、**使役のlassen**が主たる助動詞です。ほかに、完了時制を作るhabenやsein、受動態を作るwerdenも助動詞です。本章では話法、未来、使役の助動詞を取り上げます。

　また、「〜するのを見る」という場合のsehenなどいわゆる**知覚動詞**も、助動詞に似た使い方をします。

2. 助動詞の構文

　助動詞の定形が2番目におかれ、文末におかれる本動詞の不定形とともに、述語の枠を作ります。

枠構造

前域	述語1	中域	述語2
	助動詞の定形		本動詞の不定形
Igel	können	auf Bäume	klettern.

ハリネズミは木登りができる。

| Kinder | müssen | die Artikel der Nomen | lernen. |

子どもはそれぞれの名詞につく冠詞を学ばなければならない。

| Bis 2100 | wird | ein Drittel der Sprachen | verschwinden. |

2100年までに言語の3分の1は消滅するだろう。

　ドイツ語では、ふたつ以上の助動詞を組み合わせて使うこともでき

ます。

> Ein Sommelier **muss** den Geschmack der Weine unterscheiden und beschreiben **können**.
> ソムリエはワインの味を区別しその特徴を説明できなければならない。

3. 話法の助動詞

（1）話法の助動詞の機能

　わたしたちはことがらに、「～するつもりだ」「～できる」など、さまざまな意味合いを交えて話すことがあります。このような場合に用いられるのが話法の助動詞です。

　話法の助動詞は6つ、**dürfen**（～してよい）、**können**（～できる）、**mögen**（～したらよい）、**müssen**（～しなければならない）、**sollen**（～すべきだ）、**wollen**（～するつもりだ）です。

（2）話法の助動詞の現在人称変化

	dürfen（～してよい）	können（～できる）	mögen（～したらよい）	müssen（～しなければならない）	sollen（～すべきだ）	wollen（～するつもりだ）
ich	darf	kann	mag	muss	soll	will
du	darfst	kannst	magst	musst	sollst	willst
er	darf	kann	mag	muss	soll	will
wir	dürfen	können	mögen	müssen	sollen	wollen
ihr	dürft	könnt	mögt	müsst	sollt	wollt
sie	dürfen	können	mögen	müssen	sollen	wollen

　話法の助動詞の現在人称変化には、次の特徴があります。
- 1人称単数と3人称単数で語尾がつかない。
- 単数において幹母音が変わる（**sollen**を除く）。
- 複数の人称変化は規則的。

(3) 話法の助動詞の基本的用法

ここでは話法の助動詞の基本的な使い方を概観します。アルファベット順ではなく、意味上関連するものから並べています。またmöchteなど話法の助動詞の接続法第2式の用法については、第19章を参照してください。☞ p.277

können　可能性　～できる

広く可能性を表わします。そこから、「～する能力がある」「～する可能性がある」「～する権限がある」「～してよい」などの意味が分かれ出てきます。

Kängurus können nicht rückwärts hüpfen.
カンガルーは後ろ向きに跳ぶことができない。

Ein EU-Bürger kann in jedem beliebigen EU-Land arbeiten. EUの市民は、EU諸国のどの国でも仕事をすることができる。

2人称の疑問文の形で、相手への依頼・要請を表わすこともあります。あることをしてくれる可能性があるかと相手に問う形になり、命令文よりも丁寧な表現です。

Kannst du mir die Fotos schicken?　写真を送ってくれる？

「～してよい」と、ある行為をする可能性を認め許可する場合にも使われます。

Sie können Ihr Gepäck hier lassen.
お荷物はここに置いてくださってかまいません。

dürfen　許可　～してよい
　　　　　（否定とともに）禁止　～してはならない

許可がある、許可を受けているということを表わします。

Hier darf man parken.　ここは駐車してよい。

Darf ich mal durchgehen?　ちょっと通していただけますか？

nichtやkeinなどの否定を表わす語とともに用いると、「〜してはならない」という禁止を表わします。

In der Schule dürfen die Kinder ihr Smartphone nicht benutzen. 学校では子どもたちはスマートフォンを使ってはならない。

müssen　必然　〜しなければならない、〜せざるをえない
　　　　（否定とともに）必然性の欠如　〜しなくてよい

　何らかの要因ゆえにあることをせざるをえない、あることが生じるのが必然である、ということを表わします。要因は、運命、人間の力ではどうにもならない自然現象から、周囲の状況や事情、そして目標や目的などさまざまです。

Langsam muss ich Abschied nehmen.
そろそろおいとましなければなりません。
（時刻が遅くなった、次の予定がある、などの事情で）

Delphine müssen dauernd schwimmen.
イルカは泳ぎ続けなければならない。（さもないと沈み溺れ死んでしまうから）

nichtやkeinなどの否定を表わす語とともに用いると、「〜する必然性はない」「〜しなくてもよい」という意味になります。

Man muss sich nicht vorher anmelden.
前もって申し込みをする必要はない。

　なおmüssenの否定は、brauchenとzu不定句の組み合わせで書き換えることができます。 p.294　上の例文なら、brauchenを使うと次のようになります。

Man braucht sich nicht vorher anzumelden.

wollen　意図・意志　〜するつもりだ、〜したい
　主語の意図や意志を表わします。

Im Sommer will ich den Führerschein machen.
夏に運転免許を取るつもりだ。

Wollen wir ...? という決定疑問文で、「～しようか？」と相手を誘う表現になります。

Wollen wir langsam gehen? そろそろ行こうか？

意志をもたないはずの無生物についてもwollenを用いることがあります。否定のnichtなどと組み合わせると、「どうやっても～しない」と、期待どおりにならないという意味合いが生じます。

Das Auto will nicht anfahren.
この車ときたらどうやっても発進しない。

また受動と組み合わせると、必要性を表わします。

Die Sache will gleich aufgeklärt werden.
この問題はすぐに解明されなければならない。

sollen　主語以外の者からの主語に対する要請　～すべきだ

Ich soll bis zur nächsten Sitzung den Plan anfertigen.
次の会議までに計画をまとめなければならないんだ。

主語以外の者からの要請・命令というのは、「こうしてほしい」「こうしてくれ」と他人が欲したり意図したりするということですから、sollenはwollenと表裏一体の関係にあります。そこで、sollenを含む文はたいてい、wollenを用いて書き換えることができます。上の例は、たとえば次のように書き換えられるでしょう。

Der Chef will, dass ich bis zur nächsten Sitzung den Plan anfertige.

要請や命令の主体は、具体的な人物であったり、あるいは何らかの機関であったり、道徳なり宗教だったりとさまざまです。たとえば十戒は神の命令ですから、ドイツ語の聖書ではsollenが使われています。

Du sollst nicht stehlen.　盗んではならない。

ただ、神のような意志的な存在をイメージできる場合にはmüssen

とのちがいが明らかですが、宗教上の掟(おきて)や道徳律となると、その宗教や道徳の要請そのものと考えるべきなのか、信仰・教義や社会生活などから生じる必然ととらえるべきなのか、判断が難しい場合もあります。たとえば「公正でなければならない」というメッセージは、Man muss gerecht sein. ないし Man soll gerecht sein. のどちらでも表現できます。ただし müssen では「必然性」のニュアンスが生じ、sollen には「要請」の響きが伴います。

sollen は主語以外の者の意志を表わすので、対話相手の意志を尋ねるのにも用いられます。

Bis wann soll ich die Karten abholen?
いつまでにチケットを取りに行けばよいですか？

mögen　容認　〜したらよい

主語があることをするのを容認するという話し手の態度を表わします。

Du magst reden, was du willst.
君は言いたいことを言っていたらよい。

（4）発話内容の事実性についての判断を表わす用法

話法の助動詞には、発話内容がどれほど確かであるのか、事実に近いのかについての話者の判断を加える働きもあります。これは主観的用法とも言われます。

können　可能性　〜かもしれない

発話内容に「〜だという可能性がある、〜かもしれない」という判断を加えます。

Der Himmel ist ganz dunkel. Es kann jederzeit zu regnen anfangen.
空がすっかり暗くなっている。いまにも雨が降り出すかもしれない。

「～したはずがない」「～しただけかもしれない」と否定や限定をともなって、過去のことがらについての判断を表わすこともあります。その場合には、könnenに完了不定句［過去分詞 + haben/sein］を組み合わせます（完了不定句については ☞ p.290 ）。「かもしれない」という意味を担うkönnenのほうは、話者が推論しているのは話している「いま」なのですから、現在形です。

Hat er wirklich so was gesagt? Das **kann** er aber nicht ernst **gemeint haben**.
彼は本当にそんなことを言ったの？ でもそんなこと、本気で言ったはずがない。

mögen　推測　～かもしれない
推測は現代ではkönnenなどを用いて表わされることが多くなっています。mögenは次のような決まり文句で使われます。

Ist sie krank? – Das **mag sein**.
彼女、病気なの？―そうかもしれない。

müssen　必然性　～にちがいない
必然性の判断を表わすmüssenは、あることがらAから必然的にあることがらBが導き出されるということも意味します。

Wir sind jetzt in der Kleiststraße. Also **muss** das Museum in der Nähe **sein**.
ここはクライスト街だね。だったら博物館はこのあたりにあるはずだ。

過去のことについて「～だったにちがいない」と推論することもよくあります。

Die Landschaft ist inzwischen völlig anders. Der Bus **muss** über die Grenze **gefahren sein**.
風景がいつのまにかすっかりちがっている。バスは国境を越えたのにちがいない。

例文ではAにあたる部分も述べられていますが、状況などからAが明らかな場合などには、必ずしもAが述べられるとは限りません。

wollen　主語の主張　～だと主張している

意図を表わすwollenは、「主語があることを主張している」という意味でも使われます。その主張をあまり信じていないという話者の態度を反映した表現です。

Die Zuständigen wollen nicht mit einem so starken Erdbeben gerechnet haben.
責任者たちはこれほど大きな地震を考慮に入れていなかったと主張している。

sollen　伝聞　～だそうだ

伝聞であることを明確に示します。

Das gestohlene Werk von Gauguin soll mindestens 35 Millionen Euro wert sein.
ゴーギャンの盗まれた作品は少なくとも3500万ユーロするということだ。

伝え聞いたことでも話し手がそれを事実と見なしている場合には、sollenは加えずにDas Werk ist 35 Millionen Euro wert. と言えばよいのです。sollenを加えるのはその伝聞の内容が本当かどうか話し手自身にはわからない、ということを示すためで、sollenはいわば判断留保の目印です。このsollenも完了不定句と組み合わせて、過去のことがらにもよく用いられます。

Das Werk soll im Besitz eines italienischen Fabrikarbeiters gewesen sein.
その作品は、イタリアの工場労働者が所有していたということだ。

（5）話法の助動詞の独立用法

話法の助動詞を、本動詞の不定形なしで単独で用いることもできます。これを**独立用法**といいます。

「する」という意味を補うことのできる場合

So etwas darf man nicht.　そんなことをしてはいけない。

Wie du willst.　あなたがしたいように（しなさい）。

「行く」という意味を補うことのできる場合

方向の補完語とともに用いられ、「行く」という意味を補うことができる場合にも、話法の助動詞が単独で用いられます。

Ich muss jetzt schnell zur Post.
急いで郵便局に行ってこなくちゃ。

Wohin soll die Kerze? – Die kann auf dem Tisch bleiben. ロウソクはどこへ？―テーブルにおいたままでいいよ。

「欲する」という意味の wollen

wollen が「欲する」という意味で4格目的語と用いられる場合です。

Willst du noch ein Glas Wein? ワインをもう1杯どう？

この使い方で、4格目的語が dass 文になることもあります。

Viele Fußgänger wollen, dass sich die Radfahrer an die Verkehrsregeln halten.
多くの歩行者は、自転車通行者が交通ルールを守ることを欲している。

なお対話相手に対して「〜が欲しい」と求める場合などには、願望を婉曲に表わす möchte の方が適しています。 ☞ p.277

「好む」という意味の mögen

mögen は「好む」という意味で4格目的語と用いられます。現在ではこの独立用法の方が主流です。

Welche Komponisten magst du? – Ich höre gern Bach.
どの作曲家（の曲）が好き？―バッハを聞くのが好き。

（6）話法の助動詞の過去

過去のことがらについて話法の助動詞を用いる場合には、主として過去時制を用います。 ☞ p.185　各助動詞の過去基本形は以下のとおりです。過去人称変化は動詞とまったく同じです。 ☞ p.182

不定形	dürfen	können	mögen	müssen	sollen	wollen
過去基本形	durfte	konnte	mochte	musste	sollte	wollte

Damals durfte man die Lehrer nicht duzen.
当時は教師とduのあいだがらで話すことは許されなかった。

Früher konnte ich einen Kilometer schwimmen.
以前は1キロメートル泳ぐことができた。

Wir wollten ins Theater gehen.
わたしたちは演劇を見に行きたかった／行こうと話していた。

（7）話法の助動詞の完了時制

話法の助動詞も完了形を作ることができます。

話法の助動詞の構文の現在完了は、[**haben**の現在人称変化 … 本動詞不定形 ＋ 助動詞の過去分詞]で、枠構造を成しています。**話法の助動詞の過去分詞は不定形と同形**です。

Wegen des Unfalls haben die Reisenden auf dem Bahnhof übernachten müssen.
事故のせいで旅行客は駅で1泊しなければならなかった。

ただし現在完了はあまり用いられません。過去形の方が一般的です。

過去のある時点を基準としてそれより前のことがらを語るには、過去完了が用いられます。 p.189

Bis ein Platz in der Kita frei wurde, hatten wir ein halbes Jahr warten müssen.
保育所に空きがひとつできるまで、わたしたちは半年待たねばならなかった。

独立用法では、話法の助動詞の過去分詞は、**ge-語幹-t**という形になります。

Bevor ich mein Japanologiestudium angefangen habe, hatte ich Japanisch nicht gekonnt.
わたしは大学で日本学の勉強を始める前には、日本語ができなかった。

noch mehr

話法の助動詞と完了との組み合わせにはふた通りあります。

a. Sie **hat** die Bilder *wegwerfen* **müssen**.
彼女は写真を捨てざるをえなかった。

b. Sie **muss** die Bilder *weggeworfen haben*.
彼女は写真を捨ててしまったにちがいない。

太字部分が助動詞、斜体字部分が本動詞です。
a. では müssen 自体が hat ... müssen という現在完了になっています。本動詞 wegwerfen は不定形です。
それに対して b. は müssen の主観的用法です。話者の推測を表わす müssen は現在形です。本動詞の方は、推測される内容が過去のことがらなので、weggeworfen haben という完了不定句になっています。
通常、本動詞の完了不定句が用いられるのは、b. のような主観的用法です。
なお話者による推測自体が過去に行なわれたことを示すには、müssen の部分を過去時制にします。

b´. Sie musste die Bilder weggeworfen haben.
彼女は写真を捨ててしまったのにちがいなかった。

ただし過去時制の主観的用法は日常的にはほとんどありえず、小説のように過去時制が基本の時制となっている場合に限られます。

4. 未来を表わす助動詞 werden

(1) 不確実な未来の推測

［**werden ... 不定形**］という形は未来時制といわれますが、純粋に時間軸上の未来のことを述べるというよりは、**推測**の意味合いを含む場合に使われます。確実に実現すると考えられる未来のできごとには現在形が用いられるわけで☞ p.19 、［werden ... 不定形］が使われる場合には、多かれ少なかれ不確実だというニュアンスが加わります。

4. 未来を表わす助動詞 werden

Die Mannschaft wird bald einen neuen Trainer bekommen. チームにはまもなく新しい監督が来るだろう。

（2）現在についての推測

推測というニュアンスは、現在のことがらについても有効です。

Die hier angegebene Internetadresse wird wohl einen Fehler enthalten.
ここに記されているインターネットアドレスにはどうやらまちがいが含まれているようだ。

（3）未来完了

werdenが完了不定句［過去分詞 + haben/sein］と結びつく場合には、「〜した」という完了の意味に推測や予測が加わります。これは次のふたつの意味で用いられます。

未来のある時点までに完了しているだろうという予測

「〜してしまっているだろう」と、未来のある時点に視点を移し、その時点ではことがらが完了しているだろうという予測です。

In einer halben Stunde werden wir zu Hause angekommen sein. 半時間後にはわたしたちは家に着いているでしょう。

ただし、未来のある時点を基準にして、それまでにことがらが完了しているということは、現在完了でも表わすことができます。
☞ p.184　推測というニュアンスは弱くなりますが、現代では形のシンプルな現在完了の方が好んで用いられます。

In einer halben Stunde sind wir zu Hause angekommen.

過去のことがらについての推測

「〜しただろう」と、すでに完了したことがらについての推測を表わします。

Der Patient wird sich nicht an die Vorschriften gehalten haben. 患者は定められた処方を守らなかったのだろう。

5. 使役の助動詞 lassen

［lassen + j⁴ … 本動詞の不定形］で、「人⁴に～をさせる、人⁴が～するのにまかせる」という意味になります。行為を本動詞不定形で、行為をする（させられる）人やものを4格で表わします。つまり lassen の4格目的語が本動詞不定形の意味上の主語というわけです。

Lassen Sie mich ab und zu von Ihnen hören.
時々わたしにあなたのことを聞かせてください（ご連絡ください）。
※ lassen Sie は Sie に対する要請を表わします。☞ p.261

Man darf den Motor nicht unnötig laufen lassen.
エンジンを不必要にかけっぱなしにしてはならない。

最初の例では mich が hören の意味上の主語、2番目の例では den Motor が laufen の意味上の主語にあたります。

本動詞が4格目的語をとる場合には、次の例のように、不定形の前にその目的語をおきます。

Lass uns einen Kaffee trinken. コーヒーでも1杯飲みましょう。
※ lass は du に対する命令法です。☞ p.259

この文では uns が lassen の4格目的語で trinken の意味上の主語、einen Kaffee が trinken の4格目的語です。

次の例のように、行為をする（させられる）人を表わす4格が省略されることもあります。

Ich gehe alle vier Wochen zum Friseur und lasse mir die Haare schneiden.
わたしは4週間にいちど美容院に行き（自分の）髪を切らせる（切ってもらう）。

lassenの4格目的語が省略されるのは、それが自明な場合、あるいは具体的な人物を挙げることができない場合です。この文では den Friseur/die Friseuse（美容師）を補って考えるとよいでしょう。なお die Haare は schneiden の4格目的語、mir は髪の所有者を表わす3格 ☞ p.61 です。

助動詞としての lassen の過去分詞は不定形と同形です。したがって現在完了では次のようになります。

Gestern habe ich mir die Haare schneiden lassen.
わたしは昨日、髪を切ってもらった。

6. 知覚動詞

sehen, hören, fühlen など知覚を意味する動詞も、別の動詞の不定形と組み合わされ、助動詞的に用いられることがあります。

In dieser Jahreszeit hört man oft Amseln singen.
この季節にはクロウタドリが鳴いているのがしょっちゅう聞こえてくる。

知覚動詞の4格目的語（例文では Amseln）が文末の動詞不定形の意味上の主語です。
この用法の過去分詞はふつう不定形と同形です。したがって現在完了では次のようになります。

Früher hat man oft Amseln singen hören.
かつてはクロウタドリが鳴いているのがしょっちゅう聞こえてきた。

第13章 受動態

ある行為について述べるとき、誰がそれをするのかということではなく、どのようなことがなされるのか、行為そのものに焦点を合わせて述べる方法が受動態である。

1. 受動態とその形

動詞によって行為を表現するとき、大きく分けてふた通りの方法があります。「誰かがあることをする」と表現する**能動態**と、「何かがなされる」と表現する**受動態**とです。能動態は行為者とその行為をセットで述べるのに対し、受動態は行為そのものに照準を合わせ現象やプロセスとして表現します。ドイツ語の発話の大半は「何が〜だ」「誰が〜する」という能動態から成り、受動態はわずかです。発話で使われる述語動詞全体に受動態が占める割合は7％にすぎないという調査結果もあります。

(1) 受動態の形

能動態と受動態の文を比較してみましょう。

能動態 Wir bitten Herrn Pierre Martin zum Informationsschalter.
わたしたちはピエール・マルタンさんにインフォメーション・カウンターまでお越しくださるようお願いいたします。

受動態 Herr Pierre Martin **wird** zum Informationsschalter **gebeten**.
ピエール・マルタンさんはインフォメーション・カウンターまでお越しくださるようお願いされています（お願いいたします）。

受動態では、行為を受けるもの、つまり他動詞（＝4格目的語をとる動詞）の4格目的語に相当する名詞ないし代名詞が主語になります。動詞部分は［**werden … 過去分詞**］という枠構造です。

なお、受動態は「ある存在が行為・動作を受ける」という関係、「ある行為がなされる」という事態を表わす方法ですから、能動的な働きかけや動作を表わさない haben（持っている）や kennen（知っている）などの動詞は、受動態を作ることができません。

（2）受動態の各時制

時制は受動の助動詞 werden によって表わします。「そのホールはある女性建築家によって設計される／された」という文を例に、各時制を見てみましょう。太字部分がそれぞれ werden の現在人称変化形、過去人称変化形、現在完了形です。

現在

werden の現在人称変化形 ･･････････････････ 過去分詞

Die Halle **wird** von einer Architektin *entworfen*.

過去

werden の過去人称変化形 ･･････････････････ 過去分詞

Die Halle **wurde** von einer Architektin *entworfen*.

現在完了

sein の現在人称変化形 ･･････････････････ 過去分詞 worden

Die Halle **ist** von einer Architektin *entworfen* **worden**.
※受動の助動詞 werden の過去分詞は worden です。

（3）話法の助動詞と受動態

受動態が話法の助動詞とともに用いられることもあります。話法の助動詞が定形となり、文末に受動を表わす［過去分詞 + werden］がおかれます。

話法の助動詞（定形） ･････････ 過去分詞　　　werden

Der Eintritt muss bei Ausfall zurückerstattet werden.
催事が中止になった場合には、入場料は払い戻されなければならない。

(4) 行為者情報の表現

　意志をもってある行為をする行為者を受動文で明示する場合には、前置詞 von を用います。

Das Instrument wurde von einem Geigenbauer restauriert. その楽器はあるバイオリン製作者によって修復された。

原因や媒介、手段などの場合には、前置詞 durch を用います。

Die Geige wurde durch Feuchtigkeit beschädigt.
バイオリンは湿気によって損なわれた。

　ただし行為者は、能動態では文の主語として必須の成分ですが、受動文ではたいてい示されません。ある調査によると、受動文の9割では行為者情報がないそうです。

2. 受動態の機能

　行為に焦点を合わせて語るという特性のために、受動態は特定の文章や文脈で使われます。行為やプロセスそのものがテーマになる場合、たとえば料理のレシピなどでは、よく受動態が用いられます。それに対して「誰が何をするのか」が話題になりやすい日常会話や小説などでは、能動態が多く用いられます。
　また受動態は、行為者を具体的に述べたくない場合や、何らかの理由で言うことができない場合にも使われます。

Flüchtlingskinder werden oft massiv benachteiligt.
難民の子どもたちはひどく不利な扱いを受けることが多い。

　難民の子どもに対する不利な扱いの主体を特定することは不可能です。社会の諸システム、法律、その根底にある人々の意識などなど、多岐にわたるものが複雑に絡んでいるはずです。そのような場合に受動態は適しています。

さらに受動態は客観的な印象を与えることもできます。「その問題をもっと詳しく見てみなければならない」という文で、能動態と受動態を較べてみましょう。

Wir müssen das Problem noch genauer untersuchen.

Das Problem muss noch genauer untersucht werden.

同じ内容を述べているわけですが、能動態は wir という主語があるために、どちらかというと主観的な感じを与えます。それを避けて「ことがらそのものを客観的に述べているのだ」という印象を与えるのに、受動態は適しています。

以上の特徴のために、受動態は論文や実用書、報道で用いられやすいのです。

また、あることがらを能動態で述べるか受動態で述べるのかは、文章の流れによってもある程度決まってきます。

Die Krönungsmesse ist eine Messe von Mozart. Sie wurde wahrscheinlich für den Ostergottesdienst von 1779 komponiert.
戴冠ミサはモーツァルトのミサ曲である。それはおそらく1779年の復活祭のミサのために作曲された。

この文章のテーマは Krönungsmesse です。そのテーマへの照準をずらさないために、2文目が受動態で語られます。ここで Mozart komponierte sie wahrscheinlich für den Ostergottesdienst von 1779. とすると、テーマが作品からモーツァルトに移り、文章の流れが微妙にずれてしまいます。また受動態にすることで、意味を担う動詞の過去分詞が文末におかれ、この動詞が新規で重要な情報としてマークされます。動詞の表わすことがら自体を重要な情報として伝えるには、情報語順 ☞ p.313 の観点からも、受動態がぴったりなのです。

3. 自動詞の受動態

　自動詞とは4格目的語をとらない動詞のことです。目的語をまったくとらない動詞（jobben, gehen usw.）、3格目的語をとる動詞（helfen, begegnen usw.）、前置詞つき目的語をとる動詞（auf et⁴ antworten usw.）などがあります。自動詞であっても、人の行為・動作を表わす動詞であれば、受動態で表現することができます。

　In den Ferien wird gejobbt.　休暇はアルバイトだ。
　（Es wird in den Ferien gejobbt.）

　Wähle 112 im Notfall. Dir wird geholfen.
　　　　　　　　　　　　（Es wird dir geholfen.）
　緊急の場合には112に電話をかけて。助けの手が差し伸べられるから。

　Auf meine Frage wurde nicht geantwortet.
　（Es wurde auf meine Frage nicht geantwortet.）
　私の問いに対して答えはなされなかった。

　自動詞の受動態では、他動詞の4格目的語に相当する行為・動作を受ける存在がないため、文に主語がありません。そのため文頭に穴埋めのes ☞ p.92 をおきます。ただしこのesはそれ自体としては意味をもたないため、文頭以外の場所では省略されます。通常は例文のように、前域に前置詞句や副詞、3格目的語などがおかれますので、esが現われることはあまりありません。

4. 状態受動

　受動態には、受動の助動詞としてseinを用いる形もあります。

　Die Renten sind garantiert.　年金は保証されている。

　［werden ... 過去分詞］という受動態は、ある行為・動作が行なわれることを表わします。それに対して［**sein ... 過去分詞**］は、ある行為・動作の結果の状態がずっと続いていることを表わします。前者を**動作受動**、後者を**状態受動**と呼びます。例文を動作受動にするとDie Renten werden garantiert.（年金は保証される）となりますが、これでは年金はいっとき保証されるものの、それがずっと続くかどうかは不明です。したがって通常は例文のように状態受動で表現されるべきなのです。

5. 受動的表現

受動態のほかにも、「～される」という受動の意味をもつ表現がいくつかあります。

sein ... zu 不定形

seinとzu不定形を組み合わせると、「～されうる」または「～されなければならない」という、「受動＋可能／必然」の意味になります。
☞ p.295

Die Hitze ist kaum zu ertragen.
この暑さは耐えられないほどだ。

Von diesem Arzneimittel sind zweimal täglich zwei Tabletten einzunehmen.
この薬は1日に2回、2錠ずつ呑まれなければならない。

lassen + sich⁴ + 不定形

「～されうる」という意味になります。

Er lässt sich leicht überreden.
彼は簡単に説得されうる（すぐ人の言いなりになる）。

再帰動詞

一部の再帰動詞 ☞ p.216 は「～される」という受動の意味をもちます。

Das Angebot hört sich gut an.
その提案はよく聞こえる（聞く限りではいいようだ）。

bekommen + 過去分詞

「～してもらう」という意味の表現です。

Den Schal habe ich von Klaus geschenkt bekommen.
このスカーフはクラウスからプレゼントしてもらった。

　この構文で使えるのは、schenken（贈る）、geben（与える）、schicken（送る）、mitteilen（知らせる）など、「人³に事物⁴を〜する」というタイプの動詞です。能動文の3格目的語にあたる要素が主語になります。

6. 機能動詞構文

a. **Seine weisen Entscheidungen werden überall anerkannt.**

b. **Seine weisen Entscheidungen finden überall Anerkennung.**

　例文はどちらも「彼の賢明な決断は広く賞賛されている」という意味です。a. のwerden … anerkanntに相当する意味を、b. ではfindenとAnerkennungのセットで表わしています。b. で「賞賛」という意味を担っているのは、動詞から作られた**動作名詞**Anerkennungの方です。findenはふつう「見つける」という意味で使われますが、ここでは、文が文となるために不可欠な定形を埋めるという、もっぱら文法的な役割を果たしています。このように、動作名詞と組み合わせて使う、それ自体は具体的な意味を担わない動詞のことを、**機能動詞**といいます。

　機能動詞構文には次のようなものがあります。

bringen　**Der Politiker hat seine Kritik zum Ausdruck gebracht.**　その政治家は批判を（言葉で）表わした。

kommen　**Im Film kommt die Sehnsucht nach dem Fremden zum Ausdruck.**
その映画では異質なるものへのあこがれが表現されている。

leisten　Verschiedene Organisationen **leisten** den Opfern **Unterstützung.**
さまざまな団体が被害者を援助している。

finden　Krebskranke **finden** bei der Organisation **Unterstützung.**
がん患者はその団体によって支援されている。

　et⁴ zum Ausdruck bringen は et⁴ ausdrücken、et¹ kommt zum Ausdruck は et¹ wird ausgedrückt とほぼ同じで、それぞれ能動、受動の意味の表現です。「ほぼ同じ」と言いましたが、動作名詞を使った機能動詞構文と動詞そのものを使った表現には、わずかですがちがいがあります。et⁴ zum Ausdruck bringen では、機能動詞 bringen のもとの意味が共鳴しています。bringen は、あるものをあるところにもっていく、という空間的移動を表わしますが、これが時間的推移に転用されて、ある状態からある状態に移行させる、という意味になります。et⁴ zum Ausdruck bringen は、あるものが表現されていない状態から表現されるようになるまでの過程も含んだ表現なのです。et¹ kommt zum Ausdruck についても同じことが言えます。

　機能動詞構文を作る leisten と finden のあいだにも、同様に能動・受動の関係があります。それに加えて leisten を用いた機能動詞構文では、動詞 unterstützen と較べて、援助などを行なう主体のもつ権限や力などが意識されます。finden の方からは、支援者を探すという前段階があるだろうことがかすかに感じられます。

　動作名詞を中心とした機能動詞構文は、もとの動詞を用いた表現よりも硬く、また使い方によっては抽象的になるために、論文や行政の文書で使われることの多い表現です。［機能動詞 ... 動作名詞／動作名詞を含む前置詞句］という枠構造を作る（　p.308　）ため文体の安定感が増すことも、硬めの文章で機能動詞構文が好まれる理由かもしれません。

第14章 再帰代名詞と再帰動詞

動詞の表わす行為が主語自身に向けられ、動詞の目的語が主語と一致することを、その目的語は主語と再帰の関係にあるという。主語と再帰関係にある代名詞を再帰代名詞という。

1. 再帰とは

行為の多くは他者や事物に向けられています。

Ich habe das Kind getröstet. わたしはその子どもを慰めた。

それに対して、動詞の表わす行為・動作が主語自身に向けられている場合があります。

Ich habe mich getröstet. わたしは自分自身を慰めた。

このように、主語と目的語が同一の存在である場合、主語と目的語のあいだに**再帰**の関係があるといいます。主語の行為が［目的語＝自分自身］に帰ってくる、というわけです。

2. 再帰代名詞

主語と同じものを表わす代名詞を**再帰代名詞**といいます。再帰代名詞には4格と3格があります。

主語	ich	du	er/es/sie	wir	ihr	sie	Sie
4格	mich	dich	sich	uns	euch	sich	sich
3格	mir	dir	sich	uns	euch	sich	sich

1人称と2人称は人称代名詞と同形、3人称はいずれもsichです。1人称は話者、2人称は対話相手に限定されますが、3人称で語られうる存在は無限にあるために、主語と同一であることを人称代名詞とはち

がう形で示さなければならないのです。なお2人称敬称は3人称複数 sie の転用なので、再帰代名詞も sich となります。

du と ihr に対する命令文で再帰代名詞を用いる場合にも、命令文では主語が明示されませんが、主語に対応した再帰代名詞を使います。
☞ p.261

Ruh dich gut aus! よく休んでね。
（du に対する命令）

Nehmt euch gut in Acht! 気をつけて過ごしてね。
（ihr に対する命令）

(1) 再帰代名詞の用法

● 再帰代名詞 4 格

再帰代名詞の4格は、動詞や前置詞の4格目的語になります。

Die Studenten haben sich vorgestellt.
学生たちは自己紹介をした。

Sie hat ihre Erinnerungen nicht nur für ihre Familie, sondern auch für sich niedergeschrieben.
彼女は思い出を家族のためだけでなく、自分のためにも書き留めた。

● 再帰代名詞 3 格

再帰代名詞の3格は、動詞や前置詞の3格目的語になります。

Hast du dir zum bestandenen Examen etwas geschenkt? 試験に合格した記念に自分に何かプレゼントした？

Der Mann kam zu sich. その男性は正気を取り戻した。

また waschen（洗う）、putzen（磨く）など体の一部分への行為を表わす動詞とともに用いられ、その体の部分の所有者が主語自身だということを表わします。 ☞ p.61

Waschen Sie sich sorgfältig die Hände.
（自分の）手を丁寧に洗ってください。

● 相互代名詞

主語が複数の場合に、再帰代名詞が「お互いに〜し合う」という意味になることがあります。これを特に**相互代名詞**といいます。

Wir haben **uns** vor drei Jahren kennengelernt.
わたしたちは3年前に知り合った。

単数形で複数を意味する名詞が主語となる場合も同様です。

Das Paar hat **sich** regelmäßig geschrieben.
そのカップルは定期的に互いに(手紙を)書いた。

前置詞と用いる場合には、相互代名詞ではなくeinander（互いに）を使います。前置詞とeinanderは融合して1語になります。

Alle Mitglieder des Vereins kommen miteinander klar. クラブのメンバーは皆、お互いにうまくやっている。

(2) 再帰代名詞の位置

人称代名詞に準じます。☞ p.87　特に、前域が添加語で占められ、定形のうしろに主語と再帰代名詞が並ぶ場合、主語が名詞ならこちらの方が情報価値が高いために、再帰代名詞が主語より前におかれる傾向にあります。

a. Heute hat sich eine alte Bekannte gemeldet.
今日、古い知り合いの女性が連絡してきた。

b. Heute hat eine alte Bekannte sich gemeldet.

b. の語順でもまちがいではありませんが、a. の方が多く見られ、また「しっくりくる」と感じられるようです。

3. 再帰動詞

　動詞と再帰代名詞とが一体となってひとつの意味を作り出している場合に、この動詞のことを**再帰動詞**といいます。再帰動詞のなかには、sich⁴ befinden（ある、存在する）のように、再帰動詞としてしか使われないものもありますが、大半は本来、他動詞であって、再帰代名詞とも結びつくものです。たとえばmeldenは「知らせる」という他動詞で、これが再帰的に用いられると「連絡する」という意味になります。

他動詞として

Der Empfang meldet einen Gast.
受付が客を（訪問先に）取り次ぐ。

再帰動詞として

Der Gast meldet sich durch den Empfang.
客は受付を通じて来訪を連絡する。

以下に主要な再帰動詞を挙げておきましょう。

● 再帰代名詞4格をとるもの

sich anstrengen	**Du musst dich nicht so anstrengen.** そんなにがんばらなくてもいい。
sich beeilen	**Wir müssen uns beeilen.** わたしたち、急がなきゃ。
sich erkälten	**Haben Sie sich erkältet?** 風邪をひいたのですか？
sich lohnen	**Das Seminar lohnt sich.** そのセミナーは参加する価値がある。
sich vorstellen	**Stellen Sie sich bitte vor.** 自己紹介してください。

● 再帰代名詞4格と前置詞つき目的語をとるもの

sich über et^4 ärgern
Wir haben uns über seine Bemerkung geärgert.
わたしたちは彼の発言に腹を立てた。

sich für et^4 interessieren
Sie interessiert sich für Astronomie.
彼女は天文学に関心がある。

sich auf et^4 vorbereiten
Langsam müssen wir uns aufs Neujahrsfest vorbereiten. そろそろ新年の祝いの準備をしなければならない。

こうした表現は熟語として覚えてゆくとよいでしょう。前置詞つき目的語の項も参照してください。☞ p.172

● 再帰代名詞3格と4格目的語をとるもの

sich^3 et^4 vorstellen
Das Großstadtleben hat sie sich anders vorgestellt.
大都会の生活を彼女はちがったふうに想像していた。

sich^3 et^4 leisten
Endlich kann ich mir ein Fahrrad mit 20 Gängen leisten. ようやく20段変速ギアつきの自転車が奮発して買える。

動詞を辞書で引く (2)

再帰動詞を辞書で引くと、再帰代名詞はすべてsichと3人称で記されています。1人称、2人称で用いる際には、主語に応じた再帰代名詞にする必要があります。

たとえばgewöhnenという動詞を引くと、sich⁴ an et⁴/j⁴ gewöhnen（慣れる）のように出ています。この表現を用いて文を組み立てるときには、以下のように、sich⁴を主語に応じた再帰代名詞にするのです。

Ich habe **mich** an die neue Arbeit gewöhnt.
わたしは新しい仕事に慣れた。

Kannst du dich an die Schule gewöhnen?
学校に慣れることができそう？

Alle Teilnehmer haben **sich** an die Regeln gewöhnt. 参加者全員がルールに慣れた。

第15章 否定

否定には、文の述語を打ち消し文全体の内容を否定するものと、文の一部を打ち消すものとがある。また否定の表現には、nichtなど否定の機能をもつ語のほかに、-los（ない）、un-（非、不）といった形容詞の接辞、否定を含意する前置詞や動詞などもある。

1. 否定

否定とはあることがらを「～でない」と打ち消すことです。ただし日常的なコミュニケーションでは、「～でない」とはっきりと言わずに否定を伝えることもあります。

Kommst du morgen mit ins Kino? – Morgen habe ich Besuch.
明日いっしょに映画に来る？— 明日は人が来るんだ。

この受け答えも立派な否定であり、それはコミュニケーション上はとても重要です。この問いに、**Nein, ich komme nicht mit.**（ううん、行かない）と答えるといったことは、実際にはほとんどないでしょう。

否定の意味を含んだ表現を用いて、否定文と同等の意味を表わすこともあります。

Meine Kollegen haben meinen Vorschlag abgelehnt.
同僚たちはわたしの提案を拒絶した。

これは次のように言い換えることができます。

Meine Kollegen haben meinen Vorschlag nicht angenommen. 同僚たちはわたしの提案を受け入れなかった。

ほかにも前置詞 ohne（～なしで）や statt（～する代わりに）も否定の意味を含みますし、「非、不」に相当する un- や、「～のない」を表わす -los など、形容詞の接頭辞や接尾辞も否定を意味します。

1. 否定

Ohne Auto ist das Landleben schwer.
車がないと田舎暮らしは困難だ。

Die Brieftaube ist sofort weiter geflogen, statt einen Augenblick zu rasten. 伝書鳩は少し休む代わりに飛び続けた。

Unsere Familie ist unmusikalisch.
うちの家族は音楽のセンスがない。

Sie war sprachlos. 彼女は言葉もなかった。

これらが否定であることは、nichtまたはkeinを用いて次のように言い換えるとよくわかります。

Wenn man kein Auto hat, ist das Landleben schwer.

Die Brieftaube hat keinen Augenblick gerastet, sondern ist sofort weiter geflogen.

Unsere Familie ist nicht musikalisch.

Sie konnte keine Worte finden.

2. nichtとその用法

nichtは述語動詞を始めとして形容詞、副詞、前置詞句、そして名詞も否定する、使用範囲のきわめて広い語です。

(1) nichtの位置

nichtの位置は、不定句をもとに考えるとすっきりします。原則は、nichtは否定する語の前にくる、逆に言うと、**nichtは直後の語を否定する**、ということです。

「彼は今日来ない」と「彼女は今日は来ない」という例で考えてみましょう。「今日来ない」では、「来る」ことが否定されていますから、nichtは述語動詞kommenの直前におかれます。文ではkommenが定形となって2番目に移動しますから、nichtが文末に残ります。

a. heute nicht kommen ➡ Er kommt heute nicht.

それに対して、「今日は来ない」つまり「来るのは今日ではない」という場合は、「今日」が否定されるのですから、**nicht** は **heute** の直前に置かれます。

b. nicht heute kommen ➡ Sie kommt nicht heute.

a. のように文の述語そのものが否定されることを文否定、b. のように述語以外の要素が否定されることを部分否定ということもあります。部分否定では、そのあとに ..., sondern morgen（そうではなくて明日）といった訂正情報を補うことができます。

（2）枠構造と nicht

nicht が述語を否定する場合、述語動詞が定形となり2番目におかれるために、**nicht** が文末に残ります。ただし述部が複数の語からなり枠構造をとる場合には、定形以外の述部要素が文末に残るため☞ p.308、**nicht** はその前におかれることになります。次のような場合です。

[話法の助動詞ないし未来の助動詞の定形 ... 動詞の不定形]

Hier **darf** man **nicht fotografieren**.
ここで写真を撮ってはいけない。

分離動詞

Die Mehrheit **stimmt** dem Vorschlag wohl **nicht zu**.
過半数は提案に賛成しないだろう。

[sein ... 述語内容語]

Das Gespräch **war nicht ergiebig**.
対話は実りあるものではなかった。

ひとつの行為を表わす［動詞＋名詞］の成句

Ich fahre nicht Auto. わたしは車を運転しない。

［機能動詞 ... 前置詞句］

Sämtliche Versuche brachten die Lage nicht in Ordnung.
あらゆる試みも事態を正常化しなかった（あらゆる試みにもかかわらず事態は収束しなかった）。

　枠構造をとっている文では、nichtがその直後の要素だけを否定している（部分否定）のか、その要素とともに述語も否定している（文否定）のか、紛らわしいこともあります。特に次のような場合です。

［移動を表わす動詞 ... 方向の補完語］

Der Präsident fährt diesmal nicht nach Moskau.
大統領は今回モスクワに行かない。

　上のように訳しましたが、実はこの文型では、nichtがnach Moskau fahren自体を否定しているのか（文否定）、それともnach Moskauだけを否定しているのか（部分否定）、この文からだけではわかりません。上は、文否定ととらえた場合の訳です。部分否定の場合には、口頭ではnach Moskauにアクセントがおかれ、「大統領は今回モスクワには行かない（どこか他の都市に行く）」という意味になります。

（3）副文全体を否定する

　主文中のnichtで副文全体を否定することがあります。

Ich lese die Bibel nicht deshalb, weil ich besonders religiös bin.
わたしが聖書を読むのは、とりたてて信心深いという理由からではない。

Vertrauen lernt man nicht dann, wenn alles glatt geht.
信頼ということを知るのは、ものごとすべてがすんなり運ぶときではない。

nichtによる否定が副文だけにかかることを明示するために、nichtの直後にdeshalb（そのために）やdann（その場合に）をおき、さらにそのうしろに理由や条件を表わす副文を続けます。

3. nicht と kein

nichtのほかによく使われる否定の語としてkeinがあります。keinはもともとeinの否定ですから、不定冠詞つきの名詞を否定する場合に用いられます。

Wir haben keinen Keller, dafür aber einen Dachboden. 我が家には地下室はないが、物置用の屋根裏部屋はある。

無冠詞の複数名詞もkeinで否定します。

Angesichts der wirklichen Lage konnten wir keine Worte finden.
実際の状況を目の当たりにしてわたしたちには言葉もなかった。

それに対して、定冠詞や所有冠詞などがついた名詞はnichtで否定します。

Wir nehmen heute nicht den Bus, wir gehen zu Fuß.
今日わたしたちはバスには乗らずに歩いて行く。

ただしnichtが無冠詞の名詞を否定する場合もあります。以下でnichtとkeinの使い分けを見てゆきましょう。

（1）keinの用法

keinは主として次のような場合に用いられます。

●**不定冠詞つきの名詞および無冠詞の複数名詞の否定**

Meine Frau hat keinen Führerschein.
妻は運転免許証をもっていない。

Seit kurzem sieht man hier keine Schwalben mehr.
少し前からこのあたりでは燕を見かけなくなった。

　keinではなく nicht einが用いられることもあります。この場合には、「ひとつも〜ない」という強い否定になります。

Es vergeht nicht ein Tag, an dem ich nicht daran denke.　そのことを考えない日は1日もない。

● 無冠詞の物質名詞の否定

Das Getränk enthält keinen Alkohol.
この飲料にはアルコールが含まれていない。

● 無冠詞で用いる抽象名詞の否定

Ich habe keine Lust mehr.　わたしはやる気がもうない。

● 形容詞が中性名詞化された言語名・色名

Viele Kinder mit Migrationshintergrund sprechen zu Hause kein Deutsch.
移民的背景をもつ子どもの多くは家庭でドイツ語を話さない。

Der Bildschirm ist irgendwie defekt und zeigt kein Blau.　モニターがどこか壊れていて青色を映さない。

　なおkeinは直接的には直後の名詞を否定するため部分否定になりそうなものですが、［述語＋名詞］で表わすことから全体が否定される、つまり文否定になることもよくあります。

Ich schreibe keine E-Mails.
わたしはEメールを書かない。（文否定）
わたしはEメールは書かない。（部分否定）

　否定される名詞の性質や文脈によって、文否定か部分否定かが決まります。解釈に迷う場合には、〜, sondern ...（〜ではなく…）を続けてみるとよいでしょう。**Ich schreibe keine E-Mails, sondern** nur SMS.（Eメールは書かない、書くのはSMSだけだ）として前後関係がしっくりするなら、否定されているのはEメールだけということです。Ich schreibe keine E-Mails, sondern kommuniziere im Chat.（Eメールを書かずに、チャットでコミュニケーションをとっている）がしっくりするなら、述語も含むE-Mails schreibenが否定されています。

（2）無冠詞の名詞をnichtで否定する場合

無冠詞の名詞であっても、次の場合にはnichtが用いられます。

● [動詞 + 名詞] がひとつの成句としてある行為を表わす場合

Ich kann nicht Klavier spielen.　わたしはピアノが弾けない。

Klavier spielen, Auto fahrenなどのように名詞が特定の動詞と結びついて、名詞がもはや名詞として認識されないような成句があります。名詞として認識されていないということは、KlavierやAutoに冠詞や形容詞などの付加語がないことなどからわかります。　p.74　このような場合には否定にnichtが用いられます。

※「楽器」の場合には、名詞が名詞として認識されるため、次のような否定文になります。
　Ich kann kein Musikinstrument spielen.

● 固有名詞

Die schweizerische Hauptstadt ist nicht Genf, sondern Bern.　スイスの首都はジュネーヴではなくベルンだ。

Nicht Katharina, sondern Monika hat morgen Geburtstag.
明日誕生日を迎えるのはカタリーナではなくてモーニカだ。

※ 人名の場合にはkeinによる否定も可能ですが、その場合には「〜のような人物ではない」という意味になります。
　Er ist eben kein Goethe.　彼はゲーテのような作家ではないのだ。

● 職業・国籍・身分を表わす名詞がseinなどの述語内容語となる場合

seinやwerdenなどコプラ動詞を用いるこの文型では、述語内容語

3. nicht と kein

が主語の属性を表わす形容詞のようなものとして認識され、否定ではnichtを用いるのが標準だとされています。

Sie ist nicht Christin. 彼女はキリスト教徒ではない。

ただし Sie ist keine Christin. のように kein も可能で、現在ではkeinを用いることも多くなっています。

名詞に付加語的形容詞が添えられる場合には、肯定では不定冠詞がつきますから☞ p.73、否定では必ず kein を用います。

Er ist kein gebürtiger Bayer.
彼は生まれつきのバイエルンっ子ではない。

noch mehr

［機能動詞 + 4格の動作名詞］から成る機能動詞構文では、否定はnichtとkeinのあいだで揺れ動いています。

動作名詞が機能動詞と一体となってある意味を作っている、動詞の一部だと感じられる場合には、nichtが用いられます。

Auf seine familiäre Situation können wir leider nicht Rücksicht nehmen.
彼の家庭の事情を考慮することは残念ながら我々にはできない。

それに対して、動作名詞が正真正銘の名詞だと認識される場合には、keinが用いられます。

Auf seine familiäre Situation können wir leider keine Rücksicht nehmen.

どの組み合わせなら kein も可能なのか、困ったことに明確な線引きはありません。辞書等で用例を確認したり、インターネットで „nicht Rücksicht" と „keine Rücksicht" の両方を検索したりなどするとよいでしょう。

4. nicht や kein 以外の否定語

　nicht や kein 以外にも否定の機能をもつ語があります。代表的なものを挙げておきましょう。

keiner　誰も〜ない

Keiner von uns kannte sich in der Gegend aus.
我々の誰ひとりとしてそのあたりの地理に詳しい者はいなかった。

niemand　誰ひとりとして〜ない

Ich habe geklingelt, aber es schien niemand da zu sein.　呼び鈴を押してみたが、誰もいないようだった。

nichts　何も〜ない

Ich habe mit der Clique nichts zu tun.
ぼくはあの一味とは何の関係もない。

nie　一度として〜ない

Nie hat sich unsere Katze getraut, die Wohnung zu verlassen.　一度としてうちの猫は家から出ようとしたことがない。

keineswegs　決して〜ない

Diese Krankheit ist keineswegs selten.
この病気は決して珍しいものではない。

nirgends　どこでも〜ない

Ich fühle mich nirgends so wohl wie hier.
ここほど居心地よく感じるところはどこにもない。

weder A, noch B　AでもBでもない

Igel sind weder aggressiv noch gefährlich.
ハリネズミは攻撃的でもなければ危険でもない。

5. 否定の強調と限定

(1) 否定の強調

　nichtやkeinに副詞überhauptやgarなどを添えて、「まったく〜ない」と否定を強調することができます。

Ich bin überhaupt nicht bereit.
わたしはまったく（心の）準備ができていない。

Sie hat gar keine Ahnung.　彼女にはまったくわかっていない。

(2) 時間的限定のある否定

　nichtやkeinなどの否定の語に以下の副詞を添えると、あることがらを時間的に限定して否定することになります。

noch + 否定の語　まだ〜ない

Ich war noch nie in den USA.
わたしはまだ一度も合衆国に行ったことがない。

否定の語 + mehr　もう〜ない

Wir möchten hier keinen Ärger mehr.
ここでごたごたはもうごめんだ。

第16章 接続詞

接続詞は文と文とをつなぎ合わせる。同時に、何らかの意味を加え、文章の流れを作り出す役割も負う。

1. 接続詞の役割

文と文とを並べると、そこに何らかの意味関連が生まれてきます。

Gestern wurde es plötzlich kalt. 昨日は突然寒くなった。
Ich habe mir eine Erkältung geholt.
わたしは風邪をひきこんだ。

　このふたつのセリフが続けて言われたならば、寒さが風邪の原因（のひとつ）だというニュアンスが生まれるでしょう。このように、原因や順接関係などは、文をふたつ以上並べただけでも表わすことができ、日常会話ではその方が自然なことも多いのです。
　ただし文を並べただけでは、そのあいだの論理関係があいまいだったり、あるいは辻褄が合わない文章になったりすることもあります。そこで登場するのが接続詞です。接続詞は複数の文の流れを整えて、「〜なので…」「〜だが…」のような明確な論理展開を作り出します。

2. 接続詞の種類

　接続詞は文のあいだをつなぐわけですが、ドイツ語の文にはふたつの種類があります。自立している文と、他の文に従属している文とです。

　a. **Diesen Sommer haben wir wenig Regen. Man sorgt sich daher um die Ernte.**
　　この夏は雨が少ない。だから収穫が心配されている。

b. **Man sorgt sich um die Ernte, weil wir diesen Sommer wenig Regen haben.**
この夏は雨が少ないので、収穫が心配されている。

a. ではふたつの文がそれぞれ独立しています。それに対して b. では、後半の wir diesen Sommer wenig Regen haben が、weil（〜なので）という接続詞によって前半の Man sorgt sich um die Ernte に従属させられ、前半の文の添加成分になっています。

独立して成り立つ文のことを**主文**といい、主文に従属し主文の一要素となる文を**副文**といいます。主文では定形が2番目におかれますが、副文では文末です（**定形後置**）。なお主文と副文とのあいだには必ずコンマを打ち、区切りを明確に示します。

接続詞にも、主文同士をつなぐのか、主文と副文を結びつけるのかによって、大きく分けて2種類あります。主文と主文のあいだに入りそのふたつの文をつなぎ合わせるのが**並列接続詞**、副文を主文に従属させるのが**従属接続詞**です。両者はいずれも文を構成する文成分 ☞ p.11 にはならず、いわば文の外にあって、文と文との蝶番になる語です。

接続詞のような役割を果たす副詞も、本章では接続詞とともに扱います。**接続詞的副詞**は文成分であるという点では狭義の接続詞ではありませんが、ふたつの文を結びつけそこに展開を作り出すという接続詞的な機能をもっています。

以上に加えて、つなぎ合わせるふたつの文それぞれのなかに埋め込まれて、そのふたつの文を緊密な論理関係で結びつける**相関接続詞**もあります。

3. 並列接続詞

並列接続詞は、文からは独立した要素として、ふたつの主文のあいだに入ってそれらをつなぎ合わせます。

主文1				並列接続詞	主文2		
前域	定形	中域			前域	定形	中域

文成分ではないため、後続の文の語順に影響を与えません。また並列接続詞は、語や句を相互につなぐこともあります。

並列接続詞には und（そして）、oder（あるいは）、aber（しかし）、denn（なぜならば）などがあります。

なお、語句同士、文同士を並列接続詞でつなぐ場合のコンマの打ち方については、第24章を参照してください。 p.334

und　そして

ふたつの語や文を、特定の意味を加えずにつなぎ合わせます。論理展開は、つなぎ合わされた語同士、文同士の関係から生じます。

Wir haben Kaffee, Espresso, schwarzen Tee, Kräutertee und Früchtetee.
コーヒー、エスプレッソ、紅茶、ハーブティーそしてフルーツティーの用意があります。

Ich trinke jeden Tag Kaffee, und meine Frau zieht Tee vor.　わたしは毎日コーヒーを飲み、妻は紅茶の方を好む。

oder　あるいは

Am Wochenende wollen wir in den Zoo oder ins Aquarium gehen.　週末には動物園または水族館に行くつもりだ。

Bauen wir selber ein Regal, oder kaufen wir uns eins?　戸棚を自分たちで作ろうか、それともひとつ買おうか？

aber や denn は 5. で取り上げます。

4. 従属接続詞

(1) 従属接続詞の役割

従属接続詞は、時間関係、論理展開などを明確にしながら副文をまとめ、それを主文に結びつけます。主文と副文では情報の重さが異なります。主文で述べられる情報の方がもちろん主で、副文は、「副」と

いう名前のとおり、主文の情報を補います。主文を前景、副文を背景ととらえる見方もあります。

副文では**定形が副文末におかれ**、従属接続詞と後置された定形とで枠構造を成しています。その枠で囲われた副文を、従属接続詞が主文へとつなぐのです。

```
主文
┌────┬────┬────┐
│前域 │定形 │中域 │──┐  副文
└────┴────┴────┘  │  ┌──────────┬────┬────┐
                  └─│従属接続詞 │    │定形│
                    └──────────┴────┴────┘
                              └──枠構造──┘
```

（2）名詞的副文・付加語的副文を作る従属接続詞

従属接続詞のうち、主語や目的語となる名詞的な副文や、主文中の名詞の内容を説明する付加語的な副文を作るものをここでは挙げておきましょう。それ以外の主たる従属接続詞は5. で取り上げます。

dass 〜ということ、〜という…

dassは、平叙文を名詞的副文（〜ということ）または付加語的副文（〜という…）にする接続詞です。

平叙文　**Es geht dir gut.**　あなたは元気だ。
→　副文　**dass es dir gut geht**　あなたが元気だということ

主語として
Es ist sicher, dass heute Meyers kommen.
今日マイアー一家が来ることは確かだ。

このように名詞的な副文が主文のあとにおかれる場合、その副文を先取りして主文の主語にするには、**es**を用います。☞ p.89

他動詞の目的語として
Ich hoffe, dass es dir gut geht.
あなたが元気にしているといいなと思う。

232

前置詞の目的語として

副文が前置詞と結びつく場合には、[da(r)-前置詞]という形を用います。 ☞ p.159

Ich bin davon überzeugt, dass du es schaffst.
あなたがそれを成し遂げると、わたしは確信している。

名詞の付加語として

Die Nachricht, dass du jetzt in Japan bist, hat mich überrascht.
あなたがいま日本にいるという知らせは、わたしを驚かせた。

ob 〜かどうか、〜かどうかという…

obは、決定疑問文から**間接疑問文**という副文を作る接続詞です。

| 決定疑問文 | Ist die Bibliothek heute geöffnet?
図書館は今日開いていますか？ |
| → 間接疑問文 | ob die Bibliothek heute geöffnet ist
図書館が今日開いているかどうか |

ob文はdass文と同様に、主文の主語や目的語になったり、主文中の名詞の付加語になったりします。

Weißt du, ob die Bibliothek heute geöffnet ist?
図書館が今日開いているかどうか知ってる？

Die Frage, ob ein neuer Flughafen notwendig ist, wird diskutiert.
新しい空港が必要かどうかという問題が議論されている。

間接疑問文は、疑問代名詞や疑問副詞でも作ることができます。

Weißt du, **wer** noch zum Essen kommt?
ほかに誰が食事会に来るのか、知ってる？

Ich verstehe nicht, **warum** er zum fünften Mal wieder gewählt wurde.
なぜ彼が5度目の当選を果たしたのか、わたしにはわからない。

（3）語順に関する注意

●副文が前域におかれる場合

副文は主文を構成するひとつの文成分です。したがって副文が文の前域にくる場合、主文の定形は副文の直後におかれます。

前域	定形	中域
Wenn ich erkältet bin,	trinke	ich immer Ingwertee.

風邪をひくとわたしはいつも生姜茶を呑む。

●副文内で不定形が複数並ぶ場合

副文では定形が後置されますが、次のような場合には例外的な語順になります。

a. Ich bin erst um zwölf aufgewacht, obwohl ich um zehn zum Bewerbungsgespräch **hatte erscheinen müssen.**
採用面接に10時に行かなければならなかったのに、目覚めたら12時だった。

b. Ich glaube, dass er sich bald zum Meister **wird qualifizieren können.**
わたしは、彼がまもなくマイスターの資格を取れるだろうと思っている。

a. では過去完了の助動詞の定形 hatte、b. では未来（推量）の助動詞の定形 wird が、副文末ではないところにおかれています。副文で不定形（ないし不定形と同形の過去分詞）がふたつ以上並ぶ場合には、定形となる完了助動詞や未来の助動詞が不定形の直前におかれるというルールがあるのです。

5. 接続詞の用法

（1）時を表わす接続詞

als 〜したとき ［従属接続詞］
過去の1回限りのできごと・反復されない状態について用いられます。

Als ich an der Uni Deutsch gelernt habe, gab es noch Ost- und Westdeutschland.
わたしが大学でドイツ語を学んでいたときには、まだ東ドイツと西ドイツがあった。

wenn 〜するとき、〜したときはいつも ［従属接続詞］

繰り返された過去のできごと、および、現在や未来のできごと（1回限りのできごとも繰り返されるできごとも）について用いられます。

Wenn ich mich mit der Grammatik auseinandersetzen musste, bekam ich Kopfschmerzen.
文法と取り組まなければならないときには、いつも頭痛がしたものだった。

Machen wir eine Rheinfahrt, wenn du nächstes Mal zu uns kommst.
あなたがこの次うちに来るときには、ライン川下りをしましょう。

während 〜するあいだ ［従属接続詞］

Die Kinder haben schlimme Streiche gemacht, während wir weg waren.
わたしたちが出かけているあいだに、子どもたちがひどいいたずらをやらかした。

bevor 〜する前に ［従属接続詞］

Ich hole schnell einen Kaffee, bevor der Film beginnt. 映画が始まる前に急いでコーヒーを買ってくるよ。

bis 〜するまで ［従属接続詞］

Warten wir hier ab, bis sich der Stau auflöst.
渋滞が解消するまでここで待つことにしよう。

nachdem　～したあとで　［従属接続詞］

Schauen wir uns auch den Garten an, nachdem wir das Schloss besichtigt haben.
城を見学したあとで庭も見ましょう。

sobald　～するとすぐに、～したとたんに　［従属接続詞］

Der Zug fuhr ab, sobald wir eingestiegen waren.
我々が乗り込んだとたんに列車は走り出した。

seitdem　～して以来　［従属接続詞］

Seitdem ich ihn kenne, hat er mehrmals die Stelle gewechselt.　わたしが彼を知って以来、彼は職を何度も変えた。

Sie widmet ihre Zeit ihren Hobbys, seitdem sie in Rente gegangen ist.
彼女は年金生活に入って以来、趣味に時間を費やしている。

（2）条件や仮定を表わす接続詞

wenn　～ならば、～の場合には　［従属接続詞］

Wenn wir unseren Lebensstil nicht ändern, werden wir bald einen neuen Planeten brauchen.
いまの生活様式を変えないならば、まもなく我々には新しい惑星が必要となるだろう。

Lassen Sie uns wissen, wenn Sie verhindert sind.
都合でおいでになれない場合には、お知らせください。

falls　～ならば、～の場合には　［従属接続詞］
　条件を表わすwennと同じ意味で使われます。wennは時の表現にも用いられますが、fallsはもっぱら条件を表わします。

Falls es nötig ist, komme ich morgen wieder.
必要ならば、明日また参ります。
※ es は主文の内容を先取りしています。

条件文は、接続詞を使わずに定形を文頭におくことによっても作ることができます。この場合、条件文は必ず主文に先立ちます。

Regnet es weiter so, wird es zu einem Erdrutsch kommen. こんな風に雨が降り続いたら、地すべりに至るだろう。

特に接続法第2式 ☞ p.264 を用いた仮定については、次の例のようにこの文型で表わされることがあります。

Sollten alle Zimmer ausgebucht sein, versuchen wir es mit einem anderen Hotel.
万一部屋がすべて予約でいっぱいなら、別のホテルで試してみよう。

dann　その場合には　[接続詞的副詞]
先立つ条件を受けて、「その場合には～」と展開します。

Wenn weiter so günstiges Wetter herrscht, dann kann man mit einer guten Ernte rechnen.
好都合のお天気が続くようなら、その場合には豊作が期待できる。

Schlaf dich gut aus, dann fühlst du dich wohler.
ぐっすり眠りなさい、そうすれば気分もよくなるから。

sonst　さもないと　[接続詞的副詞]
先立つ条件を受けて、「さもないと～」と、その条件が満たされない場合について述べるときに使われます。

Hoffentlich gelingt uns der Versuch diesmal. Sonst war alle unsere Mühe vergeblich.
今度は実験がうまくいくといいが。さもないと我々の努力はみな無駄だったことになる。

Nimm deinen Schirm mit. Sonst wirst du nass.
傘を持って行きなさい。さもないと濡れてしまう。

(3) 根拠・理由・原因を表わす接続詞

denn というのは〜だから ［並列接続詞］
　先行する発言や発言内容の根拠を、あとから補足的に述べる場合に用います。

> **Mir fällt der Artikelgebrauch schwer, denn Japanisch kennt keine Artikel.**
> わたしには冠詞の使い方が難しい、というのは日本語には冠詞がないから。

> **Die deutsche Mannschaft hat wohl gewonnen, denn von überall ertönt Jubel.**
> ドイツチームが勝ったのだろう、というのもあちこちから歓声が聞こえてくるから。

nämlich というのは〜だから ［接続詞的副詞］
　意味はdennと同じで、先行する発言の根拠を補足的に述べます。接続詞的なnämlichはつねに定形のうしろで、できるだけ定形に近い位置におかれます。

> **Mir fällt der Artikelgebrauch schwer, Japanisch kennt nämlich keine Artikel.**

weil 〜なので ［従属接続詞］
　主文で述べられることがらの理由や原因を述べる接続詞です。

> **Mir fällt der Artikelgebrauch schwer, weil Japanisch keine Artikel kennt.**
> 日本語には冠詞がないので、わたしには冠詞の使い方が難しい。

　weil文は多く主文のあとにおかれます。理由を新規情報として述べるためです。
　またweil文は副文で、主文を構成する一要素です。したがってweilを用いると、ことがらとその理由との結びつきがdenn文の場合よりも緊密なものとして表わされます。加えてweilはdennとは異なり、もっぱらことがらの原因や理由を表わします。現在はこうしたdennとweilの意味上のちがいはあまり意識されなくなっていますが、次のよ

うな文は厳密には成り立ちません。

△ Die deutsche Mannschaft hat wohl gewonnen, weil von überall Jubel ertönt.

weilが述べるのは、本来、次の例文のように、主文と何らかの因果関係にあることがらです。

Die deutsche Mannschaft hat gewonnen, weil sie viele talentierte Spieler hat.
ドイツチームは、多くの才能ある選手がいるために、勝った。

weilは、warum?(なぜ?)の質問に答える際にも用います。なお会話など文脈から理由であることが明らかな場合には、接続詞が使われないこともあります。

Warum warst du letztes Mal nicht da? – Weil ich verreist war./Ich war verreist.
なんでこの前は来ていなかったの?―旅行していたから。/旅行していたんだ。

da　〜なので　[従属接続詞]

理由や原因を述べる接続詞です。weilが主として新規情報を理由として述べるのに対して、daは理由を聞き手/読み手がすでに知っているものとして示す場合に使われます。既知情報ですから、da文は文頭にくることも多く ☞ p.313、またja(だって〜だから)やbekanntlich(周知のように)など、既知であることを強調する語とともに使われることもあります。

Da Japanisch bekanntlich keine Artikel kennt, fällt mir der Artikelgebrauch schwer.
日本語には周知のとおり冠詞がないので、わたしには冠詞使用が難しい。

deshalb　したがって　[接続詞的副詞]

ひとつの文成分として、語順にも影響を与えます。理由や原因を述べる先行文に、そこから引き出される結論を述べる文を続けるという役割を果たし、順接的な流れを作ります。同じような副詞にdeswegen, daherやdarumなどがあります。

Japanisch kennt keine Artikel, deshalb fällt mir der Artikelgebrauch schwer.
日本語には冠詞がない。したがってわたしには冠詞使用が難しい。

(4) 結果を表わす接続詞

sodass　その結果〜　［従属接続詞］
　因果関係というほどではないけれども、あることの結果としてある事態が生じるということを表わす場合には、sodass（so dassとも）が用いられます。

Die Behandlung hat ihre Wirkung getan, sodass ich keinen steifen Rücken mehr habe.
施療は効果があり、その結果、わたしの背中の凝りはなくなった。

　原因が形容詞や副詞で表わされる場合には、たいてい形容詞・副詞の前にsoがおかれ、結果文の文頭にはdassだけがきます。

Der Sitzplatz war so eng, dass man sich nicht bewegen konnte.　座席はとても狭かったので、身動きができなかった。

　sodassとは逆に、あることの結果としてある事態が生じないということを表わすには、［zu 形容詞, als dass］を用います。たとえば上の例文は書き換えて次のように言うことができます。

Der Sitzplatz war zu eng, als dass man sich bewegen konnte.　座席は身動きをするには狭すぎた。

folglich　したがって　［接続詞的副詞］
　あることがらを受けてその帰結を述べる場合に用いられます。

Er war geistesabwesend, folglich hat er wichtige Mitteilungen überhört.
彼は心ここにあらずで、したがって大切な知らせも聞き漏らした。

（5）不一致を表わす接続詞

　あることがらAと、それから予想されるのとは別の、ないしは相反することがらBとを結びつけます。

aber　しかし　［並列接続詞］

Es war schon Mitternacht. Aber keiner ist weggegangen. もう深夜だった。だがひとりとして立ち去らなかった。

aberが文の途中におかれることもあります。

Es war schon Mitternacht. Keiner ist aber weggegangen.

obwohl　～にもかかわらず　［従属接続詞］

Obwohl sie das Wahlrecht haben, üben sie es nicht aus. 彼らは選挙権があるにもかかわらず、この権利を行使しない。

wenn auch　～にもかかわらず　［従属接続詞］

Wenn sie auch das Wahlrecht haben, üben sie es nicht aus.

例文のようにauchをwennから離しておくことがよくあります。同じ意味の接続詞でauch wennという形もあり、こちらはつねに2語セットで用います。

trotzdem　それにもかかわらず　［接続詞的副詞］

Hier gilt eine Höchstgeschwindigkeit von 30 Kilometer. Trotzdem rasen viele Autofahrer. ここは最高速度30キロだ。それにもかかわらず多くの運転者が速度を出す。

dabei　〜なのに　［接続詞的副詞］

Hier rasen viele Autofahrer. Dabei gilt hier eine Höchstgeschwindigkeit von 30 Kilometer.
ここは多くの運転者が速度を出す。ここでは最高速度30キロなのだが。

(6) 対立を表わす接続詞

aber　しかし　［並列接続詞］
　aberの用法は広く、ふたつのことがらが相いれずに対立しているという関係を表わす場合にも用いられます。

Viele Japaner wollten in Deutschland studieren, aber er entschied sich für Frankreich.
多くの日本人はドイツへの留学を望んだが、彼はフランスに決めた。

während　〜する一方で　［従属接続詞］

Während viele Japaner in Deutschland studieren wollten, entschied er sich für Frankreich.
多くの日本人がドイツへの留学を望んだのに対して、彼はフランスに決めた。

　この関係を表わす表現にはほかに、接続詞的副詞hingegenや前置詞句im Gegensatz dazuがあります。いずれも「それに対して」という意味です。

(7) 目的を表わす接続詞

damit　〜するために　［従属接続詞］

Ich schreibe alles auf, damit ich nichts vergesse.
何も忘れることがないように、わたしは何もかも書き留めている。

　damitで述べられる意図・目的は、［um + zu不定句］を用いて表わすことができます。　☞ p.295

Ich schreibe alles auf, um nichts zu vergessen.

ただし次の例のように主文とdamit文とで主語が異なる場合には、［um + zu不定句］にはできません。

Damit keine Unklarheiten bestehen bleiben, bevorzuge ich schriftliche Korrespondenz.
あいまいな点が残らないように、わたしは書面で連絡をとるようにしている。

（8）手段を表わす接続詞

indem　～することによって　［従属接続詞］

Der Lehrer hat das Vertrauen der Schüler gewonnen, indem er mit allen offen redet.
その教師は、皆と心を開いて話をすることによって、生徒の信頼を得た。

dadurch　それによって　［接続詞的副詞］

Der Lehrer redet mit allen offen. Dadurch hat er das Vertrauen der Schüler gewonnen.
その教師は皆と心を開いて話をする。そのことによって彼は生徒の信頼を得た。

（9）範囲を限定する接続詞

soweit　～する限り　［従属接続詞］

Soweit ich weiß, ist die Sache vom Tisch.
わたしの知る限り、その案件は片がついている。

（10）比較を表わす接続詞

wie　～のように　［従属接続詞］

Die Reise war nicht so, wie ich sie mir vorgestellt habe.　旅行は、わたしが想像していたとおりのものではなかった。

例文のように、wieと呼応するsoが主文に添えられることもあります。

als ob　まるで〜であるかのように　［従属接続詞］

Ich musste mich so verhalten, als ob ich alles wüsste.
わたしは、何もかも知っているかのように振る舞わざるをえなかった。

als obの副文では、例文のように、非現実を表わす接続法第2式 p.271 を用います。

obを入れずにalsだけで始める場合もあります。この場合、定形がalsの直後におかれ、als obと同義であることを示します。

Es sah so aus, als hätte es hier Randale gegeben.
ここで乱痴気騒ぎが行なわれたかのように見えた。

6. 相関接続詞

接続詞のうち、結びつけるAとBそれぞれの文のなかに埋め込まれて、AとBとを緊密につなぎ合わせるものを、**相関接続詞**といいます。相関接続詞はまた語句と語句とを結びつけることもあります。

nicht A, sondern B　AではなくBだ

Dieses Jahr fahren wir nicht ans Mittelmeer wie sonst, sondern in die Alpen.
今年わたしたちは、例年どおり地中海に行くのではなくて、アルプスに行く。

英語のnot ... butに相当する構文です。

nichtとsondernによってふたつのことがらが示されますが、そのうち話者の主張のアクセントがおかれているのはsondern以下の部分です。前半部で、一般に期待されることがらAを否定することで、「Aでないならいったい何なんだろう？」という聞き手／読み手の関心をひき起こし、sondern以下への集中度を高めるレトリックです。

nichtの代わりに否定冠詞を用いることもあります。

Keine militärischen Maßnahmen, sondern humanitäre Hilfe stabilisiert die Lage.
軍事的措置（軍事行動）ではなく、人道的援助が状況を安定させる。

なおこの例文のように nicht A（または kein A）, sondern B が主語になる場合、定形は B の方と一致します。

nicht nur A, sondern auch B　　A ばかりでなく B も

Die Verfassung ist nicht nur die Grundlage der staatlichen Gewalt, sondern auch deren Einschränkung.
憲法は国家権力の基盤であるばかりではなく、その制限でもある。

nicht A, sondern B のヴァリエーションで、やはり B の方に重点がおかれています。「A ばかりでなく」で、一般に期待されることがらが前提として提示され、「B も」で、程度の差はあれ意外性のあることがらが語られます。より注意を向けるべきなのは B の部分です。

zwar A, aber B　　確かに A ではあるがしかし B だ

Das Internet ist zwar nützlich, aber es birgt auch verschiedene Gefahren.
インターネットは確かに便利だが、いろいろな危険もはらんでいる。

zwar A, aber B は、まず最初にあることがら A を認めておいて、aber 以下では A から期待されるものとは異なることがら B を述べ、限定する表現です。zwar は副詞なので語順に影響を与えます。また後半では aber のほかに doch, allein などの並列接続詞を用いることもあります。

Zwar ist der Satz grammatisch korrekt, doch er besagt Unsinn.　　その文は文法的に正しいが、述べるところはナンセンスだ。

entweder A oder B　AかBのどちらか

Viele von uns waren damals entweder im Kindesalter oder noch gar nicht geboren.
我々の多くは当時子どもであったか、またはまだ生まれていなかった。

weder A noch B　AでもなくBでもない

Seine Behauptung ist weder logisch noch konstruktiv. 彼の主張は論理的でもないし建設的でもない。

sowohl A als auch B　AもBも〜である

ふたつ以上のことを同列のものとして並べる際の接続詞です。

Er ist sowohl Schriftsteller als auch Dichter.
彼は作家でもあり詩人でもある。

第17章 関係文

おもに主文のなかの名詞に関連づけられ、それに説明を加える副文を関係文という。関係文は関係代名詞や関係副詞で始まり、定形が後置される。

1. 関係文とは

おもに主文のなかの名詞（先行詞）に関連づけられ、これに説明を加える副文のことを、**関係文**といいます。

（1）関係文の役割

関係文には、先行詞である名詞の意味する範囲を限定したり詳細に規定したりするものと、主文の情報を引き継いで補足を述べるものとがあります。

●先行詞をより詳細に規定し、その意味する範囲を限定する

a. **Der Sprachkurs**, **den** ich letzten Monat besucht habe, war recht interessant.
先月わたしが通った語学講座はほんとうにおもしろかった。

b. **Das Gebäude**, **wo** der Kurs stattfand, liegt im Stadtzentrum. 講座が行われた建物は町の中心部にある。

●主文の情報を引き継いで補足を述べる

c. Während des Kurses kam **ein neuer Lehrer**, **der** unsere Klasse bis zum Ende unterrichtet hat.
講座の途中で新しい先生になり、その先生が我々のクラスを最後まで教えた。

d. **Ich musste anfangs in eine andere Klasse wechseln, was mich aber nicht gestört hat.**
始めの頃にクラスを移らなければならなかったが、そのことは気にならなかった。

(2) 関係文の構造

関係文は、例文 a., c., d. の den や der, was のような関係代名詞、例文 b. の wo のような関係副詞によって作られます。関係文は主文の先行詞に関係づけられるか、例文 d. の was の例が示すように、主文全体に関連づけられます。

関係文は関係代名詞または関係副詞で始まり、定形が後置されます。主文と関係文とのあいだはコンマで区切ります。

関係文は副文ですから、そこで述べられる情報は副次的・背景的なものです。主文と主文、主文と関係文との関係は、それぞれ次のようなイメージでとらえるとよいでしょう。

[主文と主文]

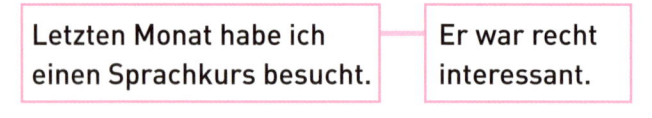

| Letzten Monat habe ich einen Sprachkurs besucht. | Er war recht interessant. |

[主文と関係文]

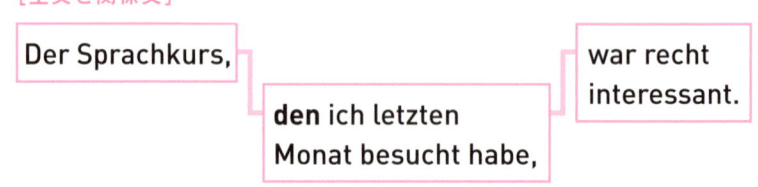

| Der Sprachkurs, | **den** ich letzten Monat besucht habe, | war recht interessant. |

2. 定関係代名詞

関係代名詞には、主文中の特定の名詞（**先行詞**）に関連づけられる**定関係代名詞**と、先行詞なしで用いて不特定の人や事物を表わす**不定関係代名詞**とがあります。

定関係代名詞の形は、指示代名詞と同じです。

	単数			複数
	男性	中性	女性	
1格	der	das	die	die
4格	den	das	die	die
3格	dem	dem	der	denen
2格	dessen	dessen	deren/derer	deren/derer

- 定冠詞に似ているが、男性と中性の2格、女性と複数の2格、複数3格において定冠詞と異なり、強調された形になっている。
- 定冠詞と同じ形も、定冠詞より強く母音を長めに発音する。

（1）定関係代名詞の性・数・格

定関係代名詞の性と数は、先行詞の性・数と一致します。**格**は、先行詞の格とは関係なく、**関係代名詞が関係文のなかで果たす役割に応じて決まります**。格の異なる関係代名詞による関係文で確認しましょう。いずれも主文は **Der Kaiser war ...** という文型で、主語のKaiserに関係文がかかっています。なお括弧内には関係文のもとになった文を記しています。

1格 Der Kaiser, **der** nach Canossa zur Buße ging, war Heinrich IV. (der Vierte)
　　　（**Der Kaiser** ging nach Canossa zur Buße.）
カノッサに贖罪に出かけた皇帝はハインリヒ4世だった。

2. 定関係代名詞

4格 Der Kaiser, **den** man wegen seines Bartes „Barbarossa" nannte, war Friedrich I. (der Erste)

> (Man nannte **den Kaiser** wegen seines Bartes „Barbarossa".)

その髭ゆえに「バルバロッサ」と呼ばれた皇帝はフリードリヒ１世だった。

3格 Der Kaiser, **dem** die Ehe diesen Titel ermöglichte, war Franz I.

> (Die Ehe ermöglichte **dem Kaiser** diesen Titel.)

婚姻によってこの（皇帝という）称号が可能になった皇帝はフランツ１世だった。

2格 Der Kaiser, **dessen** Bild von Albrecht Dürer gemalt wurde, war Maximilian I.

> (Das Bild **des Kaisers** wurde von Albrecht Dürer gemalt.)

その肖像がアルブレヒト・デューラーによって描かれた皇帝はマクシミリアン１世だった。

２格の関係代名詞は、それがかかる名詞（上の例文では **Bild**）の格とは関係ありません。また２格の関係代名詞のかかる名詞は定冠詞がつきません。

先行詞が事物を表わす場合も同様です。

1格 Dort ist die Kirche, **die** zugleich ein Gemeindeszentrum ist. あそこに、教区センターでもある教会がある。

4格 Dort ist die Kirche, **die** ich jede Woche besuche. あそこに、わたしが毎週通っている教会がある。

3格 Dort ist die Kirche, **der** auch das Gebäude hier gehört. あそこに、ここの建物も所有している教会がある。

2格　Dort ist die Kirche, **deren** Gemeinde die größte in der Stadt ist.
あそこに、その教区がこの町でいちばん大きな教会がある。

（2）前置詞と定関係代名詞

　定関係代名詞が前置詞と用いられる場合には、関係代名詞は前置詞に応じた格になります。前置詞と関係代名詞が離しておかれることはなく、必ず［前置詞 + 定関係代名詞］のセットが関係文の冒頭におかれます。

Wie hieß der Film, **in dem** Ulrich Mühe die Rolle eines Stasi-Offiziers spielt?
ウルリヒ・ミューエが東独公安局の将校役を演じている映画は何と言ったっけ？

Da oben ist eine Terrasse, **von der** man eine wunderbare Aussicht genießen kann.
あの上の方にテラスがあり、そこからは美しい眺めが楽しめる。

（3）先行詞の印

　先行詞に冠詞類 derjenige や jener がついていることがあります。これらの冠詞類は、その名詞が先行詞であり、これを規定する関係文がうしろに続くことを示します。

Diejenigen Bücher, die nicht ausleihbar sind, sind hier aufgelistet.
貸出不可の図書がここに一覧にして挙げてあります。

　derjenige の格変化については第4章 ☞ p.101 、jener の格変化については第3章 ☞ p.80 を参照してください。

（4）指示代名詞 derjenige

　人を表わす指示代名詞 derjenige ☞ p.101 を先行詞とすると、「〜する人」という意味の関係文になります。

Derjenige, der am lautesten ist, setzt sich oft durch.
声のいちばん大きな者が自分の意見を通すことが多い。

（5）関係文の位置

　関係文は、先行詞との関係を明示するために、先行詞の直後におかれるのが原則です。ただし、この位置に関係文を入れると、主文の文成分が関係文のうしろにひとつだけ残ってしまうことがあります。その場合には、次の例文のように、主文の末尾に関係文をおきます。

Ich möchte dir das Hotel empfehlen, in dem wir letztes Jahr gewohnt haben.
昨年わたしたちが泊まったホテルをあなたにお勧めしたい。

（6）定関係代名詞 welcher

　書き言葉では、welcher も定関係代名詞として用いられます。

Die Reise, welche/die die Gruppe unternommen hat, war ein Erfolg.　その団体が行なった旅行は成功だった。

　特に例文のように、定関係代名詞と定冠詞とが同形で続くような場合に、それを避けるために用いられます。
　welcher の格変化は定冠詞型です。☞ p.79　ただし2格だけは定関係代名詞 der の2格形を用います。

noch mehr

　1、2人称の代名詞を先行詞とすることもできます。この場合、定関係代名詞の性は人物の性に従います。

Ich, dem ihr alle geholfen habt, kann endlich das Werk beenden.
君たち皆が手を貸してくれた僕だが、ようやくこの仕事を終えることができる。（ich は男性）

> 関係代名詞が関係文中の主語である場合には、関係代名詞のあとに人称代名詞1格を補います。関係文の定形は人称代名詞に一致させます。
>
> Wie gefällt es **dir** in Süddeutschland, **die du** aus dem Norden stammst?
> 北出身のあなたは南ドイツをどう思う？（**du**は女性）

3. 関係副詞

先行詞が時や場所などを表わす場合に、関係代名詞の代わりに関係副詞が用いられることがあります。

(1) 先行詞が場所を表わす場合

意味に応じて**wo, woher, wohin**を用いることができます。特に地名が先行詞の場合には、関係副詞がよく使われます。

Ich bin in den Dom getreten, wo (= in dem) die Messe bereits angefangen hatte.
わたしは大聖堂に入ったが、そこではもうミサが始まっていた。

Im Sommer reisen wir nach Tirol, woher meine Mutter kommt.
夏にわたしたちは、そこからわたしの母が出た（母の出身地である）チロル地方に旅行をする。

比喩的に「場」と考えられる場合にも、関係副詞が用いられることがあります。

Es mehren sich Fälle, wo sich gestresste Männer im öffentlichen Raum streiten.
ストレスを抱えた男性たちが公共空間でけんかをするというケースが増えている。

（2）先行詞が時を表わす場合

woを用います。

Ich erinnere mich gut an den Tag, wo sich mein Leben völlig verändert hat.
わたしは自分の人生がががらりと変わったその日のことをよく覚えている。

（3）先行詞が理由を表わす場合

r Grund（理由）、e Ursache（原因）などを先行詞とする場合には、関係副詞warumが使われます。

Es gibt mehrere Gründe, warum immer weniger junge Leute diesen Beruf wählen.
この職業を選ぶ若い人が少なくなっている理由はいくつかある。

（4）先行詞が方法・様態を表わす場合

wieを用いることがあります。

Die Art und Weise, wie etwas gesagt wird, ist auch eine wichtige Information.
何かが言われる方法（言い方）も重要な情報である。

4. 不定関係代名詞

先行詞と関係代名詞の役割を1語で果たすものが不定関係代名詞です。不特定の人物を表わすwer（～する人）、事物を表わすwas（～するもの）があります。いずれも3人称単数として扱います。

（1）wer　～する人

werは先行詞なしで用い、不特定の人物を表わします。「～する人」とwerによって表わされる人物は、特定の性や数を含意しません。た

だし文法的には3人称単数扱いで、これを受けるには男性の指示代名詞derを用います。

werの格変化は疑問代名詞werと同じで、以下のとおりです。

1格	4格	3格	2格
wer	wen	wem	wessen

werがどの格になるかは、関係文中のその役割で決まります。

一方、関係文全体の格は、関係文が主文中でどの役割を果たすかで決まり、これを受ける男性の指示代名詞derの格で表わされます。

関係文が主文の1格主語

a. **Wer** schön sein will, (**der**) muss leiden.
眉目麗しくありたい者は苦しまざるをえない（伊達の薄着）。

b. **Wen** die Götter lieben, **der** stirbt jung.
神々が愛する者は若くして死ぬ（佳人薄命）。

例文a.では関係代名詞は関係文中で主語となることから1格のwer、b.ではliebenの目的語となるために4格のwenです。

関係文が主文の4格目的語

Wer zu spät kommt, **den** bestraft das Leben.
遅れをとる者を人生は罰する（好機を逃してはならない）。

関係文が主文の3格目的語

Wer einmal lügt, **dem** glaubt man nicht.
いちど嘘をついた者を誰も信じない。

関係文が主文の2格付加語

Wer hier zu Besuch war, **dessen** Name wird ins Gästebuch eingetragen.
ここを訪れた者の名前は来客簿に記される。

理論的には関係文の格が4つ、werの格も4つですから16通りの組み合わせが可能ですが、ほとんど用いられない組み合わせもあります。よく用いられるのは例文a.のような、関係文が主文の主語で、かつwerも関係文中の主語という、wer ..., der ... で表わされるケースです。この場合には主文中のderは省略可能です。

(2) was 〜するもの・こと

事物を表わす不定関係代名詞です。wasによって表わされる事物は、特定の性や数を含意しません。文法的には3人称単数扱いで、これを受けるには中性の指示代名詞dasを用います。

格変化は以下のとおりです。

1格	4格	3格	2格
was		–	wessen

3格はなく、2格もほとんど用いられません。

前置詞とともに用いられると、**wo(r)-前置詞**という融合形になります。☞ p.160

wasには以下の3つの使い方があります。

●先行詞のない用法

「〜するもの・こと」という意味のwasが、先行詞をとらずに関係文をまとめ、その関係文が主文の主語や目的語になります。

wasがどの格になるかは、関係文中の役割で決まります。関係文自体の格は関係文が主文中で果たす役割で決まり、これを受ける指示代名詞dasの格で表わします。ただしwasが1格か4格で、dasも1格か4格のいずれか —— wasが使われるケースの大部分ですが —— であれば、dasは省略可能です。

関係文が主文の1格主語

Was du da sagst, (das) ist nachvollziehbar.
あなたの言ってることは、実感としてわかる。

wasは、関係文中の動詞sagst（< sagen）の4格目的語です。

関係文が主文の4格目的語

Was du da sagst, (das) verstehe ich nicht.
あなたの言ってることを、わたしは理解できない。

● 先行詞のある用法

wasは、alles（すべてのもの）、etwas（何かあるもの）、nichts（何も～ない）などの中性の不定代名詞や、中性名詞化された形容詞を先行詞とすることがあります。

Nicht **alles**, **was** teuer ist, ist auch gut.
高価なものすべてがよいものだとは限らない。

Das ist **das Beste**, **was** wir jetzt tun können.
それがいま我々にできる最善のことだ。

Gibt es **etwas**, **worauf** wir uns alle einigen können?
我々全員が合意できることが何かあるだろうか？

※ sich einigen（合意する）は、[auf + 4格]という前置詞つき目的語をとります。例文ではaufが関係代名詞wasと結びつき、woraufという融合形が使われています。

● 前文を受ける用法

主文全体の内容を受け、それについて補足する副文を続ける場合にも、wasが用いられます。

Das Schulfest wurde abgesagt, **was** die Kinder enttäuscht hat.
学園祭は取りやめになり、そのことが子どもたちをがっかりさせた。

先行する文は指示代名詞dasまたは人称代名詞esでも受けることができますが（das ☞ p.100、es ☞ p.89）、wasで受けると関係文になりますから、p.248に示したような情報の強弱が生まれます。

第18章 命令・要求の表現

対話相手への要求や依頼を表わすには、さまざまな方法がある。なかでも要求の表現に特化した形が命令法である。ほかに、**接続法**や**話法の助動詞**などを用いて要求を表わすことができる。

1. 法とは

　ドイツ語で話すとき、わたしたちは実は、その発話内容にどの程度の妥当性があると自分が考えているのか、その情報も加味して語っています。この語りの態度のことを**法**といいます。ドイツ語の法には、現実のこと、または現実に起こりうることとして語る**直説法**、非現実のこととして語る**接続法**、対話相手への要求として語る**命令法**の3つがあります。

　法は定形によって表わされます。動詞kommenで3つの法を較べてみましょう。

- **直説法** **Du kommst** ja immer spät.　あなたはいつも遅く来るね。
- **接続法** Wenn du mit mir **kämest**!
  あなたがわたしといっしょに来てくれたらいいのに。
- **命令法** **Komm** mal her!　ちょっとおいでよ。

　これまで取り上げてきた動詞や助動詞の用法（1〜2章、10〜14章）は——「接続法」「命令法」と注記した例文を除いて——いずれも直説法です。直説法は、非現実や要求といった特別な意味を加えずにニュートラルに語る態度だと言うこともできます。

　接続法は次章で扱います。ただし接続法のうち対話相手への要求を表わす用法だけは、本章で取り上げます。

2. 命令法

命令法は、発話内容を「対話相手によって実現されるべきこと」として提示し、相手への要求・依頼などを表わします。

(1) 命令法の形

命令法には、du に対する形と ihr に対する形とがあります。
du に対して　　不定形の語幹(-e)
ihr に対して　　不定形の語幹-(e)t（直説法現在人称変化形と同形）

	sagen（言う）	schlafen（眠る）	besuchen（訪れる）	ändern（変える）	arbeiten（働く）
du	sag	schlaf	besuch	änd(e)re	arbeite
ihr	sagt	schlaft	besucht	ändert	arbeitet

du に対する命令法の語尾 -e は、かつてはつけられていましたが、現代の口語ではふつうつけません。ただしいくつかのケースでは今も -e を添えます。

命令法を用いた文では、du も ihr も、主語はふつう現われません。

　　　　　　　[du に対して]　　　　　[ihr に対して]
schlafen　**Schlaf gut!**　　　　**Schlaft gut!**
　　　　　　よく眠って。
besuchen　**Besuch mich mal!**　**Besucht mich mal!**
　　　　　　一度うちにおいで。

なお命令法の文を感嘆符（!）で締めくくるかピリオド（.）で終えるかは、想定される口調によります。強い調子や弾むような口調なら感嘆符をつけ、静かに語る感じならピリオドでかまいません。

● du に対する命令法で -e をつける動詞

不定形が -eln や -ern で終わる動詞、また語幹が -d, -t, -chn, -ffn, -tm で終わるために現在人称変化形で du に対する語尾が -est となる動詞は、du に対する命令法で語幹に -e をつけます。

2. 命令法

	[duに対して]	[ihrに対して]
sammeln	**Samm(e)le deine Gedanken!** 考えを集中して。	**Sammelt eure Gedanken!**
warten	**Warte mal.** ちょっと待って。	**Wartet mal.**
öffnen	**Öffne bitte das Fenster!** 窓を開けて。	**Öffnet bitte das Fenster!**

● **duに対する命令法で変音する動詞**

　duに対する現在人称変化形で幹母音が **e → i** または **e → ie** と変化する動詞は、duに対する命令法でも幹母音が同様に変わります。またこれらの動詞では、命令法の語尾 -e はつけません。

	[duに対して]	[ihrに対して]
geben	**Gib Acht!** 注意して。※Acht geben（注意する）	**Gebt Acht!**
lesen	**Lies das Schild dort!** あそこの案内板を読んで。	**Lest das Schild dort!**

　なお sehen の du に対する命令法は sieh ですが、論文等で「参照せよ」の意味で使う場合には、siehe と、語尾 -e をつけた形を慣用的に用います。

(2) sein, haben, werden, tun の命令法

	sein (〜である)	haben (もつ)	werden (〜になる)	tun (行なう)
du	sei	hab	werde	tu
ihr	seid	habt	werdet	tut

※werdenは現在人称変化でdu wirstですが、命令法はwerdeとなります。

	[duに対して]	[ihrに対して]
sein	**Sei vernünftig!** 思慮分別をもちなさい。	**Seid vernünftig!**

tun	Tu so was nicht!	Tut so was nicht!
	そんなことをしないで。	

（3）分離動詞

分離動詞は、基礎動詞を命令法にして文頭に、前つづりを文末におきます。

	[duに対して]	[ihrに対して]
anrufen	Ruf mich bitte an!	Ruft mich bitte an!
	わたしに電話して。	
teilnehmen	Nimm daran teil!	Nehmt daran teil!
	それに参加せよ。	

（4）再帰動詞

再帰動詞の命令法では、想定している主語に応じた再帰代名詞を補います。☞ p.214

	[duに対して]	[ihrに対して]
sich^4 vorstellen	Stell dich kurz vor.	Stellt euch kurz vor.
	手短に自己紹介して。	
sich^3 et^4 vorstellen	Stell dir das vor!	Stellt euch das vor!
	それを想像してみよ。	

3. 要請を表わすその他の方法

（1）Sieに対する要求

2人称敬称については、3人称複数の転用であるために、命令法がありません。Sieに対する要求は、接続法第1式を使った**[語幹-en Sie]**という形で表わします。☞ p.270

Warten Sie bitte einen Moment. 少々お待ちください。

Seien Sie nicht so nervös. そんなに緊張なさらないでください。

（2）1人称複数の勧誘

話者も含む1人称複数に対する勧誘「～しよう」も、接続法第1式を用い、**[語幹-en wir]** で表わします。 p.270

Treffen wir uns um sechs am Eingang.
6時に入り口のところで会いましょう。

Seien wir ehrlich. 正直に言おう。

（3）[lassen + uns ... 不定形] を用いた勧誘

[lassen + uns ... 不定形] を用いた対話相手への命令で、英語の let's（< let us）と同様に、話者も含む1人称複数に対する勧誘の表現になります。

du に対して　**Lass uns etwas essen gehen!**
　　　　　　　何か食べに行こうよ。

ihr に対して　**Lasst uns anstoßen!**　乾杯しよう。

Sie に対して　**Lassen Sie uns in Kontakt bleiben!**
　　　　　　　今後も連絡をとり合いましょう。

（4）その他

上の3つの表現のほかにも、要求・依頼の表現は無数にあります。主なものを列挙しておきましょう。

● **直説法現在2人称の疑問文**
依頼を表わすことがあります。

Kommst du hierher?　こっちに来てくれる？

● **2人称の直説法現在または未来の平叙文**
発話の状況によって、強い要求ないし命令を表わすことがあります。

Du gehst sofort ins Bett!　すぐに床に入りなさい。

Ihr werdet ans Werk gehen! 仕事にかかるんだ。

● 主語の省略された受動文

これも発話の状況によって、強い要求ないし命令を表わすことがあります。

Jetzt wird aber geschlafen! さあお休みの時間だよ。

● 不定形

役人口調の命令表現です。

Alles aussteigen! 全員下車願います。（鉄道の終点などで）

Aufstehen! 起立！

● 名詞や副詞

Hilfe! 助けて！　　　**Vorsicht!** 気をつけて！
Los! 始めて／進んで。　　**Weg damit!** それはもうやめて。

● 独立したdass文

Dass du dir nichts darauf einbildest!
思いちがいをしてくれるなよ。

ほかに話法の助動詞könnenやwollenを用いて要請や依頼を表わすこともできます。☞ p.193, 195　また丁寧な依頼には接続法第2式を使います。☞ p.278

第19章 接続法

接続法は発話内容を現実のことではなく、これから実現されるべきこと、可能性、非現実のことがらとして語る態度である。

1. 接続法とは

わたしたちはつねに現実のことだけを考えたり語ったりしているわけではありません。現実ではないことを願ったり想像したりもします。これこそ人間の人間たる所以かもしれません。このような、話者が「こうなってほしい」と願うことがらや、「現実ではない（かもしれない）」と見なしていることがらを、ドイツ語では接続法を用いて表わします。それからもうひとつ、他者の発言の報告も、接続法の重要な機能です。

接続法という名称は、もともとこの法が、「〜だと望む」（要求話法）、「〜だと仮定する」（非現実話法）、「○○は〜だと言っている」（間接話法）という形で、主文に接続する副文で用いられたことにもとづきます。

接続法には**第1式**と**第2式**とがあります。それぞれの主たる役割は下表のとおりです。

用法	発話の態度	法
要求話法	願望、要求として	接続法第1式
非現実話法	非現実・潜在的可能性として	接続法第2式
認容	仮定と帰結の不一致の認容として	接続法第1式 接続法第2式
間接話法	他者の発話の間接的再現として	接続法第1式 接続法第2式

要求話法　接続法第1式

Man **denke** an die Folgen der globalen Erwärmung.
地球温暖化の結果生じるさまざまな問題を考えてもみよ。

非現実話法　接続法第2式
Ohne Ihre Hilfe wäre das Geschäft nicht zustande gekommen.
あなたの力添えなしにはこの事業は成立しなかったでしょう。

認容　接続法第1式
Wie dem auch sei, man braucht Geduld.
それがどうであろうと、忍耐が必要だ。
※認容の副文が先行する場合、副文が後続の主文の語順に影響を与えないことがあります。

間接話法　接続法第1式
Er sagte, er tue sein Bestes.
自分は最善を尽くしていると、彼は言った。

それぞれの用法について詳しくは4節以下で見ていきましょう。

2. 接続法の人称変化

(1) 接続法第1式

　接続法第1式は、不定形の語幹をもとに、次表の語尾をつけて作ります。現在人称変化のように幹母音が交替することはなく、とても規則的な人称変化です。

ich	-e	wir	-en
du	-est	ihr	-et
er/es/sie	-e	sie	-en

	sein	haben	werden	tun	können	wechseln
ich	sei	habe	werde	tue	könne	wechsle
du	seiest	habest	werdest	tuest	könnest	wechselst
er	sei	habe	werde	tue	könne	wechsle
wir	seien	haben	werden	tun	können	wechseln
ihr	seiet	habet	werdet	tuet	könnet	wechselt
sie	seien	haben	werden	tun	können	wechseln

- sein だけは1人称単数・3人称単数で語尾がつかず、sei となる。
- tun や wechseln のように不定形の語尾が -n の動詞は、1人称と3人称の複数で -n がつく。sein は例外で seien となる。
- -eln で終わる動詞は、du -st, ihr -t で、3人称単数以外ですべて直説法現在の人称変化と同じ形になる。

　直説法現在と同形になる場合が多く、混同を避けるために特に間接引用では接続法第2式で代用されることがあります。 ☞ p.281

（2）接続法第2式

　接続法第2式は、過去基本形の語幹をもとに作った接続法第2式基本形に、次の語尾をつけて作ります。

ich	-	wir	-n
du	-st	ihr	-t
er/es/sie	-	sie	-n

●規則動詞

　規則動詞および sollen と wollen は、直説法過去とまったく同じ形になります。

不定形	leben	sollen	wollen
過去基本形 = 接続法第2式基本形	lebte	sollte	wollte
ich	lebte	sollte	wollte
du	lebtest	solltest	wolltest
er	lebte	sollte	wollte
wir	lebten	sollten	wollten
ihr	lebtet	solltet	wolltet
sie	lebten	sollten	wollten

● **不規則動詞**

　seinと強変化動詞は、過去基本形に -eをつけて接続法第2式の基本形を作ります。過去基本形の幹母音がa, o, uの場合にはそれぞれä, ö, üになります。

　habenやwerden、混合変化動詞、話法の助動詞（sollen, wollen 以外）の接続法第2式の基本形も、過去基本形の幹母音を変音させて作ります。これらの動詞、助動詞の過去基本形は -eで終わっていますから、接続法第2式でさらに -eをつけることはしません。

　不規則動詞の接続法第2式基本形は、辞書にも記されています。

不定形	sein	haben	werden	gehen	kommen	wissen	können
過去基本形	war	hatte	wurde	ging	kam	wusste	konnte
接続法第2式	wäre	hätte	würde	ginge	käme	wüsste	könnte
ich	wäre	hätte	würde	ginge	käme	wüsste	könnte
du	wärest	hättest	würdest	gingest	kämest	wüsstest	könntest
er	wäre	hätte	würde	ginge	käme	wüsste	könnte
wir	wären	hätten	würden	gingen	kämen	wüssten	könnten
ihr	wäret	hättet	würdet	ginget	kämet	wüsstet	könntet
sie	wären	hätten	würden	gingen	kämen	wüssten	könnten

　いくつかの動詞では、現在用いられている過去基本形の幹母音とは異なる、古形に由来する母音になります。

不定形	過去基本形	接続法第2式	不定形	過去基本形	接続法第2式
helfen	half	hülfe	stehen	stand	stünde
kennen	kannte	kennte	sterben	starb	stürbe

　接続法の形すべてが現在でも用いられているわけではありません。そもそも現代では接続法の使用範囲が狭まってきており、後述するように、いくつかの用法では接続法の代わりに次第に直説法が用いられるようになっています。

　特に接続法第2式は、sein, haben, werdenや話法の助動詞については上に挙げた形が用いられますが、それ以外の動詞は、werdenの

接続法第2式を利用した [**würde ... 不定形**] で代替されることが多くなっています。接続法第2式であることは würde が示し、中核の意味を担う動詞の方は不定形でよいため、接続法の形で迷うことがなく、使いやすい形です。ただし finden (fände), kommen (käme), stehen (stünde), wissen (wüsste) などでは、本来の接続法第2式が用いられることもあります。また geben と gehen も、特に非人称表現では、es würde geben や es würde gehen と並んで、es gäbe, es ginge という本来の接続法第2式の形も使われます。

3. 接続法の時制

接続法第1式、第2式にはそれぞれ4つの時制があります。直説法の時制との対応関係は次表のとおりです。

wissen

	直説法	接続法	接続法第1式	接続法第2式
現在	er weiß	現在	er wisse	er wüsste
過去	er wusste			
現在完了	er hat ... gewusst	過去	er habe ... gewusst	er hätte ... gewusst
過去完了	er hatte ... gewusst			
未来	er wird ... wissen	未来	er werde ... wissen	er würde ... wissen
未来完了	er wird ... gewusst haben	未来完了	er werde ... gewusst haben	er würde ... gewusst haben

kommen

	直説法	接続法	接続法第1式	接続法第2式
現在	er kommt	現在	er komme	er käme
過去	er kam			
現在完了	er ist ... gekommen	過去	er sei ... gekommen	er wäre ... gekommen
過去完了	er war ... gekommen			
未来	er wird ... kommen	未来	er werde ... kommen	er würde ... kommen
未来完了	er wird ... gekommen sein	未来完了	er werde ... gekommen sein	er würde ... gekommen sein

　直説法には過去のことがらを表わす時制が過去、現在完了、過去完了の3通りありますが、その区別が接続法にはありません。[haben/sein ... 過去分詞]を用いたひとつの時制だけです。この時制のことを「接続法第1式／第2式過去」ということがあります。これに対して、完了助動詞も未来の助動詞も用いない時制（表の最上段）は、「接続法第1式／第2式現在」といいます。

　接続法第2式の[würde ... 不定形]は、先に述べたように、接続法第2式現在の代わりに用いられることが多い形です。未来完了[würde ... 過去分詞 + haben/sein]はあまり用いられません。

　接続法の時制は用法と密接な関わりがあります。たとえば「〜しますように」という要求を表わす場合には、これから起こるべきことを述べるわけですから、接続法第1式の現在が用いられます。

4. 要求話法

発話内容を「これから起こるべきこと、起こるのが望ましいこと」として語る態度で、**接続法第1式**を用います。時制は現在です。

(1) 要求・希望

2人称に対する要求は命令法で表わしますが、3人称に対する要求・希望には接続法第1式を用います。

Man beachte die Ironie zwischen den Zeilen.
行間に漂うアイロニーに注目するように。

Das sei dahingestellt.
それは不確かなままにしておこう（これ以上そのことは詮索しない）。

Gott sei Dank!　神に感謝あれ（やれやれ、よかった）。
※ Gottが3格、Dankが1格主語。

Möge dir das neue Jahr viel Glück bringen!
新年があなたに多くの幸福をもたらしますように。

上の例文のように、要求話法では定形が文頭におかれる場合があります。

1人称複数に対する勧誘や2人称敬称に対する要求も、接続法第1式を用いて表わします。　☞ p.261　この場合、[定形−主語] という語順になります。

Reden wir jetzt über ein anderes Thema!
別のテーマについて話しましょう。

Seien Sie mir bitte nicht böse!
気を悪くなさらないでください。

（2）意図・目的

意図・目的を表わす従属の接続詞 damit（〜するために）によって導かれる副文では、接続法第１式が用いられます。

Wir haben laut gesungen, damit unsere Müdigkeit weiche. わたしたちは、眠気が消え去るようにと大声で歌った。

ただし、目的であることは damit で明示されるため、現在では接続法第１式の代わりに直説法が用いられる傾向にあります。とりわけ口語では直説法が主流です。

Wir haben laut gesungen, damit unsere Müdigkeit weicht.

なお例文のように主文で過去のことが語られている場合でも、damit 文で述べられるのは「これから実現されるべきこと」であるため、damit 文の時制はたいてい現在です。

damit で述べられる意図・目的は多くの場合、[um + zu 不定句] を用いて表わすこともできます。☞ p.242, 295

5. 非現実話法

わたしたちはかなりの頻度で、現実を目の当たりにして、現実とは異なる状況を想像したり望んだりします。このように、現実ではないこと、現実性の低いことを想定して述べる場合には、**接続法第２式**を用います。また「自分ならこう思うのだけれど」「あなたがこうしてくださったら嬉しいのですが」のように、自分の考えや相手への要請を婉曲に表現する際にも、接続法第２式が用いられます。

（1）非現実の想定

●現在・未来の非現実の想定
　接続法第２式現在を用います。

Es wäre mühsam, wenn man jetzt einen anderen Weg suchen **müsste.**
今になって別の方法／道を探さなければならないとすれば、たいへんだろう。

Er hat sich vorgestellt: er **würde** einfach kündigen und wegziehen.
彼は想像してみた、自分がさっさと仕事を辞めてしまってよそに引っ越すと。

　接続法第2式は先に述べたように、sein, haben, werdenや話法の助動詞以外では、［würde ... 不定形］で代替されることが多くなっています。☞ p.268　直説法の未来ではwerdenが推量を表わしますが、接続法第2式の代替形［würde ... 不定形］には本来の動詞の接続法第2式との意味上のちがいはありません。

Ich **käme** gern mit ins Konzert, wenn ich Zeit **hätte.**
Ich **würde** gern mit ins Konzert **kommen**, wenn ich Zeit **hätte.**
時間があったらコンサートにごいっしょするのですが。

●過去の非現実の想定
　過去のことを振り返って、「あのときこうしていたらよかったのに」、「あのときああなっていたら、こうなっていたかも…」などと仮定して述べる場合には、**接続法第2式過去**を用います。

Ich **wäre** gern mit zum Vortrag **gekommen**, wenn ich Zeit **gehabt hätte.**
時間があったらわたしも講演にいっしょに行きたかったのだけれど。

Wir **hätten** es eigentlich **wissen müssen.**
わたしたちはほんとうならそのことを知っていなければならなかったのに。

Es ist fraglich, ob man anders **hätte handeln können.**
別の行動をとることができたかどうかは疑わしい。
※ 副文中の定形の位置についてはp.234を参照してください。

●非現実の条件
　ある非現実のことがらを条件として想定するには、従属接続詞wenn

またはfallsを用います。

Benachrichtigen Sie uns so bald wie möglich, falls Sie verhindert sein sollten.
万が一ご都合が悪い場合には、できるだけ早めにお知らせください。
※ solltenがsollenの接続法第2式です。sollte(n)は、「万が一〜なら」と、条件の現実性が低いことを表わします。

Es würde länger dauern, wenn ich das Projekt allein durchführen müsste.
わたしがひとりでこのプロジェクトを進めなければならないとすれば、(現実よりも) もっと長くかかるだろう。

定形を副文の先頭におくことで条件文だと示すこともあります。この場合、条件文は主文の前におかれます。

Müsste ich das Projekt allein durchführen, würde es länger dauern.

語や句でも仮定を表現することができます。

An seiner Stelle würde ich noch verantwortungsbewusster handeln.
わたしが彼の立場だったら、もっと責任感をもって行動するのにな。

Ich würde das unterlassen. Das würde nichts bringen.
わたしだったらそれはしないな。そうしたって何にもならないもの。

Früher wäre so was unmöglich gewesen.
以前だったらそんなこと不可能だったろうに。

●非現実の願望

非現実の仮定だけを——帰結は言わずに——述べると、非現実の願望の表現になります。

Wenn du bloß hier bei mir wärest!
あなたがここにいてくれたら。

Wenn ich damals nur mehr Zeit gehabt hätte!
あの頃わたしにもっと時間があったなら。
※ bloßやnurは、実現を強く求める話者の気持ちを表わす心態詞です。　p.327

wennを用いずに定形を文頭に出す言い方もあります。

Wärest du bloß hier bei mir!

（2）非現実話法のその他の用法

● beinahe/fast　あやうく〜するところだった
　副詞beinaheまたはfastを接続法第2式過去と組み合わせて、あることがらがあやうく現実になるところだったが非現実のままに終わった、ということを表わします。

Ich hätte beinahe/fast den Termin vergessen.
あやうく約束の期日を忘れるところだった。

um ein Haarという言い方もあります。まさに「間一髪」です。

Um ein Haar wäre der Unfall zu einer Katastrophe geworden.　間一髪でその事故は大惨事になるところだった。

● als ob　まるで〜であるかのように
　「まるで〜であるかのように」と、非現実のことがらにたとえて述べるには、従属接続詞als obを用います。

Viele Politiker tun so, als ob ihre Vorschläge nur Vorteile brächten.
政治家の多くは、自分の提案には利点しかないかのようなふりをする。

接続詞がalsだけのこともあります。この場合には定形がalsの直後におかれます。

Mir ist, als würde ich selbst gelobt.
まるでわたし自身が褒められているかのようだ。

この用法ではまれに接続法第1式も用いられます。法による意味のちがいはありません。

Sie kümmert sich so intensiv um ihren Sohn, als gebe/gäbe es nur ihn auf der Welt.
彼女は、世界には息子しかいないかのように、一生懸命に息子の世話を焼いている。

● 話者の疑念

　決定疑問文に用いられ、現実かどうか疑わしいという話者の気持ちを表わします。

Wäre das möglich?　そんなことがほんとうにありうるのか？

　特に話法の助動詞 sollen の接続法第2式 sollte は、話者の疑念を表現するのに用いられます。

Sollte sie das wirklich getan haben?
彼女がほんとうにそれをしたというのか？

● 実現できるか危ぶまれたことが実現した安堵

　実現できるか危ぶまれたことがやっとのことで実現してほっと安堵の声を上げるとき、慣用的に接続法第2式を用いることがあります。

Da wären wir endlich am Gipfel!
ようやく頂上まで来られたなあ。

Das hätte ich geschafft!　何とかやりとげたなあ。

● 否定を表わす接続詞などによって導入される副文

　「〜せずに」のような否定を表わす接続詞などによって導入される副文では、実現されないことが述べられるのですから、定形は接続法第2式になります。ただし、非現実であることは接続詞等によっても明示されますから、直説法も可能です（次の例文の括弧内）。法による意味のちがいはありません。

ohne dass 〜せずに

Wir sind losgefahren, ohne dass wir unseren Plan vorher überlegt hätten (überlegten/überlegt haben).
我々は、計画を前もってよく吟味しないままに、出発した。

なお ohne dass で始まる副文の多くは、[ohne + zu 不定句] で言い換えることもできます。 ☞ p.296

Wir sind losgefahren, ohne unseren Plan vorher zu überlegen.

zu 形容詞／副詞, als dass
〜するには…すぎる、あまりに…なので〜できない

Es war zu dunkel, als dass man Gesichter hätte erkennen können. 暗すぎて人の顔の見分けがつかなかった。
※ als dass 以下の語順については p. 234 を参照してください。

この構文の多くは、[zu 形容詞／副詞, um zu 不定句] で表わすこともできます。 ☞ p.296

Es war zu dunkel, um Gesichter erkennen zu können.

nicht, dass 〜だというわけではない

Ich konnte nicht gleich antworten. Nicht, dass ich die Frage nicht verstanden hätte.
わたしはすぐには答えられなかった。質問がわからなかったわけではない。

（3）婉曲表現

接続法第2式は、自分の考えや相手への要求などを婉曲に述べる表現にもなります。

Ich hätte eine Bitte an Sie. あなたにひとつお願いがあるのですが。

Ich würde sagen, wir machen langsam Schluss und gehen essen.
そろそろ終わりにして食事に行くことにしたらどうかと思うんだけど。

Wie wäre es mit dem 15. April?
4月15日にしたらどうでしょうか？

　これらが押しつけがましくない丁寧な表現になるのは、接続法第2式によって、話し手が発話内容をあくまでも想定上のこととして述べるからです。

　よく用いられる婉曲表現には以下のものがあります。

● 願望の婉曲表現
möchte　〜したい、〜がほしい
　mögenの接続法第2式のmöchteは、主語の望みを婉曲に表わします。本動詞の不定形と組み合わせ「〜したい」、4格目的語と用いて「〜がほしい」という意味になります。

Sie möchte ihr eigenes Unternehmen gründen.
彼女は自分の会社を興したいと思っている。

Ich möchte gern einen Druck von Kandinsky.
カンディンスキーのアートポスターが1枚ほしいのですが。

　「〜したかった」「〜がほしかった」と過去のこととして述べるには、hätte ... gemochtではなく、wollenの直説法過去wollteを用います。

würde gern　〜したい
　本動詞の不定形と組み合わせます。

Ich würde gern um die Welt reisen.　世界旅行がしてみたい。

hätte gern　〜がほしい
　4格目的語をとります。

Ich hätte gern diesen Füller.
この万年筆をいただきたいのですが。

●婉曲な要請・依頼

könnte や würde を用いると、要請や依頼が婉曲に表現されます。

Könnten Sie mir bitte sagen, wie der Fahrkartenautomat funktioniert?
切符券売機がどう作動するのか、教えていただけないでしょうか？

Würden Sie mir vielleicht einen Gefallen tun und den Brief ins Deutsche übersetzen?
恐れ入りますがこの手紙をドイツ語に訳してくださいませんか？

Wir würden uns sehr freuen, wenn Sie uns umgehend antworten könnten.
すぐにお返事をいただけましたら、私ども幸甚に存じます。

dürfen の接続法第2式を用いて、相手の許可を得るという形で要請を遠回しに表現することもあります。

Dürfte ich Sie kurz stören?
ちょっとお邪魔してもよろしいでしょうか？

●推奨

要請を表わす sollen ☞ p.195 の接続法第2式を用いて、「〜するとよい」という推奨を表わします。

Du solltest dich mehr bewegen.
もう少し体を動かした方がいいよ。

●話者の判断の婉曲表現

dürfte　推測　〜だろう

dürfen は接続法第2式で、「〜だろう」という推測を表わします。

Die Antwort dürfte nicht schwer sein.
答え（を出すの）は難しくはないだろう。

könnte　可能性　〜かもしれない

können は「〜かもしれない」という可能性を表わします。 ☞ p.196
接続法第2式では、その可能性がより婉曲に表現されます。

In dem alten Schloss könnten bis zu 300 Menschen gelebt haben.
その古い城では最大で300人の人間が暮らしていたのかもしれない。

müsste　想定上の必然性　〜のはずだが

Wir sind jetzt in der Kleiststraße. Also müsste das Museum eigentlich in der Nähe sein.
ここはクライスト街だね。だったら博物館はほんとうならこのあたりにあるはずなんだけど。

müssenは必然性「〜にちがいない」を表わします　☞ p.197 が、接続法第2式müssteではその現実性が低いという判断が表われます。

6. 不一致の認容

仮定と帰結とが完全には一致しないことを認める表現です。慣用的な表現が多く、構文により第1式、第2式のどちらを使うのかも決まっています。

（1）接続法第1式を用いた認容表現

es sei denn　〜の場合を除いて

Alter ist irrelevant, es sei denn, du bist eine Flasche Wein.
年齢は重要ではない、あなたが1本のワインである場合を除いてはね。

※ es sei denn には主文ないしdass文が続きます。主文やdass文の定形は、現在では多くが直説法です。接続法第1式が用いられることもあります。

sei es A, sei es B　AであろうとBであろうと

Die Kinder sollen sich, sei es zu Hause, sei es in der Schule, sicher fühlen.
子どもたちは、家であろうと、学校であろうと、安心感をもたなければならない。

wie dem auch sei　たとえそれがどうであろうと、いずれにしても

> Wie dem auch sei: immer mehr Menschen treten aus der Kirche aus.　いずれにしても、教会を脱退する人が増えている。

（2）接続法第2式を用いた認容表現

auch wenn　たとえ～だとしても

> Ich hätte genau so handeln müssen, auch wenn ich es gewusst hätte.
> わたしはそのことを知っていたとしても、同じ行動をとらざるをえなかっただろう。

同様の接続詞にはほかに wenn auch, wenngleich などがあります。wenn auch は、次の例のように wenn と auch を離すこともあります。

> Ich hätte genau so handeln müssen, wenn ich es auch gewusst hätte.

7. 間接話法

　報道やルポルタージュの文章、小説などには他者の発言の引用がちりばめられています。引用には大きく分けてふた通りの方法があります。その発言を引用符に入れてそっくりそのまま引用する方法と、話者の視点から組み替えて本文に組み込んでしまう方法とです。前者を**直接話法**、後者を**間接話法**といいます。

直接話法

> Max sagte: „Es **hat mir** viel Spaß gemacht."
> マックスは「楽しかった」と言った。

間接話法

> Max sagte, es **habe ihm** viel Spaß gemacht.
> マックスは楽しかったと言った。

直接話法では、話者／書き手が、他者の発言（ときに思考）を引用符でくくり、他者の発言であることを明示したうえで、自分の発話のなかで直接的に再現します。直接話法は、話者／書き手の語る地の文のなかにはめ込まれた異質な要素と見ることができるでしょう。

　それに対して間接話法は、話者／書き手が他者の発言を自分の視点で語り直す方法、話者の視点を経た間接的な形で引用する方法です。話者の目を通して語られることにより、引用される発言には変更が加えられます。上の例では、マックスの発言のなかの3格目的語が、**mir**から**ihm**に書き換えられています。加えて間接引用の指標として、定形が接続法第1式になっています。

　以下で間接話法の特徴を確認してゆきましょう。

(1) 間接話法の定形

　間接話法では通常、**接続法第1式**が使われます。接続法第1式によって話者は、その部分が引用であることを示し、同時に「その内容が事実であるかどうかはわからない」という自分の判断も伝えています。

„Der Messwert stimmt nicht", sagte der Arzt.
「計測値がおかしい」と医者は言った。

Der Arzt sagte, der Messwert **stimme** nicht.
医者は計測値がおかしいと言った。

　接続法第1式が直説法と同形の場合には、代わりに接続法第2式が使われます。

Der Arzt fragte mich: „Haben Sie Beschwerden?"
医者はわたしに「痛みはありますか？」と尋ねた。

Der Arzt fragte mich, ob ich Beschwerden **hätte**.
医者はわたしに痛みはあるかと尋ねた。

　話し言葉では接続法第1式はごくまれです。多くは直説法が用いられ、接続法が用いられる場合には第2式となることがほとんどです。

Der Schüler meint, er **hat/hätte** die Aufgabe nicht verstanden.　その生徒は、自分は課題がわからなかったと言っている。

　ドイツ語の間接話法では地の文との時制の一致は行ないません。もとの発言の定形が現在時制なら接続法第1式現在を、未来時制なら [werde ... 不定形] を、次例のように現在完了や過去時制なら接続法第1式過去を、それぞれ用います。

„Es war draußen ein Geräusch", sagte sie.
「外で物音がした」と彼女は言った。

Sie sagte, es **sei** draußen ein Geräusch **gewesen**.
外で物音がしたと彼女は言った。

　命令や要求、依頼を間接的に引用する場合には、話法の助動詞を用います。
　命令を表わす場合には sollen を用います。

Der Arzt sagte mir: „Fahren Sie zur Kur!"
医者はわたしに「療養に行きなさい」と言った。

Der Arzt sagte mir, ich **solle** zur Kur fahren.
医者はわたしに療養に行くように言った。

　依頼を表わす場合には mögen が用いられます。

Der Sekretär sagte: „Bleiben Sie bitte am Apparat!"
秘書は「電話を切らずにお待ちください」と言った。

Der Sekretär sagte, ich **möge** bitte am Apparat bleiben.　秘書は、電話を切らずにお待ちくださいと言った。

（2）間接話法の人称代名詞・所有冠詞

間接話法では、他者の発言が話者の視点から再構築されます。人称代名詞や所有冠詞もこの視点から選ばれます。

Der Reiseleiter flüsterte: „Ich habe meine Stimme verloren."
添乗員は「わたしは声が出なくなってしまった」とささやいた。

Der Reiseleiter flüsterte, er habe seine Stimme verloren. 添乗員は、自分は声が出なくなってしまったとささやいた。

直接話法のduやihrに対する命令文では主語が表われませんが、間接話法で再現する際には文脈に応じて主語を添える必要があります。

Die Mutter sagte mir: „Pass auf! Du bekleckerst dein Kleid!"
母はわたしに言った、「気をつけて。ワンピースにシミをつけちゃうわよ」。

Die Mutter sagte mir, ich solle aufpassen. Ich würde mein Kleid bekleckern.
母はわたしに気をつけるように言った。ワンピースにシミをつけてしまうと。

（3）間接引用を導入する接続詞

引用されるもとの発言が平叙文の場合には、間接引用を導く接続詞として従属接続詞dassを用います。

Er sagte: „Ich habe mich geirrt."
彼は言った、「僕は思いちがいしていたよ」。

Er sagte, dass er sich geirrt habe.
彼は、自分が思いちがいをしていたと言った。

もとの発言が決定疑問文☞ p.32 の場合にはobが、補足疑問文☞ p.31 の場合にはもとの疑問詞がそのまま接続詞として用いられ、もとの疑問文は間接疑問文（副文）になります。

Sie fragte: „Kommst du mit?"
彼女は尋ねた、「いっしょに来る？」

Sie fragte, ob ich mitkomme.
彼女はわたしにいっしょに来るかと尋ねた。

Die Leute fragten das Kind: „Wo sind deine Eltern?"
人々はその子に尋ねた、「両親はどこ？」

Die Leute fragten das Kind, wo seine Eltern seien.
人々はその子に、両親はどこかと尋ねた。

接続詞が使われないこともよくあります。定形が接続法第1式であれば間接引用であることが明らかなので、引用を示す接続詞はなくてもよいのです。

Nach Informationen der Nachrichtenagentur hat der Chef des Sportverbandes illegal Geld erhalten. Er habe Hilfsgelder für Erdbebenopfer zur Seite geschafft und für private Zwecke verwendet.
通信社の情報によると、スポーツ協会の会長は不法に金銭を得ていた。彼は、地震被災者のための援助金を流用し私的目的のために使っていたということだ。

(4) 間接話法の効果

間接話法は、話者が一貫して自分の視点から語りながら、そのなかに他者の発言を組み込んでいく引用方法です。同時に、ことがらを現実性の低いこととして語る接続法が用いられることにより、引用された他者の発言は、地の文ほどの現実性はもたないものとして示されます。

フランツ・カフカの小説の断片「失踪者」の一節を見てみましょう。

Karl hatte nicht viel Zeit, alles anzusehen, denn bald trat ein Diener auf sie zu und fragte den Heizer mit einem Blick, als gehöre er nicht hierher, **was er denn wolle.** Der Heizer antwortete, so leise als er gefragt wurde, **er wolle mit dem Herrn Oberkassier reden**. Der Diener lehnte für seinen Teil mit einer Handbewegung diese Bitte ab, ging aber dennoch auf den Fußspitzen, dem runden Tisch in großem Bogen ausweichend, zu dem Herrn mit den Folianten. Dieser Herr – das sah man deutlich – erstarrte geradezu unter den Worten des Dieners, kehrte sich aber endlich nach dem Manne um, der ihn zu sprechen wünschte, und fuchtelte dann, streng abwehrend gegen den Heizer und der Sicherheit halber auch gegen den Diener hin. Der Diener kehrte darauf zum Heizer zurück und sagte in einem Tone, als vertraue er ihm etwas an: „**Scheren Sie sich sofort aus dem Zimmer!**"

カールにはすべてを観察する時間はあまりなかった、というのも間もなくボーイが彼らの方にやってきて火夫に、火夫はここにいるべき人間ではないとでもいうような目で見ながら、何の用かと尋ねた。火夫は、自分が尋ねられたのと同じくらい小さな声で、上級出納係と話がしたいのだと言った。ボーイの方はというと、手振りでこの要望を拒絶したが、それでもつま先立ちで、丸テーブルを大きく弧を描いて避けながら、大判の帳簿を前にした紳士のところに行った。この紳士はボーイが話しているあいだに——それははっきり見えたのだが——まさに固まってしまったが、ようやく自分と話がしたいと望む男の方に向き直り、きっぱりと拒絶しながら、火夫と、それから念のためにボーイの方に対しても追い払うような手振りをした。それでボーイは火夫のところに戻り、火夫に何かを打ち明けるとでもいうような調子で言った。「すぐにこの部屋から出て行きなさい！」

この一節の前半では、ボーイの発言も火夫の発言も、間接話法として地の文に埋め込まれています。読者に聞こえてくるのはいわば語り手の声だけです。ところがシーンの最後、上級出納係の拒絶的態度に力を得たボーイが火夫を追い払おうとする段では、ボーイの強い口調の発言が直接引用で再現されます。映画のなかでそれまでナレーターが回想調で語っていたのが、ナレーターが引っ込み登場人物自身がしゃべり始めたような印象を受けます。

7. 間接話法

noch mehr

小説などでは時として、語り手が語っているのに、まるで登場人物の声を直接聞くかのような印象を受ける箇所があります。こうした印象を与える話法を**体験話法**といいます。

カフカの「変身」から、グレゴール・ザムザがある朝目を覚ましたシーンを見てみましょう。

Und er sah zur Weckuhr hinüber, die auf dem Kasten tickte. „Himmlischer Vater!" dachte er. Es war halb sieben Uhr, und die Zeiger gingen ruhig vorwärts, es war sogar halb vorüber, es näherte sich schon drei Viertel. **Sollte der Wecker nicht geläutet haben?** Man sah vom Bett aus, daß er auf vier Uhr richtig eingestellt war; gewiß hatte er auch geläutet. **Ja, aber war es möglich, dieses möbelerschütternde Läuten ruhig zu verschlafen? Nun, ruhig hatte er ja nicht geschlafen, aber wahrscheinlich desto fester. Was aber sollte er jetzt tun?**

それから彼は箱の上でチクタクと音を立てている目覚まし時計を見やった。「なんてこった」と彼は思った。6時半だった、時計の針は静かに進んでいた、6時半を過ぎてさえいた、もう6時45分に近づいていた。**目覚まし時計が鳴らなかったのだろうか？** ベッドからは、きちんと4時にセットされているのが見えた。確かに鳴ったんだ。**そうとも、でもこの家具を揺るがすほどのベルの音で目覚めずにすやすや寝過ごすなんて可能だろうか？ まあ、すやすやとなんて眠っていたわけではないじゃないか、でもたぶんだからこそいっそうぐっすりと（眠ったのだ）。でもさあどうしたらよいだろう？**

※ daß は dass の、gewiß は gewiss の旧正書法での表記です。

グレゴール・ザムザを表わす人称代名詞がつねに er であることからわかるように、テクストは一貫して語り手の視点から語られています。でも太字の部分では、語り手の声に登場人物の声が重なって聞こえてくるような印象を受けるでしょう。ここでは語り手は視点を登場人物グレゴール・ザムザの視点に重ね合わせ、その視点からザムザの独白を引用しているのです。

語り手の視点が保持されたまま登場人物の発話が引用されていると

いう点は、間接話法と同じです。ただし間接話法とは異なり、定形は地の文と同じ直説法過去のままです。そのため、間接話法でははっきりと感じられる語り手の登場人物に対する距離が、体験話法では感じられません。

　体験話法は引用であることを示す印がないために、それが体験話法かどうか見分けることは難しく、判断がつかない場合も時としてあります。ただし体験話法を見分けるマークはいくつかあります。**Sollte der Wecker nicht geläutet haben?** や **Ja, aber war es möglich, …?**, **Was aber sollte er jetzt tun?** といった、疑念やとまどいなどを表現する自問があること。また、**Nun, ruhig hatte er ja nicht geschlafen** の **nun**「でもまあ」、**ja**「だって〜じゃないか」のような、話し手の気持ちや判断を表わす心態詞 ☞ p.325 が用いられていること。**jetzt** という、登場人物の視点に合わせた時間表現がなされていること。

　体験話法は、登場人物の心理をいわばその内側から語る、近代の小説に特有の表現です。ドイツ語圏ではシュニッツラー、マン、カフカなどによって20世紀初頭から定着していきました。

第20章 不定形と不定句

主語の人称・数、時制などに応じて形が定まった動詞の定形に対し、それらの区別のない動詞の形態を不定形という。不定形は名詞的な機能をもち、文の主語や目的語などになる。不定形に目的語などほかの成分とzuとを加えた句は、副文と似た構造と役割をもつ。

1. 不定形

　主文であれ副文であれ文中で用いられる動詞の大部分は、主語の人称や数、時制、法により形の定まった**定形**です。これに対して、これらの情報をもたない動詞の形を**不定形**といいます。werdenやkommenのように多くの動詞の不定形は -enで終わります。wechselnやändernのように、-nで終わるものもあります。ドイツ語では不定形は辞書の見出し語にもなっています。

　不定形は、以下に見るように名詞的な性質をもち、主語や目的語になったりします。

2. 不定形の用法

　動詞の不定形は主に、話法の助動詞や未来の助動詞werdenのほかに、sehen, hörenなどの知覚動詞 ☞ p.204 や使役の助動詞lassen ☞ p.203 と組み合わせられます。

> **Es muss schon Mittag sein.** もう昼時なのにちがいない。
>
> **Von hier aus sieht man die Leute kommen und gehen.** ここからは人びとが行き来するのが見える。
>
> **Sie hat in ihrer Antwort Enttäuschung mitklingen lassen.** 彼女は答えに幻滅を響かせた（幻滅を滲ませた）。

ほかに主として次のような場合に不定形が用いられます。

●中性名詞化して

不定形は中性名詞化し、名詞のように主語や述語内容語になったり、前置詞と結びついたりします。名詞化しますので、原則として大文字で書き始めます。

Musizieren macht ihm Freude.
音楽を奏でることが彼には喜びだ。

Mein Hobby ist **Reisen**.　わたしの趣味は旅行です。

Das Bergsteigen ist eine beliebte Freizeitbeschäftigung.　山登りは人気のあるレジャーだ。

Mit dem neuen Gerät hat man **beim Tippen** weniger Stress.　この新しい機器だと文字を打ち込む際にストレスが少ない。

●lernen や lehren の4格目的語として

Seit April lerne ich **kochen**.
わたしは4月から料理を習っている。

Die Erfahrung hat uns **warten** gelehrt.
その経験がわたしたちに待つことを教えた。

これらの動詞は中性名詞化した不定形を目的語とすることもあります。

Seit April lerne ich **Kochen**.

●gehen や bleiben などの補完語として

Gehen wir morgen Abend **essen**?
明日の晩、食事に行こうか？

Bleib hier einen Moment **sitzen**.　ちょっとここに座っていて。

● haben + 4格目的語 + 不定形

stehen（ある）など存在の様態を表わす動詞の不定形を haben とともに用いて、「ある状態でもっている」ということを表わします。

Sie hat ihr Auto bei ihren Eltern stehen.
彼女は自分の車を両親のところにおいている。

3. 不定句

不定形は動詞の一形態ですから、動詞の結合価に応じた目的語や補完語をとったり、より詳細な情報を加える添加語をともなったりし、拡張することができます。

reisen 旅行する（こと）
ins Ausland reisen 外国に旅行する（こと）
über den Jahreswechsel ins Ausland reisen
年末年始にかけて外国に旅行する（こと）

不定形に他の文成分が加わって拡張した句のことを**不定句**といいます。ドイツ語の不定句では、不定形が末尾におかれます。

不定句には完了を表わすものや受動を表わすものもあります。

完了不定句 ［過去分詞 + haben/sein］

im Chor gesungen haben コーラスで歌った（こと）
pünktlich angekommen sein 時間どおりに到着した（こと）

受動不定句 ［過去分詞 + werden］

aufgeräumt werden 片づけられる（こと）

4. zu 不定句

　不定形を述語動詞の目的語や、名詞の意味を限定する付加語などにする場合には、不定形に zu を加えます（**zu 不定形**）。zu 不定形に目的語などほかの文成分が加わった句を **zu 不定句**といいます。

　zu は不定形の直前におかれます。分離動詞の場合には前つづりと基礎動詞とのあいだです。話法の助動詞も zu 不定句になります。

mit der ganzen Familie zusammen zu leben
家族全員といっしょに暮らす（こと）

mit verschiedenen Menschen offen umzugehen
いろいろな人と心を開いて接する（こと）

dort herrliche Tage verbracht zu haben
そこですばらしい日々を過ごした（こと）

gleich hierher gekommen zu sein
すぐにここに来た（こと）

die Gegenwart verstehen zu können
現代を理解できる（こと）

zu 不定句には以下のような機能があります。

(1) 名詞的用法

　zu 不定句は多く名詞的に用いられ、文の主語や目的語などになります。ほかの文成分との境目を明確にするために、zu 不定句の前後にはふつうコンマを打ちます。 ☞ p.334

● 主語として

Fremdsprachen zu lernen, ist mir ein Vergnügen.
外国語を学ぶことが、わたしには楽しい。

Gelobt zu werden, stärkt die Motivation.
褒められることがやる気を高める。

4. zu 不定句

先取りの es ☞ p.89 を文頭におき、zu 不定句を文の後域にまわすことがあります。特に zu 不定句が長い場合には、先取りの es を用いる方が好まれます。

Es ist die Pflicht der Anwohner, im Winter den Schnee auf dem Bürgersteig zu beseitigen.
冬に歩道の雪を除去するのは、その街路の住民の義務である。

●4格目的語として

Ich habe vergessen, die Tür abzuschließen.
わたしはドアの鍵を締めるのを忘れた。

Die Kirche findet es nun wichtig, Jugendliche anzusprechen.
教会はいま若者にアピールすることが大切だと思っている。

不定形が目的語などほかの文成分をとらない場合には、コンマを省くこともあります。

Es hat angefangen zu regnen. 雨が降り始めた。

●前置詞つき目的語として

zu 不定句は、動詞の前置詞つき目的語としても用いられます。この場合、zu 不定句の先取りの es と前置詞との融合形である [da(r)-前置詞] ☞ p.159 が中域に、zu 不定句自体は後域におかれます。

j^4 zu et^3 veranlassen 人^4 を事^3 へと動かす、人^4 の心を動かして事^3 をさせる

Mehrere positive Kommentare haben mich dazu veranlasst, das Buch zu lesen.
いくつもの肯定的な意見が、わたしをこの本を読む気にさせた。

j^4 um et^4 bitten 人^4 に事^4 を頼む、願う

Darf ich Sie (darum) bitten, die Bestellung zu bestätigen? ご注文を確認してくださるようお願いいたします。

sich[4] über et[4] freuen　事[4]を嬉しく思う

Ich habe mich (darüber) sehr gefreut, Sie kennengelernt zu haben.　あなたとお知り合いになれて嬉しく思いました。

● 形容詞の補完語として

Wir sind manchmal nicht **fähig**, unsere eigene Schwäche zu gestehen.
わたしたちには時折、自分自身の弱点を認める力がない。

Ich bin **bereit**, diese Aufgabe zu übernehmen.
わたしはこの仕事を引き受ける心構えができている（引き受けてもよい）。

(2) 付加語的用法

● 先行する名詞を説明・限定する付加語として

Er hält sein **Versprechen**, jeden Tag den Hund auszuführen.　毎日犬を散歩に連れていくという約束を、彼は守っている。

Hast du **Zeit**, kurz bei mir vorbeizukommen?
うちにちょっと寄っていく時間ある？

● 先行する不定代名詞の付加語として

viel, etwas, nichts といった不定代名詞の意味を限定する付加語となる場合には、zu不定形はほかの成分をともないません。またzu不定形をコンマで区切ることもしません。

Bis zum Umzug gibt es noch **viel** zu tun.
引っ越しまでにしておくべきことがまだ多くある。

Hast du **etwas** zu schreiben?
何か書くものを持っている？

Vielen Dank! – **Nichts** zu danken!
ありがとう。— 感謝すべきことは何もありません（どういたしまして）。

(3) 助動詞的な動詞とともに

zu不定句と結びついて一定の意味上の限定を加える動詞があります。これらの動詞は話法の助動詞のように働き、zu不定句と一体になって文の述語を形成します。そのためzu不定句をコンマで区切ることもしません。また過去のこととして語る場合には、これらの助動詞的動詞はふつう過去時制で用います。この点でも話法の助動詞に似ています。☞ p.186

scheinen　～するように思われる、～であるらしい

Sie scheint mir meine Absage nachzutragen.
彼女はわたしが断ったことを恨んでいるらしい。

Er schien endlich zu sich gekommen zu sein.
彼はようやく正気を取り戻したようだった。

drohen　［否定的なことがらが］いまにも～しそうだ

Ein Gewitter drohte auszubrechen.　嵐になりそうだった。

brauchen　［否定の語と］～する必要がない
　　　　　　［nurと］～しさえすればよい

Sie brauchen sich nicht darum zu kümmern.
あなたはそれを気にする必要はありません。

この用法のbrauchenについては、直説法完了時制と接続法過去で不定形と同形の過去分詞を用います。そのためzu不定句は、［haben ... brauchen］という枠の内部におかれることになります。これも話法の助動詞に似た特徴ですね。☞ p.200

Du hättest das nur abzusagen brauchen.
それを断りさえすればよかったのに。

(4) haben ないし sein とともに用いて

● haben ... zu 不定形　〜しなければならない

話法の助動詞の müssen と同様に、**必然**、**義務**を表わします。

Sie müssen kein Examen ablegen, Sie haben nur den Kurs zu besuchen.
あなたは試験を受ける必要はありません、この講座さえ受ければよいのです。

● sein ... zu 不定形　〜されうる、〜されなければならない

sein と他動詞の zu 不定形が結びつくと、「〜されうる」という**受動の可能**の意味、または、「〜されなければならない」という**受動の必然**の意味になります。

Die Wohnung ist zu vermieten.
その住居は賃貸されうる（住居貸します）。

Seine Entscheidung ist zu berücksichtigen.
彼の決断は尊重されなければならない。

(5) 副詞的用法

zu 不定句の直前に前置詞 um, ohne, statt をおき、副詞的に用います。

● um + zu 不定句　〜するために

Er brachte mit Mühe Geld auf, um seine Ideen umzusetzen.
彼は自分のアイデアを現実にするために、苦労して資金を調達した。

［um + zu 不定句］は、従属接続詞 damit で始まる副文に言い換えることができます。　☞ p.242

Er brachte mit Mühe Geld auf, damit er seine Ideen umsetzen kann.

4. zu 不定句

● **zu 形容詞／副詞, um zu 不定句**　〜するためには…すぎる、あまりに…で〜できない

Die Straße ist zu eng, um mit über 40 km/h (Kilometer pro Stunde) befahren zu werden.
この通りは狭いので、時速40キロ以上で走行されることはできない。

[zu 形容詞／副詞, als dass …] を用いて言い換えることができます。　p.276

Die Straße ist zu eng, als dass sie mit über 40 km/h befahren werden könnte/kann.

● **ohne + zu 不定句**　〜せずに

Vielleicht habe ich ihn verletzt, ohne es zu merken.
わたしは、そうとは気づかずに、彼を傷つけてしまったかもしれない。

Die Kamera fokussiert automatisch, ohne eingestellt werden zu müssen.
このカメラは、調節されなくとも自動的に焦点を合わせる。

[ohne dass …] を用いて言い換えることができます。　p.276

Vielleicht habe ich ihn verletzt, ohne dass ich es gemerkt hätte.

Die Kamera fokussiert automatisch, ohne dass sie eingestellt werden muss.

● **statt + zu 不定句**　〜する代わりに

Immer mehr Menschen entscheiden sich dafür, ein Auto zu mieten, statt eines zu kaufen.
自動車を買う代わりに借りることに決める人が増えている。

第21章 分詞

分詞は形容詞的な働きをする動詞の一形態である。主に名詞を規定する付加語となるが、副詞的にも用いられる。目的語などをともなって分詞句を構成することもある。

1. 分詞とは

　分詞は、不定形と同じく主語の人称や数による変化をしない動詞の一形態です。分詞という名称は、「動詞と形容詞のどちらにも関わっている語」、つまり、動詞の一形態でありながら形容詞のように用いられる語、という意味です。動詞ですから結合価に応じた補完語をとります。他方で形容詞のように名詞を規定する付加語として用いられたり、副詞として用いられたりします。

　分詞には「〜している」という意味を表わす**現在分詞**と、「〜した」「〜された」という意味の**過去分詞**とがあります。kochen（煮える、煮る）でちがいを確認しましょう。

現在分詞
Tun Sie die Knödel ins **kochend**e Wasser.
お団子を沸騰している湯に入れてください。

過去分詞
Zum Frühstück gab es ein weich **gekocht**es Ei.
朝食には柔らかく茹でられた卵（半熟卵）があった。

2. 分詞の形

(1) 現在分詞の形

　現在分詞は**不定形-d**という形です。
brennen（燃える） ➡ brennend
fliegen（飛ぶ、飛ぶように移動する） ➡ fliegend
wechseln（交替する、交換する） ➡ wechselnd

seinとtunは例外です。

sein（存在する） ➡ seiend　　　tun（行なう） ➡ tuend

（2）過去分詞の形

第1章、p. 35以下を参照してください。

3. 現在分詞の用法

　現在分詞は「～している」という意味で、ある行為や現象が継続中であることを表わします。形容詞のように名詞の付加語となったり、名詞化されたり、あるいは副詞的に動詞などを規定したりします。

（1）付加語的用法

Das wechselnde Wetter macht mir zu schaffen.
不安定な天候がわたしを悩ませる。

Im laufenden Programm steht auch die Oper *Der Fliegende Holländer*.
現行の上演プログラムには、オペラ「さまよえるオランダ人」も入っている。

　現在分詞が付加語として名詞の前におかれる場合には、形容詞と同じ格語尾がつきます。上の例では現在分詞 wechselnd に中性1格の弱変化語尾 -e が、2番目の例では laufend に中性3格の弱変化語尾 -en、fliegend に男性1格弱変化語尾 -e がついています。

（2）名詞化

　現在分詞を名詞化することもできます。この場合も形容詞の格語尾をつけます。

ein Reisender　ひとりの（男性）旅行者
eine Reisende　ひとりの（女性）旅行者

die Studierenden　大学生たち
die Lehrenden　教師たち

Studentenのように男性形を用いずにすむので、現在では学生、教師などを複数で言うにはよくこの形が用いられます。

中性名詞化できる分詞は、形容詞として認識されるようになったものに限られます。

das Spannendste　もっともわくわくさせること
Folgendes　以下のこと

（3）副詞的用法

現在分詞は副詞的に用いられ、動詞や形容詞などを規定することもあります。

Wir müssen Ihre Einladung leider dankend absagen.
わたしたちは残念ながらご招待を感謝しつつお断りしなければなりません。

Überraschend viele Menschen haben sich versammelt.　驚くほど多くの人が集まった。

noch mehr

一部の動詞の現在分詞は、seinの述語内容語になります。

Eure Leistung ist beeindruckend.
あなたたちの成し遂げたことは感銘を与える。

Das Gespräch war anregend.
会話は刺激を与えてくれるものだった。

seinと結びついていても、英語にあるような進行形ではありません。ドイツ語には進行形はなく、現在進行中のことがらを表わすのは現在時制です。

> 上の例のように、seinの述語内容語となる現在分詞は形容詞に限りなく近くなっているものです。このような現在分詞は多くが辞書の見出し語にもなっており、「現在分詞」と並んで「形容詞」という表記もなされています。

（4）未来受動分詞 [zu + 現在分詞]

　付加語的用法の現在分詞の前に **zu** がつくと、「～されうる」という **受動の可能** ないし「～されなければならない」という **受動の必然** を表わします。この **zu現在分詞** のことを特に **未来受動分詞** といいます。主に書き言葉の表現です。

Wir möchten Ihnen die leicht zu bewältigende Laufstrecke von drei Kilometern empfehlen.
わたしたちは、簡単に克服できる3キロのジョギングコースをお勧めしたいと思います。

Im Folgenden wird auf einige zu berücksichtigende Aspekte eingegangen.
以下ではいくつかの考慮されるべき観点について詳述していく。

　未来受動分詞は、[sein ... zu不定形] ☞ p.295 に相当します。上の例を [sein ... zu不定形] を用いて書き換えると次のようになります。

Wir möchten Ihnen die Laufstrecke von drei Kilometern empfehlen, die leicht zu bewältigen ist.

Im Folgenden wird auf einige Aspekte eingegangen, die zu berücksichtigen sind.

4. 過去分詞の用法

　過去分詞はある行為や状態が**完了**していることを表わします。他動詞ではさらに**受動**の意味が加わります。使用範囲は現在分詞よりもはるかに広く、**haben**や**sein**と完了時制を作り☞ p.186、**werden**とともに受動態を構成します。☞ p.205

　過去分詞はまた、現在分詞と同じく形容詞的な性質をもち、付加語として使われたり、名詞化されたり、時には副詞として用いられたりもします。

(1) 付加語的用法

　名詞を規定する付加語として用いられます。
　もとの動詞が他動詞であるか、sein 支配の自動詞であるかによって、意味が異なります。格変化は形容詞と同じです。

他動詞の過去分詞：受動の完了　〜された

eine erledigte Sache　片がつけられたこと
※ < et^4 erledigen　事^{4}を済ませる

Ich musste meinen voll gepackten Koffer mitschleppen.
わたしはいっぱいに詰めたトランクを引きずって行かなければならなかった。
※ < et^4 packen　物^{4}に詰める

sein 支配の自動詞：能動の完了　〜した

eine gelungene Sache　うまくいったこと
※ < gelingen　成功する

Ich musste drei Stunden meinen verschwundenen Koffer suchen.
わたしは消えてしまったトランクを3時間探さなければならなかった。
※ < verschwinden　消失する

noch mehr

他動詞の過去分詞すべてが付加語的に用いられるわけではありません。たとえば freuen と erfreuen はいずれも「喜ばせる」という意味をもちますが、過去分詞を付加語的に使うことができるのは erfreuen だけです。mit einem erfreuten Gesicht（喜んだ表情で）とは言えますが、× mit einem gefreuten Gesicht とは言わないのです。これは慣用の問題ですから、辞書等で用例を確認するほかありません。

（2）名詞化

過去分詞も名詞化されます。

> ein Betrunkener　ひとりの（男の）酔っ払い
> die Angeklagte　その（女の）被告人
> die Angestellten　会社員たち
> Verletzte　けが人たち

（3）副詞的用法

過去分詞も副詞的に用いられ、動詞や形容詞などの意味を規定することがあります。

Er kam aufgeregt auf mich zu.
彼は興奮してわたしの方にやってきた。

Sie hat ausgesprochen tapfer gehandelt.
彼女はまぎれもなく勇敢に行動した。

> **noch mehr**
>
> 過去分詞には述語的用法はありません。
> 　一部の自動詞の過去分詞がseinとともに用いられると、完了時制になります。
>
> **Alle Gäste sind angekommen.** 　客は全員到着した。
>
> 他動詞の過去分詞がseinとともに用いられると、状態受動になります。
>
> **Alle Zimmer waren besetzt.**
> 部屋はすべて埋まっていた（満室だった）。

5. 冠飾句

　分詞は動詞としての側面ももっていますから、不定形と同じく、目的語や添加語など別の文成分をともなってひとつの句を作ることがあります。分詞を中心とするひとまとまりの句を**分詞句**と呼びます。さらにこうした分詞句が付加語的に用いられる場合には、これを**冠飾句**といいます。名詞の頭を飾る句にはぴったりの名前ではありませんか。
　冠飾句では分詞はその末尾におかれます。

現在分詞

das lange andauernde Regenwetter
長いこと続いている雨天

das über einen Monat andauernde Regenwetter
1か月以上続いている雨天

過去分詞

der im siebten Jahrhundert gebaute Tempel
7世紀に建てられた寺院

der im siebten Jahrhundert mit der damals besten Technik gebaute Tempel
7世紀に、当時最高の技術で建てられた寺院

冠飾句の特徴は、説明を後から補足する関係文とは異なり、目や耳が言葉を追う流れと同じ順で情報を提示していくという点にあります。冠飾句をしっかりとらえるには、どの語句が冠飾句を成しているのか、冠飾句を構成する成分が相互にどのような関係にあるのかを把握することが大切です。例で確認しましょう。

Dort war eine von Bäumen umgebene, mit Moos dicht bedeckte Lichtung.
そこには、木々に囲まれた、苔でびっしりと覆われた空地があった。

eine von Bäumen **umgebene**, mit Moos dicht **bedeckte** Lichtung

1格主語の eine ... Lichtung が名詞グループの中核です。Lichtung の前に、過去分詞 umgeben（< umgeben［〜⁴を取り囲む］）と bedeckt（< bedecken［〜⁴を覆う］）を中心とする冠飾句がおかれています。過去分詞 umgeben には前置詞句 von Bäumen が、bedeckt には前置詞句 mit Moos と dicht が、それぞれ添加語として添えられています。

6. 分詞構文

目的語や添加語をともなった分詞句が独立して副文と同じような働きをすることがあります。そのような分詞句を**分詞構文**といいます。分詞構文は主語がなく、また分詞には時制や人称変化もないため、副文よりも簡潔になります。書き言葉の表現手段であり、話し言葉では慣用句を別として用いられません。

分詞構文は次のようなさまざまな意味を表わします。

●手段・様態

Auf den Stadtplan zeigend und wild gestikulierend, habe ich die Leute nach dem Weg gefragt.
地図を示しおおげさな身ぶりをしながら、わたしは人びとに道を尋ねた。

Die Augen geschlossen, lehnte sie sich zurück.
目を閉じて、彼女はうしろに寄りかかった。

●時

Nach einem langen Flug endlich angekommen, hat er den Körper gestreckt.
長時間のフライトののちようやく到着して、彼は体を伸ばした。

●理由・原因

Sie hat die Stadtverwaltung angerufen, entschlossen, sich über den gefährlichen Zustand der Straßen zu beschweren.
街路の危険な状態について苦情を言おうと決心し（たので）、彼女は市役所に電話をかけた。

●不一致の認容

Ich stehe, obwohl durch die Kur gut erholt, wieder im Stress. わたしは、療養で快復したのに、またストレスを感じている。

●条件

Abgesehen von der Hitze und der Luftfeuchtigkeit, war der Aufenthalt dort schön.
暑さと湿気を除くと、かの地での滞在はすばらしいものだった。

Jetzt zeigen sich Versuche, wenn auch vereinzelt, die Krise als Chance anzunehmen.
現在、危機をチャンスととらえる試みが散発的だが見られるようになっている。

条件を表わす分詞構文には慣用句になっているものがあります。

    ehrlich/kurz/offen gesagt　正直に／手短に／はっきり言うと
    genau genommen　厳密にとれば
    abgesehen von et³　〜³を除いて
    verglichen mit et³　〜³と比較すると
    angenommen, dass　〜だと仮定すると
    vorausgesetzt, dass　〜ということを前提とすれば

7. 名詞的表現

　日本語なら動詞を用いて表現するところを、ドイツ語では名詞を中心とした句で表現することがあります。分詞構文と同じく簡潔ですが、やはり書き言葉の表現です。

Der Gärtner arbeitete in gehockter Haltung, mit gesenktem Kopf, eine Schere in der rechten Hand.

庭師はしゃがんで、頭を下げて、鋏(はさみ)を右手にもって働いていた。

　述語動詞 arbeitete に説明を加える成分として、**in gehockter Haltung**（かがんだ姿勢で）、**mit gesenktem Kopf**（下げた頭をして）という［前置詞 + 過去分詞 + 名詞］の句と、**eine Schere in der rechten Hand**（鋏を右手に）という独立的4格名詞　p.61　が添えられています。小説や報道の文章などでこのような表現が出てきたら、「頭を下げて」のように動詞的にとらえるとよいでしょう。

第22章 語順とテクストのまとまり

文の構成要素の配列には、定形の位置のようにあらかじめ決まっているルールと、既知情報は文頭、新規情報は定形以下というルールとがある。またこの既知情報から新規情報へという流れは、ほかの手段とともにテクストのまとまりを作り出す。

1. 語順

(1) ドイツ語の語順

　ドイツ語は、名詞や代名詞の格が格変化によって明確に示されるため、文頭に主語がこなくてもよいなど、比較的語順のルールがゆるやかです。とはいえ語順の決まりはあり、また語順が少しちがうだけで伝えたい意図が正確に伝わらないこともあります。

　文を構成する文成分の配列には主に3つのルールがあります。ひとつめは定形の位置についてのルールです。定形は、主文か副文か、主文なら平叙文か決定疑問文か補足疑問文か命令文かによって、その位置がきっちり決まっています。ふたつめは、分離動詞の前つづりなど、定形とセットで用いられる要素の位置についてのルールです。このふたつのルールはつねに変わらない原則です。それに加えてドイツ語には、既知情報を文のテーマとして文頭(前域)で挙げ、新規情報を定形よりあとで述べるという、情報伝達上のルールがあります。

　本章では定形の位置を除くふたつのルールを取り上げます。定形の位置については第1章と第16章を参照してください。☞ p.30, 230

(2) 不定句から語順を考える

　ところでドイツ語の文は、日本語をもとにまず不定句にして考えると、たいていの場合、上で述べた3つのルールから大きく外れることなく組み立てることができます。「来週は姑がうちにやって来る」という文で考えてみましょう。不定句では、主語を除いた要素を、日本語の語句と同じ順番で並べます。

307

1. 語順

nächste Woche	zu uns	zu Besuch	kommen
来週は	うちに	やって	来る

これをもとに、主語 meine Schwiegermutter（姑）を加え、不定句の最後尾の kommen を定形にして2番目の位置におけばよいのです。なお「来週は」は文のテーマなので、文頭（前域）におきます。以上を総合すると次の文ができあがります。

Nächste Woche kommt meine Schwiegermutter zu uns zu Besuch.

動詞が定形となり2番目の位置に移動するために、動詞と密接な関係にある zu Besuch が文末に残る形になります。

慣れてくれば不定句を意識しなくても適切な語順で発話できるようになりますが、はじめのうちは日本語の語順を参考に不定句から出発することは有効な方法です。

2. 枠のルール

（1）枠構造

上で確認したように、動詞と密接なつながりをもつ要素は、不定句では動詞不定形の直前にありますが、文では定形が2番目に移動するために、文の末尾に残ります。つまり、**文の定形との結びつきの強い要素ほど文末におかれ、文の2番目におかれる定形とともに文の枠を作る**のです。これを**枠構造**といいます。

枠を作る組み合わせの代表格は次の4つです。

● [話法の助動詞ないし未来の助動詞の定形 ... 動詞の不定形]

Mein Mann **kann** sehr gut **kochen**.
わたしの夫は料理がとてもじょうずだ。

話法の助動詞に準ずる動詞 ☞ p.203, 294 も枠構造を作ります。

308

In letzter Zeit **lässt** er sich nur selten **sehen**.
最近彼は自分の姿をあまり見せない（彼をあまり見かけない）。

● [完了の助動詞haben/seinの定形 ... 過去分詞]

Wir **haben** in den Ferien Skiurlaub **gemacht**.
わたしたちは休暇中にスキー旅行をした。

● [受動の助動詞werden ... 過去分詞]

Die Gäste **werden** vom Bahnhof **abgeholt**.
客は駅に迎えに来てもらえる。

● [分離動詞の基礎動詞定形 ... 前つづり]

Ich **nehme** im Sommer an einem Deutschkurs **teil**.
わたしは夏にドイツ語講習に参加する。

上記4つほどではありませんが、定形ともうひとつの要素とで枠を作る場合がほかにもあります。

● ひとつの動詞としてとらえられる [動詞 + 名詞]

　Rad fahren（自転車に乗る）、Klavier spielen（ピアノを弾く）など、頻繁に使われる特定の動詞と名詞の組み合わせがあります。☞ p.74
こうした表現では、無冠詞であることに表われているように、名詞が名詞として意識されなくなり、動詞と名詞が一体になってひとつの意味を作り出しています。このような組み合わせも枠を作ります。

Ich **fahre** in meiner Freizeit oft **Rad**.
わたしは休みのときにはよくサイクリングをする。

● 機能動詞構文

　主要な意味は名詞が担い、動詞は本来の意味を失って文を構成するだけの役割しか果たしていない表現があります。たとえばAbschied nehmen（別れを告げる）では、nehmenの本来の「取る、もらう」などの意味は希薄になり、Abschiedとセットでひとつの意味を構成し

ています。こうした動作名詞と機能動詞の組み合わせから成る表現を機能動詞構文といいます。☞ p.211　機能動詞構文では、動作名詞ないし［前置詞 + 動作名詞］の句が文末におかれます。

> Der Schauspieler **nahm** nach einem langjährigen Theaterleben **Abschied.**
> その俳優は長年の演劇生活ののちに別れを告げた（引退した）。

● 方向の補完語

ins Ausland fahren（外国に行く）、die Kinder zur Schule bringen（子どもたちを学校に連れて行く）などでは、方向を表わす前置詞句は文に不可欠な補完成分で、動詞との結びつきが緊密です。
☞ p.176, 178

> Wir **fahren** in den Ferien **ins Ausland.**
> わたしたちは休暇に外国に行く。

● ［sein ... 述語内容語］

Krankenpfleger sein（看護師である）やrüstig sein（［年配の方について］元気である）のような、名詞／形容詞とseinとの組み合わせでは、述語内容語である名詞／形容詞はseinと一体となって主語の属性を表わしています。そのため述語内容語がseinとともに枠を作ります。

> Unser Großvater **ist** immer noch **rüstig.**
> うちの祖父はまだ元気だ。

seinのほかに、bleiben（〜のままである）やwerden（〜になる）などのコプラ動詞でも同じです。

● 他動詞の4格目的語

> Im Winter **bekomme** ich immer **kalte Füße.**
> 冬にはわたしはいつも足が冷える。

● 前置詞つき目的語

動詞のなかには前置詞つき目的語をとるものも多くあります。☞ p.172
前置詞つき目的語も文を構成する不可欠な補完成分ですから、文末におかれる傾向にあります。

Warten wir noch einen Tag **auf seine Antwort.**
彼の答えをあともう1日待ちましょう。

(2) 枠外配置

枠構造を成す主文で、なんらかの理由で(1)に挙げた枠を閉じる要素のうしろ、つまり後域に語句がおかれることがあります。これを**枠外配置**といいます。特に中域が長くなりすぎて枠構造が破綻しかねない場合には、これを避けて枠外配置にします。以下の要素はよく枠外におかれます。なお例文では枠を太字で示しています。

● 前置詞句

Wir **haben** die ganze Zeit **gehofft** auf seine Teilnahme. わたしたちはずっと彼の参加を期待していた。

● 副文

Ich **habe** damals nicht **gewusst**, dass man kein Feuerwerk außerhalb von Sylvester ohne Genehmigung anzünden darf.
大晦日以外に許可なくして花火に火をつけてはならないということを、わたしは当時知らなかった。

Es **kommt** darauf **an**, ob du einverstanden bist.
君が同意しているかどうか次第なんだ。

副文が前置詞つき目的語に相当する場合、先取りの［da(r)-前置詞］
☞ p.233 はふつう次例のa.のように中域の末尾におかれますが、話し言葉などでは例文b.のように後域におかれることもあります。

a. Die Organisatoren **waren** sehr daran **interessiert**, ob die Teilnehmer zufrieden waren.

b. Die Organisatoren **waren** sehr **interessiert** daran, ob die Teilnehmer zufrieden waren.
参加者が満足したかどうか、主催者はとても関心があった。

●zu不定句

zu不定句もふつう後域におかれます。

Ihm **ist gelungen**, den Fragen auszuweichen.
彼は質問をはぐらかすことに成功した。

●関係文または先行詞と関係文

　関係文は先行詞の直後におかれるのが通例です。ただし、特に先行詞が中域の末尾、つまり枠を閉じる要素の直前にある場合には、先行詞と離して関係文だけが枠外におかれることがあります。

Ich **habe** endlich die Unterlagen **zusammengestellt**, die ich für die Bewerbung brauche.
わたしは応募に必要な書類をようやく揃えた。

　関係文が先行詞ごと枠外におかれることがあります。特に先行詞が前置詞句の一部を成している場合にはその傾向があります。

In Japan **legen** viele Leute Vorräte **an** wegen eines Erdbebens, das früher oder später sicher geschehen wird.
日本では、遅かれ早かれ必ず起こるであろう地震のために、備蓄する人が多い。

●比較の対象

　同等比較や比較級で、比較の対象を表わす語句や副文も、後域におかれます。

Der Turm der evangelischen Kirche **ragt** so hoch **empor** wie der des nahen katholischen Doms.
福音派教会の塔は、近くにあるカトリックの大聖堂の塔と同じほど高くそびえている。

Die Baukosten waren viel teurer als vorher erklärt wurde. 建設費は、事前に説明されたよりもずっと高かった。

ただしso bald wie möglichなどの短い慣用表現は、中域がふつうです。

Ich möchte so bald wie möglich umziehen.
できるだけ早く引っ越したい。

(3) 副文の枠

　従属接続詞や関係代名詞によって導かれる副文では、副文の先頭に位置する従属接続詞や関係代名詞と、末尾の定形とが、枠を作ります。この枠構造により、副文の先頭から終わりまでが緊密にまとまります。

Eine Reform ist immer schwierig, weil sich die privilegierten Leute dagegen wehren.
改革というものは、既得権をもつ人たちがそれに対して抵抗するために、つねに難しいものだ。

Der Krimi, den du mir vorgestern geliehen hast, ist unheimlich spannend.
一昨日貸してくれた推理小説はひどくはらはらどきどきするね。

3. 情報価値による語順

(1) テーマと新規情報の枠

　上述の枠構造のほかに、情報の新規性も、語順を決める重要な要素です。ドイツ語では、定形より前の**前域に文のテーマとなる既知情報**、**定形以下に新規情報**をおきます。前域で、これから何について語るのかをいわば宣言し、定形以下でそのテーマについての新規情報を提示してゆくのです。

　テーマから新規情報へというこの流れが、ドイツ語と日本語では共通しています。比較してみましょう。

3. 情報価値による語順

テーマ   新規情報
このケーキ、   わたしが焼いたんだ。
Den Kuchen   **habe ich gebacken.**

先に、日本語を参考にして単語を並べた不定句をもとに文を作るとほぼ適切な語順になると述べましたが、それが可能なのは両方の言語に同じような情報提示の流れのルールがあるからです。ドイツ語にはそれに加えて枠のルール ☞ p.308 も強く働き、また前域におかれる要素はひとつだけという制限もありますが、不定句から出発し、不定句の最後の動詞ないし助動詞を定形にして2番目におくことで、枠構造にも配慮した文ができるというわけです。

テーマについての新規情報が定形のあとに複数並ぶ場合には、情報が聞き手にとって新しいものほど、言い換えれば情報の重要度が高いほど、文末近くにおかれるという傾向があります。
語順の異なる4つの例文を較べてみましょう。

a. **Ich habe in der Boutique Undine diese Jacke gekauft.** わたしはウンディーネ・ブティックでこの上着を買った。

b. **Ich habe diese Jacke in der Boutique Undine gekauft.** わたしはこの上着をウンディーネ・ブティックで買った。

c. **In der Boutique Undine habe ich diese Jacke gekauft.** ウンディーネ・ブティックではこの上着を買った。

d. **Diese Jacke habe ich in der Boutique Undine gekauft.** この上着はウンディーネ・ブティックで買った。

a. と b. はいずれも ich がテーマで、定形以下で新規情報（= 自分がしたこと）を述べています。中域には in der Boutique Undine, diese Jacke のふたつの文成分が入っていますが、その順番が a. と b. では逆になっています。a. は、動詞との結びつきの強い diese Jacke の方を gekauft の直前におき、枠のルールも満たした通常の語順です。それに対して b. では、動詞との結びつきの弱い「場所の添加語」である in der Boutique Undine の方がうしろにおかれています。これは、この添加語が特に重要な情報だというシグナルです。

c. では in der Boutique Undine がテーマ、定形以下で「ブティックで何をしたか、何を買ったか」という新規情報が語られます。
　d. のテーマは diese Jacke、上着についての新規情報が定形以下で述べられています。
　このように短い文でも語順の可能性は複数あり、そのなかから文章や会話の流れに応じて、何をテーマにするのか、何に焦点を合わせて語るのかを勘案して語順が決まります。

(2) 前域におかれる要素

　前域には、文のテーマを示す文成分がひとつだけおかれます。テーマは、これから何について語るかという枠組の設定ですから、テーマになりやすいのは聞き手／読み手が（漠然とであっても）知っている、あるいは知っていると思われることがらです。したがって、テーマとしてよく前域におかれるのは一般的に知られた概念、時や場所です。

In der Schweiz befinden sich rund 3 000 Seilbahnen.
スイスには3,000ほどのロープウェイがある。

　また2番目以降の文では、先行する文に関連することがらがテーマになることもよくあります。上の例文に続く文で考えてみましょう。

Dort ist auch die höchste Bergstation in Europa.
そこにはまたヨーロッパで高度がもっとも高い山岳駅がある。

　2文目のテーマは dort、前文で挙げられたスイスを再度テーマとして取り上げています。しかもこの副詞はこの文脈では、「幾多のロープウェイがあるところ」ということも含意しています。だからこそ新規情報として「ヨーロッパ最高の山岳駅がある」と言えるわけです。
　既知であることを示す定冠詞　☞ p.66 のついた名詞も、前域におかれることの多い要素です。逆に、新規情報のシグナルである不定冠詞のついた名詞（または無冠詞の複数名詞）は文末近くにおかれる傾向にあります。

　時にはテーマを掲げず、新規情報だけをスパッと言うこともあります。

その場合には前域を es で埋めます（穴埋めの es ☞ p.92 ）。

Es kommt endlich unser Bus!
ようやくわたしたちが乗るバスが来た。

前域を埋める es でいちばん有名なのは、メルヒェンの出だしの es でしょう。

Es war einmal ein König, *der* hatte drei Töchter.
昔、王様がいました。この王様は3人の娘をお持ちでした。

　太字が新規情報、イタリックで示した指示代名詞 der が2文目のテーマです。メルヒェンの典型的な冒頭部では、このように、「どこ」「いつ」といったテーマが提示されないまま、「昔、王がいた」という新規情報がいきなり与えられます。それによって読み手／聞き手はお話の世界に引き込まれていきます。2番目の文は既出情報→新規情報という流れになっていて、読み手／聞き手の関心を先へ、先へと誘導しています。

4. その他の語順

（1）添加語の順序

　時や場所など副次的情報を述べる副詞や前置詞句が1文のなかにいくつか並ぶ場合は、どのような順番になるでしょうか。こうした副詞（句）のことを、動詞の表わす行為・状態を副次的に説明する語という意味で、**添加語**といいます。☞ p.11　添加語はあってもなくてもよいという点で、動詞の結合価にもとづいて必要とされる補完語と大きく異なります。添加語には（1）場所・方向、（2）時、（3）原因・理由・目的、（4）方法・様態、を表わすものがあります。

　以上4種類の添加語が、それもすべて定形のうしろに現われることは、現実にはほとんどありません。ただ理論上は、次の例文のように、時→原因・理由・目的→方法・様態→場所・方向の順に並ぶと言われます。

Die erwartete Post kam gestern wegen des Streiks in der Branche sehr verspätet bei mir an.
待ち受けていた郵便物は、昨日、（郵便）業界のストライキのためにひどく遅れてわたしの手元に届いた。

次の例のように、同じ種類の添加語（例文では時の添加語）が複数並ぶ場合には、大きな枠組のものからより小さなものへ、という順になります。

Ich arbeite heute bis acht. わたしは今日8時まで仕事をする。

（2）3格目的語・4格目的語の順序

人に何かを与える、伝えるという意味合いの動詞はいずれも、3格目的語と4格目的語の両方をとります。 ☞ p.177 　目的語がふたつとも定形よりうしろにおかれる場合には、その順序は次のルールに従います。

●3格・4格とも名詞

通常は3格、4格の順で並びます。特に3格を新規情報として強調して提示したい場合には、3格が4格のうしろにおかれます。

Der Reiseführer empfiehlt den Lesern KUNST HAUS WIEN als besondere Attraktion.
旅行ガイドブックは読者に、特に魅力的な見どころとして、ウィーン・アート・ハウスを勧めている。

Der Reiseführer empfiehlt das Lokal besonders japanischen Touristen.
旅行ガイドブックはその飲食店を特に日本からの旅行客に勧めている。

●いずれかが人称代名詞ないし再帰代名詞

先行する名詞を受ける人称代名詞は、何ら新しい情報を含んでいないために、定形のすぐ近くにおかれます。話者を指す1人称の代名詞、対話相手を指す2人称の代名詞、主語と同一の再帰代名詞も、新規情報を含まないという点では3人称の人称代名詞と同じです。

Er hat mir seine Zusage mitgeteilt.
彼はわたしに承諾を（承諾すると）伝えてきた。

Sie haben viele Erfahrungen gesammelt und wollen sie der jüngeren Generation weitergeben.
彼らはたくさんの経験を積んでおり、それを若い世代に伝えたいと考えている。

Sie hat sich der Sozialarbeit gewidmet.
彼女は社会福祉に尽くした。

● **3格・4格ともに人称代名詞ないし再帰代名詞**

この場合には4格、3格の順で並びます。

Hast du schon meine Adresse? Soll ich sie dir schreiben? わたしの住所、もう持ってたっけ？ 書こうか？

Unsere neue Lehrerin ist sehr sympathisch. Ich habe sie mir aber ganz anders vorgestellt.
新しい女の先生、とっても感じがいいんだ。全然ちがう風に想像してたんだけど。

（3）主語と目的語が並ぶ場合

副文では主語と目的語が定形を挟まずに並びます。また主文でも、前域に添加語などがおかれ、定形のあとに主語と目的語が並ぶことがあります。このような場合の基本の並び順は、主語－目的語です。

Bei der Sitzung haben alle Mitglieder ihre Meinung geäußert. ミーティングではすべてのメンバーが自分の考えを述べた。

ただし主語が名詞で、目的語が人称代名詞ないし再帰代名詞の場合には、情報量の多い主語（名詞）の方が目的語よりあとにくることもよくあります。 ☞ p.215

Die Schule war zwei Tage geschlossen, weil sich mehrere Kinder mit Grippe angesteckt haben.
何人もの子どもがインフルエンザに罹ったので、2日間休校になった。

5. テクストのまとまり

　コミュニケーションでは、ひとつの文が他から独立して言われたり書かれたりするということは、あまりありません。ある文は、先行する文が作り出す文脈に関連し、さらに後続の文へとつながって、ひとつのまとまり、つまりテクストを作り上げます。テクストは、ひとりの話者ないし書き手によって作られる場合もあれば、会話などのようにふたり以上の参加者が作り上げる場合もあります。次のような短い会話も立派なテクストです。

a. Hast du heute Elke gesehen? – Sie war vorhin in der Cafeteria.
今日エルケを見かけた？— ちょっと前にカフェテリアにいたよ。

それに対してたとえば次のような組み合わせでは、会話が成立していません。

b. Hast du heute Elke gesehen? – Er war letzten Monat im Urlaub.
今日エルケを見かけた？— 彼は先月、休暇中だった。

　例文 b. は、それぞれの文は文法的にまちがっていませんが、ふたつの文のあいだにつながりがないために、テクストにはなっていないということになります。
　テクストのまとまりを作り上げる要素には以下のものがあります。

● **代名詞・所有冠詞・副詞による指示**
　ある名詞を、人称代名詞や所有冠詞、または指示代名詞で受けることで、文と文とのつながりを作り出すことができます。この場合、代名詞や所有冠詞は、先行する名詞の性・数に一致していなければなりません。
　先行する文や句を受ける es や das も、テクストのまとまりを作ります。alte Kirchen（古い教会）→ solche Kirchen（このような教会）の solch や ein Hybridauto（ハイブリッドカー）→ dieser Wagen（この車）の dieser といった指示的な定冠詞類も、文相互を関連づけます。

またin der Stadt（町で）→ dort（そこで）のように、指示的な副詞もよく用いられます。

●同一の語句の反復

　同一の語句、特に名詞を繰り返し述べることによっても、ふたつ以上の文を関連づけることができます。ただし、同じ名詞を同じ形で繰り返すことは文体上避けた方がよいとされていますので、何らかの工夫も必要です。

> **Die Spargelsaison hat angefangen. Diesjährige Spargel sind besonders aromatisch.**
> アスパラガスの季節が始まった。今年のアスパラガスは特に香りが高い。

●別の語での言い換え

　ある語句を、同じものを指し示す別の語句に言い換えることで、同一の語の反復を避けながらそれと同様の効果を上げることができます。たとえばKartoffeln（じゃが芋）はdas Gemüse（その野菜）に、さらにdie Grundnahrungsmittel（その基礎食品）に、Clara Schuhmannはdie Musikerin（その音楽家）などに言い換えることができます。

　この手法は名詞でよく見られますが、動詞でも可能です。たとえばbestehen（試験などに合格する）なら、sich^4 bewähren（力のあることが証明される）と言い換えることができます。またeine Mail schreiben（メールを書く）のような［名詞＋動詞］の組み合わせを、sich^4 melden（連絡する）のような動詞やr Kontakt（コンタクト）といった名詞に言い換えることもできます。

●冠詞の選択

　同一の名詞を反復したり、ひとつの名詞を別の名詞で言い換えたりする際には、Kartoffelnをdas Gemüseとするように、はじめは不定冠詞や無冠詞でも、2度目以降は定冠詞がつきます。反復・言い換えではない場合でも、既知のもの、特定のものとして語られる場合には、定冠詞です。1文目で新規情報を［不定冠詞＋名詞］ないし［無冠詞名詞］という形で提示し、2文目でそれを定冠詞のついた既知情報として取り上げることで、ふたつの文のあいだのつながりが生まれます。

Gestern war ich nach längerer Zeit bei einer Messe. Die Predigt hat mir gut gefallen.
昨日は久しぶりにミサに参列した。説教はとても気に入った。

この例のように、先行する文で言われる名詞とまったく同じでなくとも、その名詞が含意する範囲内のことがらであれば既知情報とすることができます。☞ p.69

●情報語順

3節で取り上げた情報語順も、上の他の要素と関連しながら、テクストのまとまりを作り上げます。特に、先行する文の新規情報を代名詞で受けたり別の語句で言い換えたりして次の文のテーマとして提示することで、ふたつの文のあいだに緊密な関連が生まれます。

Das Orchester hat endlich seinen neuen Chefdirigenten gewählt. Der gebürtige Russe wird 2018 das neue Amt antreten.
オーケストラはようやく新しい主席指揮者を選出した。この生まれついてのロシア人（ロシア生まれの指揮者）は2018年にこの新たな職に就く。

●接続詞や関係代名詞

接続詞や関係代名詞は、ふたつ以上の文を密接につなぎ合わせます。また特に接続詞は、文と文との論理的つながりを明確にし、テクストのまとまりと流れを作り出します。☞ p.229

＊　　　＊

ひとつひとつの文が文法的に正しく、そのなかで用いられている語句が適切であったとしても、上に挙げたような要素が不適切だと、テクスト全体としてどこかちぐはぐになってしまいます。

ハインリヒ・ハイネの「メモワール」から、自分の名前について語られている一節を見てみましょう。

5. テクストのまとまり

(a) Hier in Frankreich ist mir gleich nach meiner Ankunft in Paris mein deutscher Name „Heinrich" in „Henri" übersetzt worden, (b) und ich mußte mich darin schicken und auch endlich hierzulande selbst so nennen, (c) da das Wort Heinrich dem französischen Ohr nicht zusagte (d) und überhaupt die Franzosen sich alle Dinge in der Welt recht bequem machen. (e) Auch den Namen „Henri Heine" haben sie nie recht aussprechen können, (f) und bei den meisten heiße ich Mr. Enri Enn;（後略）

(a) ここフランスでは、パリに着いてすぐに、ぼくのドイツ語名である「ハインリヒ」が「アンリ」に翻訳されてしまった、(b) そしてぼくはこの翻訳名を甘受しなければならず、それに加えてしまいには自分でもこの国ではこう名乗らざるをえなくなった、(c) というのも、ハインリヒという語はフランス人の耳には気に入らないからであり、(d) そもそもフランス人というのはこの世のものごとすべてを自分たちにとって都合のいいようにしてしまうからだ。(e) 「アンリ・ハイネ」という名前も彼らはきちんと発音することができず、(f) たいていの人にとってはぼくはアンリ・アン氏なのである。

※ mußteは、mussteの旧正書法での表記です。

以上の1節は4つの主文とふたつの副文から成り立っています。すべての文がいずれも「自分の名前」について語っており、何といってもまずこの主題上の共通性が文章のまとまりを作り出しています。

さらに（b）の副詞 darin（= in „Henri"）や so（= „Henri")、(e) の人称代名詞 sie（= Franzosen）という、前文の語句を受けて既出情報として提示する要素も働いています。(c) の da（〜だから）という従属接続詞や、(e) の auch（〜も）も、意味的連関を作り出す成分です。(c) の dem französischen Ohr が (d) では die Franzosen となっていますが、この同一の意味内容の言い換えも文章のまとまりを強めています。

情報も、既知→新規の順で提示され、先行する文で提示された何らかの情報がテーマとして文頭でかかげられ、それについての新規情報が定形からうしろで語られます。前域で示されるテーマはいずれも既知情報であるため、定冠詞つき名詞や人称代名詞などから構成されています。(c) は副文ですが、ここでも接続詞 da の直後の das Wort Heinrich がテーマ、dem französischen Ohr 以下が新規情報です。

第23章 話者の判断・心的態度を表わす語

コミュニケーションでは、述べられることがらについて話者がどう判断しているか、感じているかということの伝達も重要である。この役割に特化したのが話法詞、心態詞、間投詞である。

1. 話者の判断や心的態度の表現

わたしたちはことがらそのものを事実として述べるだけではありません。ことがらについての情報に、「可能だ」「絶対」などの判断を加えたり、驚き、諦めなどの自分の気持ちや相手への遠慮、期待などを込めたりもします。特に日常のコミュニケーションでは、こうした判断や気持ちの表現も、情報内容の伝達に劣らず大切です。このような話者の心的態度を表わす手段として、話法の助動詞や接続法があることは、第12章と第19章とで学びました。本章ではこのほかの表現手段を見ていきます。

2. 話法詞

Wie heiß es ist! Die Regenzeit ist **bestimmt** vorbei.
なんて暑いんだろう。梅雨はきっと終わったね。

Der unangemessene Bauplan wurde **natürlich** heftig kritisiert.　その不適切な建築計画はもちろん厳しい批判にさらされた。

話法詞とは、例文のbestimmtやnatürlichのように、語られることがらについての話者の判断を表わす語です。副詞に分類されることもありますが、一般の副詞のように文中のある特定の語にかかるのではなく文全体にかかり、文で述べられることがら全体について話者がどう判断しているかを伝えます。ことがらの確からしさについての判断を表わすものと、ことがらの性質についての評価を表わすものとがあります。

(1) 確からしさを表わす話法詞

語られることがらがどれくらい確かであるか、その度合いについての話し手の判断を表わします。

 kaum　ほとんどない（= vermutlich nicht）
 vielleicht　もしかしたら
 möglicherweise　ひょっとしたら
 vermutlich　おそらく
 wahrscheinlich　たぶん
 sicher/bestimmt/zweifellos　きっと、絶対に、疑いなく

Es ziehen Wolken herbei. Vielleicht regnet es bald.
雲がやってきている。まもなく雨になるかもしれない。

 kaumは可能性がほとんどないことを表わします。vielleichtでは、そうであるかないか可能性が半々程度です。上の例では、雨になるかどうか話し手は確信がもてず、降らない可能性もあると考えているわけです。これがwahrscheinlichになると雨の可能性が高いという判断で、sicherやbestimmtでは雨が降ることを確信しています。

(2) ことがらの性質についての評価を表わす話法詞

話法詞には、語られることがらが喜ばしいことか、残念なことか、ことがらの性質についての話し手の評価を表わすものもあります。

 bedauerlicherweise　遺憾ながら
 leider　残念ながら
 glücklicherweise　幸運にも
 erfreulicherweise　喜ばしいことに
 hoffentlich　願わくは
 natürlich　もちろん
 immerhin　ともかくも

Das Fest wird leider wegen des Unwetters verschoben.
お祭りは嵐のために残念ながら延期される。

Hoffentlich kommt der Zug pünktlich an.
列車が時刻表どおりに来るといいのだけれど。

Die deutsche Mannschaft hat verloren. Aber immerhin hat sie ihr Bestes getan.
ドイツチームは負けた。しかしチームはともかく最善を尽くしたのだ。

これらの話法詞を用いた文は、次のように書き換えることができます。

Ich bedaure, dass das Fest wegen des Unwetters verschoben wird.
お祭りが嵐のために延期されることを残念だと思う。

Ich hoffe, dass der Zug pünktlich ankommt.
列車が時刻表どおりに来ることを期待する。

Man muss aber anerkennen, dass die deutsche Mannschaft ihr Bestes getan hat.
しかしドイツチームが最善を尽くしたということは認めなければならない。

3. 心態詞

Wo steckt **denn** meine Brille? – Du solltest sie immer in diese Schublade legen, das sag' ich dir **doch** immer!
眼鏡はいったいどこにいったかなあ？ ― だからいつもこの引き出しに入れておきなさいってふだんから言ってるのに。

　日常的な話し言葉は往々にして、このように驚きや怪訝といった話し手の気持ちや、聞き手に対する期待や不満などの表現をともないます。その表現として日本語では「〜だね」「〜かなあ？」「〜のに」などの助詞が活躍しますが、ドイツ語では上記例文のdennやdochのような**心態詞**と呼ばれる語が用いられます。
　心態詞はいずれも、もともとほかの品詞（接続詞、形容詞など）だったものが、話し手の気持ちを表わす機能ももつようになったものです。以前は副詞の一部と考えられていましたが、現在ではコミュニケーションを機能させる特別な役割を果たす独自の品詞ととらえられています。

何かあることがらを表わす語ではないためテーマや新規情報にはなりえず、そのため心態詞はつねに中域、そのなかでも定形の近くにおかれます。

以下では文のタイプごとに主な心態詞を見ていきましょう。

（1）平叙文・感嘆文で用いられる心態詞

aber
ことがらの意外さについての驚きの気持ち、時に遺憾・不満など

Du bist aber groß geworden! ずいぶん大きくなったねえ。

Sind die Karten schon ausverkauft? Das ist aber schade. チケットはもう売り切れなんですか？ 残念だなあ。

doch
先行する発話や状況を受けて、それに対する抗弁、怪訝、不満など

Das sind doch gute Neuigkeiten. それはいい知らせじゃないか。

Das ist doch unmöglich! そんなこと、ありえない。

Du wolltest doch heute zum Arzt gehen.
今日お医者さんに行くって言ってたじゃない。

相手の反論を予測しそれに反対の理由を述べる

Schreib mir nicht alles vor. Ich bin doch kein Kind mehr.
ああしろこうしろって指図しないで。わたしもう子どもじゃないんだから。

eben
変えようのない事実だという判断、そのことについての諦めの気持ち

Man kann eben nicht alles haben.
人は何もかも持てるわけではないからね。

einfach
ことがらが明白だという判断

Die Idee ist einfach genial!
その考え、とにかくすごいひらめきだね。

ja
その場で確認したことがらについての驚き

Du bist ja schon da. おや、もう来てたんだね。

聞き手にも既知のことだという判断を伝え、同意を求める

Ausstellungen mit Impressionisten sind ja immer gut besucht. 印象派の画家の展覧会はいつも混んでいるからね。

schon
ことがらが実現するという確信、その確信にもとづく聞き手への励まし

Das ist schon in Ordnung.
だいじょうぶですから（気にしないでください）。

（2）願望を表わす文で用いられる心態詞

bloß
切望や悔恨

Wenn man es bloß vorher gewusst hätte!
それが前もってわかってさえいたらよかったのに。

doch
切望や悔恨

Wenn dies doch ein Traum wäre! これが夢だったなら。

（3）命令文で用いられる心態詞

doch
要求の実現を強く求める気持ち

Hör doch endlich auf zu jammern!
愚痴を言うのはいいかげんにやめて。

mal
要求の口調を和らげる

Schauen Sie mal im Wörterbuch nach.
辞書で調べてみてください。

ruhig
相手の懸念を打ち消し安心させる

Greifen Sie ruhig zu!
（食べ物などを勧めながら）どうぞ遠慮なくお取りください。

schon
要請を早く実行してほしいと思う気持ち、相手へのいらだち

Na, komm schon! 早く来いったら。

（4）疑問文で用いられる心態詞

bloß
補足疑問文で、答えをぜひ知りたいという気持ちを表わし、文脈によって怪訝や不快などの響きも帯びる

Warum hält der Zug bloß hier an?
なんだって列車はこんなところで停まるんだろう？

denn
決定疑問文で、ことがらの意外さへの驚きを表わす

Ist das denn dein Ernst? それ、本気で言ってるの？

補足疑問文で、口調を和らげる

Was ist denn hier los? いったいどうしたの？

doch

平叙文の形の疑問文で、ことがらを再確認する

Du hast doch ein bisschen Zeit, oder?
時間少しはあるんでしょう？

過去時制の補足疑問文で、「知っていたはずだが失念してしまった」ということを聞き手に伝える

Wie war doch Ihr Name? お名前はなんとおっしゃいましたっけ？

etwa

決定疑問文で、否定的返答を期待する気持ちを表わす

Wollen Sie etwa auch in Frührente gehen?
まさかあなたも早期退職なさるつもりだというのですか？

　ここまでは便宜上、代表的な心態詞をひとつひとつ見てきましたが、心態詞はふたつ以上並べて使うこともできます。

Sie sollten doch mal eine sachverständige Person zu Rate ziehen. ぜひ専門家に相談なさった方がいいですね。

　dochとmalがあることで、ぜひそうしてほしいという気持ちが、柔らかい口調で表現されています。

　心態詞の意味は会話の状況や文脈によって少しずつちがいます。辞書の訳語はあくまでも一例で、どのようなケースでもあてはまるというわけではありません。多くの用例に触れたり自分でも使ったりしてみることが上達の近道のようです。

4. 間投詞

Oje, das habe ich vergessen!　うわっ、そのこと忘れてた。

　間投詞は、日本語の「おや」「まあ」「おおっ」などのように、話し言葉において話者の感情的な反応や聞き手への働きかけを表わす語です。話法詞、心態詞と同様に語尾変化をしないばかりか、それだけでひとつの発話になることもあり、独立性の高い語です。ほかの文とともに用いられる場合には、例のように、たいてい前域よりも前の枠外におかれます。考え抜かれた表現というわけではなく、状況や相手の発言などに反応して自然と口をついて出てくる語ではありますが、ドイツ語にはドイツ語特有の間投詞があります。主なものを見てみましょう。

ach	驚き、幻滅	**Ach, du bist es!**	おや、君だったんだね！
aha	了解、納得	**Aha, man muss an der Kasse bezahlen.**	あ、そうか、レジで支払いをしなけりゃならないんだね。
au	痛み	**Au! Lass mich los!**	痛い！　放してよ！
	驚き、喜び	**Au ja!**	あっ、そうだね。／うん、そうしようよ。
igitt	嫌悪、拒絶	**Igitt! Das Brot ist total verschimmelt!**	うわ！　パンがカビだらけ！
juhu	歓喜	**Juhu! Wir haben gewonnen!**	やったー！　勝ったー！
na	次の発言へのつなぎ、時に不満や励ましなど	**Na, was sagst du?**	それで、どう思う？
		Na, dann eben nicht.	そんならいいよ。
oje	狼狽(ろうばい)	**Oje, ich hab' völlig verschlafen!**	うわあ、すっかり寝過ごしちゃったよ！
pfui	嫌悪、憤慨	**Pfui, so was macht man doch nicht!**	こら、そんなことしないもんだよ！

名詞を間投詞のように用いることもあります。

Oh Gott!/Mein Gott!　狼狽、驚愕

> **Oh Gott, der ganze Text ist jetzt weg!**
> うわ、(書いていた) 文章が全部消えちゃった！

Mann!　憤慨

> **Mann! Lass mich in Ruhe!**　ちょっと、ほっといてくれ！

Du meine Güte!　驚愕

> **Du meine Güte! Warum weinst du denn so?**
> おやおや、何でそんなに泣くのさ？

Mensch!　驚き、憤慨

> **Mensch, du siehst aber schick aus!**
> わお、かっこいいじゃない！

> **Mensch, versteh mich doch endlich!**
> ちょっと、こっちの言い分いいかげんにわかってよ！

第24章 書き方

書き言葉には句読点や大文字書き、小文字書きの区別など話し言葉にはないルールがある。こうした書き方のルールは、文章をどう読んだらよいのか読み手に伝えるための手段である。

1. 句読点

　書き言葉は読者や後日の自分といった相手に向けてメッセージを発しており、その点は話し言葉と同じです。ただし話し言葉は息継ぎをしたりイントネーションを上げたり下げたりすることで意味の区切りをはっきりさせたり、事実の伝達なのか相手への要求なのか質問なのかといった発話の意図を伝えたりすることができます。書き言葉にはこうした音声上の伝達手段がありません。その代わりに書き手が自分の意図を読み手に伝えるために使う補助手段が、句読点です。

　句読点にはピリオド（.）、疑問符（?）、コンマ（,）といった馴染みあるもののほかに、コロン（:）やセミコロン（;）などがあり、それぞれ独自の役割を担っています。

（1）ピリオド（.）

●終止符として

　ピリオドはあるひとつの文、または複数の文の連なりの最後に打つ終止符です。そこでひとまとまりのメッセージが終わるということを示します。文章のタイトルや新聞の見出し、あるいはEメールの件名などには、ピリオドはふつう打ちません。

●序数の省略記号として

　ピリオドは数字の直後に打たれると、その数字が序数であることを示します。序数が文末にくる場合には、ひとつのピリオドが文の終止符と序数の省略記号のふた役を兼ねます。

以上の使い方をニュースの始めの部分で確認しましょう。日付、タイトル、文末などでのピリオドの有無に注意してください。

Nachrichten 31. 01. 2025 (den einunddreißigsten ersten zweitausendfünfundzwanzig)

Bildungsminister tritt zurück

Der wegen seiner Aussage über die Kriegsvergangenheit unter Kritik geratene Bildungsminister tritt zurück.

2025年1月31日付ニュース
教育大臣が辞任
過去の戦時についての発言ゆえに批判を浴びた教育大臣が辞任することになった。

●単語の省略記号として

ピリオドは単語を省略して短く書く場合の省略記号にもなります。

Professor Doktor ➡ Prof. Dr. (教授博士)

ただし、複数の語を組み合わせた団体等の名称や、もともと複数の語から形成された複合語については、単語の一部を省略して短くするのではなく、その名称や複合語を構成する各語の頭文字を並べた略語を用います。略語にはピリオドを打ちません。

Zweites Deutsches Fernsehen ➡ ZDF (第2ドイツ放送)

Kraftfahrzeug ➡ Kfz (自動車)

※略語ではアクセントが最後の文字におかれます。ZDF

(2) 疑問符 (?) と感嘆符 (!)

●疑問符 (?)

疑問符はその名のとおり、質問であることを示す記号です。補足疑問文、決定疑問文のほかに、語順は平叙文であってもそれが相手への質問なら文末に疑問符を打ちます。また単語や句のあとにおくこともできます。

Was? Schon elf Uhr? なんだって？　もう11時？

● **感嘆符（！）**

強い驚きや感嘆を表わす記号です。要求や依頼、願望なども表わしますが、その発言が口頭で発せられた場合にそれほど強い口調をともなわないと想定される場合には、感嘆符ではなくピリオドが使われることもあります。

Schau mal! Wie entzückend! ねえ、見て。なんてすてき！

疑問符と感嘆符は、タイトルや見出しなどのあとにおかれることもあり、また両者を「!?」と組み合わせて、驚きと疑問の混じり合った気持ちを表わすこともできます。

Was soll denn das!? これっていったいどういうことだ。

(3) コンマ（,）

コンマの役割は句読点のなかでも飛び抜けて多く、その使い方はさまざまです。特に注意が必要なのは、ある文の一部となっている副文やzu不定句、分詞構文、挿入句をそれ以外の部分から区切るコンマです。

以下ではコンマの使い方のうち主なもの、少し注意の必要なものについて見ていきましょう。

● **zu不定句・分詞構文の区切り**

コンマは、zu不定句や分詞構文と文のその他の部分との境に打たれ、文の構造を明示します。打たなくてもよい場合（例文では括弧で示しています）もありますが、文の構成がわかりにくい場合には打つようにします。

Sie haben mich eingeladen(,) sie zu besuchen.
彼らは訪ねてくれるようにとわたしを招いた。

Er ist ins Zimmer zurückgegangen, um nach dem Kind zu sehen. 子どもの様子を見るために、彼は部屋に戻った。

Der Greis ist(,) ächzend und sich auf den Stock stützend(,) die Straße entlang gegangen.
老人は、呻いて杖にもたれながら、通りを歩いて行った。

ただし [haben/sein ... zu不定形] ☞ p.295 、zu不定句が brauchen など助動詞的な動詞とともに用いられている場合 ☞ p.294 や、zu不定句がひとまとまりになっておらず、その一部分（目的語など）が主文のなかに組み込まれているような場合には、コンマは打ちません。

Die Medizin ist kühl aufzubewahren.
その薬は低温で保存しなければならない。

Du brauchst dir keine Sorgen zu machen.
心配しなくてもだいじょうぶだよ。

Dieses Formular bitten wir zu unterschreiben und an uns zurückzuschicken.
この書類に署名をしわたしどもにご返送くださるようお願いいたします。

●主文と副文とのあいだの区切り

コンマは主文と副文の境に必ずおかれ、区切りを明示します。

Wir standen dort, bis sich der Himmel aufklärte und der Große Bär zu sehen war.
わたしたちはそこに、空が晴れ上がり大熊座が見えるまで立っていた。

Es gibt ein einfaches Gerät, mit dem man die Sonnenfinsternis beobachten kann: die Lochkamera.
それを使って日蝕を観察できる簡単な装置がある。ピンホールカメラだ。

比較の wie や als が副文を導く場合にも、主文と副文との境にコンマが打たれます。

Wir haben jetzt mehr Kunden, als wir erwartet haben. いまでは想定していたより多くの客がついた。

wie や als 以下が副文ではなく語や句の場合には、wie や als の前にコンマを打ちません。

1. 句読点

Wir haben jetzt mehr Kunden als erwartet.

● **文と文とのあいだの区切り**

ピリオドを打つほどふたつの文がそれぞれ完結していないという場合には、コンマで区切ります。

Das Klavier gibt falsche Töne von sich, wir müssen es stimmen. ピアノの音がおかしい、調律しなくてはいけない。

ただしふたつの文をundやoderでつなぐ場合には、ふつうコンマは打ちません。

Der Kaffee war bitter und ich nahm Zucker und Milch. コーヒーが苦くてわたしは砂糖とミルクを入れた。

Wir können in die Ausstellung gehen oder einfach in der Stadt bummeln.
展覧会に行ってもいいし、ただ町をぶらぶらしてもいいね。

● **語句のあいだの区切り**

いくつかの語句を列挙する場合にはコンマで区切ります。ただし最後から2番目と最後の語句のあいだはundやoderでつなぐことが多く、その場合にはコンマは入れません。

Im Garten blühen jetzt Flieder, Maiglöckchen und Hahnenfüße.
庭ではいまライラック、スズラン、キンポウゲが咲いている。

Dorthin kann man mit der U-Bahn, mit dem Bus oder mit der Straßenbahn fahren.
そこには地下鉄、バスあるいは路面電車で行くことができる。

aberなどの限定、不一致、対立を表わす接続詞の前にはコンマを打ちます。

Die Stimmung war entspannt, aber nicht zu locker.
雰囲気はリラックスしていたが、締まりがなさすぎるというわけではなかった。

複数の付加語的形容詞が並ぶ場合、名詞との結びつきの度合いがいずれも同じなら、形容詞のあいだはコンマで区切ります。しかし、下の2例目の **schwarzer Kaffee** のように［形容詞＋名詞］がセットでひとつの概念を意味し、その概念をさらに別の形容詞が規定する場合には、形容詞と形容詞のあいだにコンマはおきません。

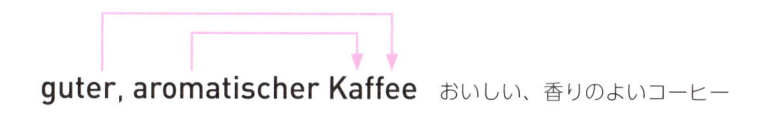

guter, aromatischer Kaffee　おいしい、香りのよいコーヒー

heißer schwarzer Kaffee　熱いブラックコーヒー

(4) セミコロン (;) とコロン (:)

● セミコロン (;)

セミコロンは、コンマでは区切りが弱く、といってピリオドでは強すぎる、その中間くらい、という場合に、文と文とを区切るのに用いられます。また語句が羅列され、その語句がおおまかなグループに分けられる場合にも、そのグループ分けを明示するためにセミコロンを用います。

Die Zahl der ausländischen Ärzte hat sich innerhalb zehn Jahren verdoppelt; 2012 waren gut 32 500 ausländische Mediziner gemeldet.
この10年のあいだに外国籍の医師の数は倍増した。2012年には優に32,500人の外国籍医師が登録していた。

Im botanischen Garten sind einige Wäldchen und Teiche; Treibhäuser mit tropischen Pflanzen; Blumen-, Gemüse- und Kräutergärten.
植物園にはいくつかの林と池、熱帯植物のある温室、花壇・菜園・薬草園がある。

1. 句読点

●コロン（:）

コロンは、先行する文に続けて例や詳細な説明などを述べる際に用いられます。

Man nehme folgende Zutaten: sechs Stück Eier, 20 ml Milch und 40 g Butter.
以下の材料を用いること。卵6個、牛乳20cc、バター40グラム。

Eines ist sicher: Der Wandel ist eine Chance.
ひとつのことは確かだ。変化はチャンス、ということだ。

Zutaten（材料）やeines（ひとつのこと）が具体的にどのようなことなのか、その説明がコロンのあとに続いています。ふたつめの例文のようにコロンのうしろに文が続く場合、それが独立性の高い文だと感じられるなら大文字で書き始めます。コロンの代わりにコンマで区切ることもできるような場合には、コロンのうしろの文を小文字で始めることもできます。

（5）ハイフン（-）

ハイフンには、語と語をつなぐ役割と、語の省略部分を明示する役割とがあります。

●語と語をつなぐ

ドイツ語の複合語には通常ハイフンを入れませんが、複雑だったり長すぎたりしてその意味がわかりにくい場合などに、ハイフンを入れることができます。

 ein deutsch-japanisches Wörterbuch 独和辞典
 die Hochwasser-Vorhersage 洪水予報
        （Hochwasservorhersageとも）

略語や数字と別の語とをつなぐ場合にはハイフンを入れます。
 der EU-Gipfel EU首脳会談
 die 72-jährige Königin 72歳の女王

1. 句読点

●省略箇所を明示する

共通する構成要素をもつ複合語が並ぶ場合には、共通部分を省略し、その省略箇所をハイフンで示します。

Todes-, Geburts- und Hochzeitsanzeigen
(= Todesanzeigen, Geburtsanzeigen und Hochzeitsanzeigen)
死亡広告、誕生広告、結婚広告

Flugpersonal und -passagier
(= Flugpersonal und Flugpassagier)　飛行機の乗務員と乗客

2. 分綴

分綴とは、ひとつの語が2行にわたる場合に行末でその語を分けることです。どこで区切ってもよいというわけではなく、音の切れ目、意味の切れ目などに従うというルールがあります。

分綴の最小単位は音節です。音節とはひとまとまりの音と認識される単位で、ドイツ語ではひとつの母音を中心に、その前後に子音がつくことがあります。二重母音 ai, au, ei, eu や長母音 ie などは分けません。

以下に分綴が可能な場所にハイフンを入れて示します。

Was-ser　水　　　Spar-gel-der　貯蓄（複数）
se-hen　見る　　be-in-hal-ten　〜を内容としてもつ
läs-tig　煩わしい　mil-li-me-ter-ge-nau　ミリの誤差もないほど精確な

このような音節の区切りは、辞書の見出し語にも、| や・などで記されています。

分綴の最小単位は音節ですから、単音節の単語は分綴しません。ただしそのような語でも、語尾がついて音節が複数になると、分綴可能になります。

schnell ➡ schnel-ler　　Geld ➡ Gel-der

分綴可能なところならどこで分けてもよいというわけではありません。特に複合語では読み手にとって読みやすいように配慮して、できるだけ複合語を構成する要素の区切りで分けるようにします。

Spargel-der ではなく　Spar-gelder
bein-halten ではなく　be-inhalten
millime-tergenau ではなく　millimeter-genau

3. 大文字表記・小文字表記

　ドイツ語では、文頭のほかに名詞の語頭も大文字で書きます。動詞から作られた das Essen（食事）のような中性名詞や、形容詞から作られた名詞 die Deutschen（ドイツ人たち）も大文字書きです。

　ところが、名詞が別の品詞になったり、動詞や前置詞と分かちがたく結びついて動詞や前置詞の一部分だと認識されるようになると、大文字書きなのか小文字書きなのか判断が難しくなります。

　以下ではそのようなケースのうち代表的なものを挙げて、整理してみましょう。

● 名詞が前置詞になった場合

　名詞から前置詞になった語は、前置詞だと認識されて小文字で書きます。

dank et² 　〜²のおかげで（< Dank）

dank seiner Vermittlung　彼の仲介のおかげで

● 名詞が前置詞と組み合わされ新たな前置詞の一部になった場合

　もともと名詞だという意識が働いて大文字書きも許容されているものと、全体でひとつの前置詞だと認識されるようになり小文字書きにするものとがあります。

大文字書き、小文字書き両方が許容されているもの
auf Grund et²/aufgrund et² 　〜²にもとづき

aufgrund der Tatsache　その事実にもとづき

小文字書きのもの
et³ zufolge 　〜³によれば（< zu Folge）

einem Bericht zufolge　報告によれば

●名詞が動詞と組み合わされ動詞的成句の一部になった場合

　名詞が名詞として認識されて大文字書きされるもの、もともと名詞だという意識が少し働いて大文字書きも許容されているもの、分離動詞として小文字書きされるものがあります。

大文字書きのもの
Ski fahren　スキーをする

Ich bin schon seit Jahren nicht mehr Ski gefahren.
もう何年もスキーをしていない。

大文字書き、小文字書きの両方があるもの
et^4 in Frage stellen/et^4 infrage stellen　〜^{4}を疑問に付す

Seine Fähigkeiten werden jetzt in Frage/infrage gestellt.　彼の資質がいま疑問に付されている。

小文字書きのもの（分離動詞とされているもの）
eislaufen　スケートをする（< Eis laufen）
stattfinden　（催事などが）行なわれる（< Statt finden）

Wenn der See zugefroren ist, kann man darauf eislaufen.　湖が凍結していたらその上でスケートができる。

Der Wettbewerb findet jedes Jahr im November statt.　そのコンクールは毎年11月に行なわれる。

　この区分はあくまでも現在のもので、数年後には変わっているかもしれません。わたしの学生時代——もう30年も前のことですが——には、現在は成句とされているRad fahren（サイクリングをする、自転車に乗る）も分離動詞radfahrenとして通用していました。eislaufenは、しばらく前にいちどEis laufenという書き方が正しいとされたものの、現在はふたたび分離動詞として扱われています。stattfindenのように以前から変わらず分離動詞とされている語もあるように、引き続き分離動詞として使おうとする傾向がある一方で、語源に立ち返り名詞は名詞として認識しようという潮流もあり、両者がせめぎ合っています。

●一日の時間帯を表わす名詞が副詞とともに用いられる場合

gestern Abend（昨日の晩に）のように、一日の時間帯を表わす名詞が副詞とともに用いられる場合には、名詞は名詞として認識され、大文字書きのままです。

なお「日曜日の晩」など、曜日を時間帯と組み合わせる場合には、いずれも名詞なのでSonntagabendのような複合語にし、時の添加語として用いる場合にはam Sonntagabendとamをつけます。

●名詞が省略されている付加語的形容詞

付加語的形容詞の規定する名詞が省略されている場合は、形容詞が名詞化されているようにも見えますが、形容詞はあくまで形容詞、小文字で書きます。

Das blaue, ja, das dritte von links ist mein Auto.
あの青い、そう、左から3台目のがわたしの車だ。

●[前置詞 + 形容詞最上級]

形容詞最上級のam —stenや、絶対的最上級aufs —ste（きわめて～）でも形容詞は小文字で始めます。ただしaufs —steは大文字書きでもよいとされています。

Am besten machen wir eine Pause.
ちょっと休憩するのがいちばんだ。

Wir haben uns aufs königlichste/aufs Königlichste amüsiert. わたしたちはこのうえなく楽しんだ。

これならわかるドイツ語文法

文法事項索引

数字

1格の用法　57-58, 86
1人称　22, 82, 83
2格支配の前置詞
　　　86-87, 157, 168, 170
2格の用法
　　　57, 58, 60, 62, 86-87, 129
2人称(敬称・親称)　22, 82, 83
3・4格支配の前置詞
　　　155-157, 165
3格支配の前置詞
　　　154, 160, 161-165, 166-169,
　　　170-172, 173-174
3格の用法　57, 58-59, 61-62,
　　　86, 91, 177-178
3基本形(動詞の)　35-38
3基本形(複合動詞の)　46-47
3人称　22, 53, 77, 82, 83-85, 270
4格支配の前置詞　153-154,
　　　160, 161-162, 165, 167,
　　　170-171, 171-172, 172-174
4格の用法　14, 57, 60-61, 86,
　　　126, 136, 169-170, 176-179,
　　　203-204, 226, 306

ア行

言い換え　68, 87, 320, 321
引用　266, 280-282, 283-284,
　　　284-285, 286-287
引用符("　")　280-281
婉曲表現(接続法)　276-279
音節　50, 109, 123, 339

カ行

階(建物の)　140
格　57-58, 85-88, 317-318
格支配(前置詞の)
　　　58, 153-157, 251
確認のための疑問文
　　　33-34, 329

格の用法　57-58, 60-62, 85-87
格変化・格語尾(冠詞類)
　　　75-76, 76-78, 78-79
格変化・格語尾(関係代名詞)
　　　249, 252, 255, 256
格変化・格語尾(形容詞)
　　　113-115, 116-117, 118, 132
格変化・格語尾(定冠詞)　64
格変化・格語尾(不定冠詞)　65
格変化・格語尾(名詞)　58-60
格変化(人称代名詞)　82, 85
過去完了
　　　20, 189-190, 234, 268-269
過去基本形　35-38, 46-47,
　　　182-183, 199-200, 266-267
過去時制　20, 46, 47, 168,
　　　181-182, 185-186, 199-200,
　　　206, 294, 329
過去人称変化　182-183
過去分詞　35-38, 46-47, 186,
　　　190, 200, 204, 205, 206, 209,
　　　210, 234, 290, 294, 297, 301,
　　　302, 303, 303-304, 306
可算名詞　49, 71, 74, 96, 116
数(基数・序数)　131, 134-139,
　　　140-143, 143-146, 332
数(単数形・複数形)　49, 50-52,
　　　52, 53-54, 54-55, 56, 58-59,
　　　60, 65-67, 70-72, 75, 84,
　　　116, 135, 136-137, 139,
　　　142-143, 149, 150, 215
仮定
　　　236-237, 264, 271-273, 279
関係代名詞
　　　101, 247-257, 313, 321
関係代名詞と前置詞　251, 256
関係副詞　247-248, 253-254
関係文
　　　99, 247-248, 252, 255, 312
冠詞　14, 49, 64, 65, 76, 113
冠詞の用法(使い方、使い分け)
　　　65-75, 149, 320

冠飾句　303-304
冠詞類(→不定冠詞類、定冠詞類
　　　も)　13, 75, 85, 251
間接話法・間接引用
　　　264-265, 265-266, 280-287
間接疑問文　89, 233, 283
感嘆符(!)　259, 333, 334
感嘆文　34, 108, 326
間投詞　15, 330-331
幹母音(動詞の)　25-27, 29-30,
　　　36, 37, 192, 260, 267
願望　264, 271-274, 277, 327
勧誘　262, 270
完了時制　18, 35, 184-190, 200,
　　　301, 303
完了の助動詞(haben, sein)
　　　186-189, 234
完了不定句(過去分詞 +
　　　haben、過去分詞 + sein)
　　　190, 197, 198, 201, 202, 290
帰結(仮定、条件に対する)
　　　240, 273
紀元前　144
基数　131, 134-139, 140
規則動詞(弱変化動詞)
　　　35, 46, 182, 266
基礎動詞(分離・非分離動詞の)
　　　40-41, 42, 44, 46, 47, 261, 291
機能動詞　211-212, 222, 226,
　　　310
機能動詞構文　74, 211-212,
　　　226, 309, 310
疑問詞　30-32, 81, 103, 108, 283
疑問代名詞　81, 103, 159, 160,
　　　233, 255
疑問符(?)　332-334
疑問副詞　106-107, 160, 233
強変化動詞　27, 36, 183, 267
金額　137
句　13-14, 153, 273, 290, 291,
　　　303, 306, 334
具象名詞　49

343

索引

句読点　332, 334
敬称(Sie)
　22-24, 83, 214, 261, 270
形容詞　15, 55, 73, 75, 107,
　109-119, 123-133, 141, 173,
　174, 180, 224, 240, 276, 296,
　337, 342
形容詞が複数並ぶ場合
　115, 337
形容詞の格変化→格変化・格
　語尾（形容詞）
形容詞の名詞化　130, 132-133,
　224, 257, 298-299, 302
計量単位　136
結合価　58, 111, 175-180, 290,
　297
決定疑問文　30, 32, 33, 283,
　328-329
原級　43, 123, 124, 130
現在完了　17, 18, 19, 20, 168,
　181, 182, 184-189, 190,
　200-202, 204, 206, 268-269,
　282
現在時制　18-19, 47, 168, 182,
　282
現在人称変化　21-30, 35, 186,
　192, 200, 206, 259, 260, 265
現在分詞　14, 297-301, 303
後域　292, 311, 312
行為者情報（受動態）　207
語幹-en Sie（命令・要請）
　203, 261, 262, 270
語幹-en wir（勧誘）　262, 270
語幹（動詞の）　16, 21-30, 35-37,
　54, 55, 56, 110, 265, 266
語順　30-31, 34, 40-41, 87, 92,
　108, 186, 215, 231, 234,
　307-308, 313-318, 321
〜ごとに　79, 141
語尾（動詞の）　16, 17, 21-30, 36,
　182, 183, 192, 266
コプラ動詞(sein, werdenなど)

　28, 73, 111, 186, 225, 310
小文字表記
　83, 149, 338, 340-342
固有名詞　48, 49, 56, 60, 75, 225
固有名詞と冠詞　75
固有名詞の2格　60
コロン(:)　332, 337, 338
混合変化動詞
　35, 37, 46, 115, 182, 267
コンマ(,)　115, 230, 231, 248,
　291-294, 332, 334-337, 338

サ行

差（の程度）　126, 169-170
再帰　213, 216
再帰代名詞
　213-218, 261, 317, 318
再帰動詞　173, 179, 187,
　188, 210, 213, 216-218, 261
最上級　109, 119, 123-125,
　128-130, 132, 141, 342
最上級の比較の範囲　128-129
使役の助動詞(lassen)　191,
　203-204, 210, 262, 288
時刻・時間　17-19, 60-62, 71,
　91, 112, 121, 122, 145-148,
　156, 166-169, 228, 342
指示代名詞　14, 77, 98-102,
　103, 249, 251, 255, 256, 257,
　316, 319
事実性についての判断（助動
　詞、話法詞）　196-198, 324
辞書の見方　（名詞）63、（動詞）
　29-30、（動詞の完了助動詞）
　189、（結合価）179、（形容詞）
　118-119、（再帰動詞）218
時制　16-21, 35, 181-182,
　184-185, 189-190, 190, 201,
　206, 268-269, 270, 271, 282
自動詞　14, 172, 186-188, 209,
　301, 303
自動詞の受動態　209

弱変化動詞　35, 182
集合名詞　48, 49, 116
集合を表わす語　49
従属接続詞　126, 127, 230-244,
　272, 274, 283, 313
主観的用法（助動詞の）
　196-198, 201
主語　11, 14, 16, 17, 21, 22, 57,
　58, 103, 175-176, 203, 204,
　205, 207, 208, 209, 211, 213,
　232, 233, 259, 263, 283, 288,
　289, 291, 308
主語と定形の一致　17, 28, 53,
　92, 142-143, 150, 245
述語　11, 14, 21, 40-41, 186,
　190, 191, 221, 224-225, 294
述語的2格　62, 130
述語的用法（形容詞の）　111-113,
　116, 117, 125, 128, 303
述語内容語　11, 15, 28, 48, 57,
　62, 86, 111, 120, 125, 128,
　179, 221, 225, 289, 299-300,
　310
受動態
　17, 28, 37, 191, 205-210, 301
受動態の機能　207-208
受動的表現　210-211
受動不定句（過去分詞＋
　werden）　290
主文　222, 230, 231-232,
　232-233, 234, 238-239, 247,
　248, 249, 252, 255-256,
　256-257, 307, 311, 335
条件文　237, 273
小数　135, 136, 142
状態受動　209-210, 303
職業　60, 73, 225
序数　140-145, 332-333
助動詞　11, 27, 37, 185-189,
　190, 191-204, 206, 209, 221,
　234, 267, 275, 282, 288, 294,
　295, 308, 309, 335

344

所有冠詞	14, 76-78, 87, 94, 129, 223, 283, 319	
所有の3格	61, 204, 214	
親称(du, ihr)	22, 83, 259	
心態詞	15, 34, 108, 182, 274, 287, 323, 325-329	
数詞	52, 79, 117, 134-150	
数式	139	
～世（人名に添える称号）	140	
～世紀	145, 167	
性・数の一致（名詞・代名詞類）	13, 77, 84, 96, 249, 252-253, 319	
性（名詞の）	49-51, 53-55, 56, 58-60, 62, 63, 64-65, 75, 128, 130, 132, 142, 162, 163, 224, 289	
西暦年	144, 167	
接続詞	15, 229-246, 275, 280, 321, 325, 336	
接続詞（結果を表わす）	240	
接続詞（根拠・理由・原因を表わす）	238-240	
接続詞（手段を表わす）	243	
接続詞（条件や仮定を表わす）	236	
接続詞（対立を表わす）	242, 336	
接続詞（時を表わす）	234-236	
接続詞（範囲を限定する）	243	
接続詞（比較を表わす）	243-244	
接続詞（不一致を表わす）	241-242	
接続詞（目的を表わす）	242-243, 271	
接続詞的副詞	230, 237-243	
接続法	17, 258, 264-287, 294, 323	
接続法第1式	17, 261, 262, 264-266, 270-271, 274, 279-280, 281, 281-282, 284	
接続法第2式	17, 193, 244, 263, 264-265, 266-269, 271-279, 280, 281	
接続法の時制	268-269	

絶対的最上級	130, 342	
絶対的比較級	129-130	
接頭辞	39, 42-43, 219	
接尾辞	51, 54, 56, 110, 117, 118, 141, 219	
セミコロン（;）	332, 337	
前域	31, 32, 41, 87, 91, 92, 209, 230, 232, 234, 307, 313-316, 318, 330	
先行詞	98, 99, 101, 247, 249-252, 254, 256, 257, 312	
前置詞	15, 48, 57, 58, 85-87, 103, 105, 106, 151-174, 219, 340	
前置詞（時を表わす）	166-170	
前置詞（場所・方向を表わす）	155, 161-165	
前置詞（様態・手段を表わす）	171-172	
前置詞（原因・理由・目的を表わす）	170-171	
前置詞（幅や差異を表わす）	126, 170	
前置詞句	11, 61, 113, 151-153, 172, 177, 222, 306, 310, 311, 312	
前置詞つき目的語	151, 172-174, 177-179, 209, 217, 257, 292, 311	
前置詞と代名詞	103, 105, 159-160, 215, 251, 256	
前置詞と事物を表わす疑問代名詞の融合形（wo-, wor-）	104, 105, 160, 256, 257	
前置詞と定冠詞の融合形	158-159	
前置詞と事物を表わす人称代名詞の融合形（da-, dar-）	87, 159-160, 233, 292, 311	
前置詞の格支配	58, 153-157	
前置詞の後置	152, 154	
前置詞の由来	153	

相関接続詞	230, 244-246	
造語	39, 56, 63	
相互代名詞	215	

タ行

態	16, 17	
体験話法	286-287	
代名詞	14, 82-102, 151, 159-160, 164, 213, 317-318, 319	
奪格	178	
他動詞	14, 173, 187, 188, 205, 216, 295, 301, 302, 303, 310	
単位を表わす名詞	53, 74, 79, 136, 149	
男性弱変化名詞	59	
知覚動詞	191, 204, 288	
中域	31, 32, 41, 91, 92, 230, 232, 234, 292, 311-313, 314, 326	
抽象名詞	49, 72, 79, 105, 116, 224	
直説法	17, 18, 258, 262, 267, 268-269, 271, 275, 277, 281	
直接話法	280-281	
通貨	137	
つづりの分け方→分綴		
定関係代名詞	249-253	
定冠詞	14, 63, 64-73, 75, 77, 92, 99, 128, 129, 132, 140, 158-159, 162, 223, 315, 320	
定冠詞型の格変化	76, 78, 79, 96, 97, 105, 114, 141, 252	
定冠詞類	64, 75, 78, 79, 113, 114, 132, 149, 319	
定形	16, 17, 18, 21, 25-27, 28, 40, 191, 206, 220, 221, 258, 270, 281, 282, 288	
定形後置	34, 108, 126, 127, 230, 232, 234, 248	
定形第1位	32, 237, 270, 273, 274	

索引

定形第2位　30-31, 33, 34, 40, 108, 191, 220, 221, 230, 308
定形の位置　30-34, 108, 230, 234, 237, 244, 270, 273, 274, 307, 308-309, 313, 313-315
定動詞→定形　16
テーマ（文の）　10, 31, 41, 99, 176, 207, 208, 307, 313-316, 321
テクスト　10, 68-69, 84-85, 286, 319-321
添加語（時、場所・方向・原因・理由、方法・様態）　11, 15, 18, 31, 60, 119, 130, 151, 314, 342
添加語の並び順　316-317
天候　53, 90
等級（比較の結果の）　141
動作名詞　211-212, 226, 310
動詞　11, 14, 16-18
動詞の3基本形　35-38, 46-47
動詞の表わす行為の時間的性質（限定・瞬間・継続）　17-18, 168
同等比較　130-131, 312
時の副詞　120-122
独立的4格　61, 306

ナ行

人称　16, 17, 21, 22, 28, 82-85, 87, 193, 218, 262, 270, 317
人称代名詞　14, 22, 76-77, 82-88, 98, 283, 286, 319
人称代名詞の位置　87-88, 215, 317-318
人称代名詞の用法　85-87, 94, 159-160, 253
人称変化（動詞の）　21-30, 35, 46, 92, 192, 259, 260, 265-266
認容（不一致の）　264, 279-280, 305
年月日　143
年齢　138

ハ行

〜倍…（比較）　131
倍数　138
ハイフン(-)　338, 339
場所の副詞　120-121
派生、派生語　51, 54, 56, 109-111, 117, 118, 174
判断基準の3格　61, 111
比較級　43, 109, 118-119, 123-127, 132
比較の対象　125, 126, 131, 312
非現実話法　264, 265, 271-278
日付　140, 143-144, 333
否定　31, 32-33, 95, 130, 193-195, 197, 219-228, 275, 294
否定冠詞(kein)　75, 76, 244
否定疑問文　32-33
非人称のes　90-92, 147, 186, 268
非分離動詞　39, 42-44, 47
表記法　137, 332-342
ピリオド(.)　140, 259, 332-333, 334, 336
品詞　14-15, 54, 325, 340
付加語　12-15, 73, 119, 120, 127, 129, 136, 140, 226, 232-233, 255, 291, 293, 298, 300, 301-302, 303, 337, 342
付加語的用法（形容詞の）　111-119, 127, 129, 226, 298, 301, 337, 342
不可算名詞→物質名詞、（一部の）抽象名詞
不規則動詞　30, 35, 36-38, 267
複合語（複合名詞）　56, 63, 111, 333, 338-339, 339, 342
複合動詞　39, 42, 46
副詞　11, 14, 15, 39-40, 44-45, 60-61, 107, 109, 113, 119-125, 127, 128, 230, 263, 276, 296, 297, 301, 316, 319-320, 342
副詞的2格　62
副詞的3格　61
副詞的4格　60
副詞的用法（形容詞の）　112, 117, 125, 128, 299, 302
複数形（名詞の）　50-52
副文　34, 89, 222-223, 230, 231-233, 234, 247, 248, 257, 264, 275, 283, 288, 311-312, 313, 334, 335
普通名詞　49, 70
物質名詞　48, 49, 72, 74, 79, 97, 105, 116, 224
不定関係代名詞　254, 256
不定冠詞　14, 64-67, 71, 72, 75, 88, 92, 105, 115, 132, 136, 223, 226, 320
不定冠詞型の格変化　76, 77, 98
不定冠詞類　75-77, 113, 115, 132
不定句　220, 288, 290, 307-308, 308, 314
不定形　16, 29, 35, 191, 200, 201, 203-204, 204, 221, 234, 277, 288-295, 308
不定形の用法　11, 82, 200, 201, 203-204, 204, 221, 268, 269, 277, 288-295, 308
不定詞→不定形　16
不定代名詞　12, 80, 93-98, 257, 293
部分否定　221, 222, 224
文　10-12, 89-90, 257, 307-311, 313-316, 319-322, 323
分詞　14, 153, 297-306
分詞句　303, 304
分詞構文　61, 304-306, 334
分数　142-143
文成分　10-12, 30-31, 111, 126, 230, 231, 234, 290, 291, 292, 307, 314, 315

346

分綴　　　　　　　　339-340
文否定　　　　221, 222, 224
分離・非分離動詞　　44-46
分離動詞　39-42, 46, 221, 261,
　　　　　291, 307, 309, 341
平叙文　30-31, 33, 34, 232, 262,
　　　　283, 307, 326, 329, 333
並列接続詞
　　　230-231, 238, 241, 242, 245
母音交替　　　　　　37, 265
法（直説法、命令法、接続法）
　　　　　　　　　　17, 258
方向の補完語　11, 176, 178,
　　　　　　　199, 222, 310
方法・様態の副詞
　　　　　　11, 120, 123, 316
補完語　　11-15, 111, 119, 151,
　　　172, 179, 180, 289, 293, 297
補足疑問文　　30-32, 103, 106,
　　　108, 283, 307, 328-329, 333
本動詞　186, 190, 191, 198, 201,
　　　　　　　　　203, 277

マ行

前つづり　33, 40-47, 261, 291,
　　　　　　　　　　307, 309
未来完了　17, 18, 21, 184, 190,
　　　　　　　　202, 268-269
未来時制
　　　17, 18, 20, 168, 201, 282
未来受動分詞（zu + 現在分詞）
　　　　　　　　　　　　300
無冠詞　　60, 65, 67, 70, 71, 72,
　　　　73-74, 75, 113-114, 157, 163,
　　　　165, 167, 223-224, 225, 309,
　　　　　　　　　　315, 320
名詞　　10-15, 48-81, 82-88,
　　　　　　　　　340-343
名詞句　12, 13-14, 60-62, 306
名詞的表現（ドイツ語の）　306
命令（Sieに対する）
　　　　　203, 261, 262, 270

命令法（du, ihrに対する）
　　　203, 214, 258-261, 262, 283
目的語　　11-12, 14, 57, 86,
　　　91-92, 99, 103, 151, 172-174,
　　　175-179, 187, 203-204, 205,
　　　209, 211, 213, 214, 217,
　　　232-233, 255-257, 288-293,
　　　310-311, 311, 317, 318

ヤ行

要求・要請の表現
　　　　62, 193, 195-196, 258,
　　　261-263, 269, 276, 278, 282
要求話法（接続法第1式）
　　　　　　　　　264, 270-271

ラ行

利害の3格　　　　　　　　61
略語　　　　　　　　333, 338

ワ行

枠外配置　　126, 131, 311-313
枠構造　　40-41, 185, 186, 191,
　　　200, 205, 212, 221-222, 232,
　　　　　　308-313, 313-314
話法詞　　　　15, 323-324, 330
話法の助動詞　　　　27, 187,
　　　191-201, 206, 221, 263, 267,
　　　　272, 275, 282, 291, 308
話法の助動詞の過去時制
　　　　　　182, 185, 199-200
話法の助動詞の完了時制
　　　　　　　　　　200, 201
話法の助動詞の主観的用法
　　　　　　　　196-198, 201
話法の助動詞の独立用法
　　　　　　　　　　198-200

ドイツ語索引

A

ab（前置詞）　　　147-148, 166
ab（分離動詞の前つづり）　41, 42
aber（心態詞）　34, 108, 287, 326
aber（接続詞）
　　　　　231, 241, 242, 245, 336
alle, alles（不定代名詞）97, 257
aller（定冠詞類）　　　　　79
als ob　　　　　244, 274-275
als（〜したとき）　　234-235
als（〜として）　　　　　　74
als（〜よりも）　125, 126, 131, 240,
　　　　246, 276, 296, 335-336
am —sten（形容詞の最上級）
　　　　　　　　　　128, 342
an（前置詞）　144, 153, 155-156,
　　　159, 161, 166, 173, 174, 179,
　　　　　　　　　　　　180
an（分離の前つづり）　39, 40-41,
　　　　　　　　　　42, 309
ander-　　　　　　　148-149
anderthalb　　　　　　　142
anstatt（前置詞）　　　153, 157
auch wenn　　　　　241, 280
auf（前置詞）　92, 155-156, 161,
　　　　　162, 172, 180, 257
auf（分離の前つづり）　39-40, 42
aufs —ste（形容詞の最上級）
　　　　　　　　　　130, 342
aus（前置詞）　　　　154, 164
aus（分離の前つづり）　　　42
ausschließlich（前置詞）　153
außerhalb　（前置詞）　　157

B

-bar（形容詞の接尾辞）　110
be-（非分離の前つづり）
　　　　　　　　　　39, 42-43
bei（前置詞）　153, 154, 158-159,
　　　　　　　　162, 168-169

索引

beid- 148-149
bekommen + 過去分詞 210-211
besser 125, 126-127
best 125, 128-129, 130, 133
bestimmt 323-324
bevor 235
bezüglich（前置詞） 153
bis（接続詞） 235
bis（前置詞） 106, 147, 152, 153, 165, 166
bleiben 36-37, 73, 117, 186, 187, 289, 310
bloß（心態詞） 273-274, 327, 328
brauchen ... zu不定句 194, 294, 335
breit 136
bringen（機能動詞） 211-212

D

da（接続詞） 239, 322
da（副詞） 120
da(r)-前置詞 87, 159-160, 233, 311
dabei 242
dadurch 243
damit（接続詞） 242, 271, 295
dank（前置詞） 86-87, 151, 153, 340
dann 223, 237
das（定冠詞） 64, 85, 128, 145, 159
das（指示代名詞） 77, 99, 100, 256-257, 319
dass 89, 199, 232-234, 240, 263, 276, 283, 296
dein 77, 78
denn（心態詞） 325, 328-329
denn（接続詞） 231, 238
der（指示代名詞） 98-100, 103, 255, 256, 316
der（定冠詞） 51, 64, 85, 159

der（定関係代名詞） 249-251, 252
der gleiche 102
derjenige 98, 101, 102, 251, 252
derselbe 102
deshalb 222-223, 239-240
deutsch, Deutsch, Deutsche 132, 172, 340
die（指示代名詞） 99
die（定冠詞） 64, 77, 132
dieser（指示代名詞）98, 100-101
dieser（定冠詞類） 78-80, 319
doch（心態詞） 325-329
doch（否定疑問に対する答え） 33
doch（接続詞） 245
doppelt 131, 138
dort 120
dritt 140, 142-143
drohen ... zu不定句 294
du 82-83, 213-214, 253, 259-261, 262
durch（前置詞） 139, 153, 159, 170, 171, 207
durch-（分離・非分離動詞の前つづり） 45-46
dürfen 192, 193-194, 200, 278
Dutzend 150

E

eben（心態詞） 15, 326
ein（不定冠詞） 65-67, 71-73, 75, 105, 115, 132, 136, 315, 320-321
ein（分離の前つづり） 41, 42, 47
einander 215
eine（不定冠詞、不定代名詞） 65, 96
eineinhalb 142
einer（不定代名詞） 93-96
ein(e)s（不定代名詞） 12, 95, 96
einfach（心態詞） 327
einig- 149

ein paar 149
eins（数詞） 134, 135, 146, 147
endlich 122
ent-（非分離の前つづり） 43
entlang 154, 160
entsprechend（前置詞） 153
entweder A oder B 246
er 77, 84, 85, 94
er-（非分離の前つづり） 42, 43
erst 140, 141
esの用法（穴埋め、先取り、非人称） 89-92, 147, 232, 292, 316
etwa（心態詞） 329
etwas 93, 98, 131-132, 133, 179, 257, 293
euer 77, 78, 82
Euro 137, 142

F

-fach（〜倍、〜重） 138
falls 236-237, 273
fest（分離の前つづり） 42
finden（機能動詞） 211-212
folglich 240
für 96, 154, 159, 170, 172, 217

G

gar（否定の強め） 228
geben 26, 175, 177, 211
geben（非人称表現） 91, 186, 268
gegen 147-148, 154, 167
gegenüber 154, 160
gehen 11, 36, 40, 155, 187, 209, 267, 289
gehen（非人称表現） 91, 186, 268
gerade 19, 121
gern（lieber, am liebsten） 109, 125
gestern 121, 167, 342
gleich（der gleiche, 数式）

348

	102, 111, 122, 139	in	129, 155, 156, 158, 159,	**M**	
gut	109, 125		162-163, 166-167, 168,	mal（心態詞）	328, 329
			171-172	-mal（〜倍、〜回）	131, 138-139
H		indem	243	man	93-94, 94-95
haben	18, 28, 35, 37, 182,	innerhalb	157	mancher	81
	183, 185, 206, 260, 265, 267,			manchmal	122
	290	**J**		mehr	125, 127, 228
haben（完了助動詞）	186-189,	ja（決定疑問文への答え）	32-33	mehrere	135
	200, 290	ja（心態詞）	15, 286-287, 327	mein	77, 115
haben ... zu不定形	295, 335	Jahr	50, 60, 110, 115, 138,	meist	125
haben et⁴ 不定形	290		145, 167	Million	135
halb	131, 135, 142, 146-147,	je 比較級, desto 比較級	127	minus	136, 139
	150	jeder（定冠詞類）	80, 141	miss-（非分離の前つづり）	44
Hälfte	142	jeder（不定代名詞）	97	mit	138, 154, 159, 171, 174,
halten	26, 173	jemand	98		180, 306
hätte（haben）		jener（指示代名詞）	98, 101	möchte	193, 199, 277
	244, 267, 268, 277	jener（定冠詞類）	80, 251	mögen	192, 196-197, 199,
her	120-121	jetzt	121		200, 277, 282
Herr	59, 60	Junge	54, 59	möglicherweise	324
Herz	59, 159			morgen	119, 122
heute	121, 166, 221	**K**		müssen	192, 194, 195-196,
heutig	112	kaum	122, 324		197, 200, 201, 279, 295
hier	92, 120	kein（否定冠詞）	32-33, 76, 194,		
hiesig	112		220, 223-226, 228	**N**	
hin	120-121	keiner（不定代名詞）	95, 227	nach（前置詞）	147, 152, 154,
hinter（前置詞）	155, 156, 169	keineswegs	227		163, 165, 168, 176, 178, 222
hinter-（分離・非分離の前つづり）		Kilo	52, 53, 136	nach（分離の前つづり）	42
	45-46	kommen	36, 39, 155, 183,	nachdem	236
hoch（höher, höchst）			187, 211, 258, 267, 268, 269	nah/näher/nächst	
	116, 119, 125, 136, 139	können	191, 192-193, 196,		60, 98, 125, 153
hoffentlich	237, 324		197, 200, 263, 265, 267, 278	Name	59-60
hoh-（hoch）	116, 119	Kosten	52	nämlich	238
hören	110, 204			neben	87, 155, 156-157
		L		nehmen	
I		lassen	191, 203-204, 236, 288		27, 36, 178, 179, 309-310
ich	82, 83, 213, 252	lassen + uns（勧誘）	203, 262	nein	32-33
ihr（所有冠詞）	77	lassen sich⁴ 不定形	210	nicht	31, 32-33, 130-131, 194,
ihr（人称代名詞）	82, 83, 214,	lehren	289, 299		195, 197, 219-226, 228
	259-260, 260-261, 262	leider	15, 324	nicht A, sondern B	
immer	122	lernen	289		158, 161, 225, 244
immer 比較級	126-127	Leute	52	nicht nur A, sondern	
immerhin	324			auch B	

349

索引

84, 214, 221, 224-225, 245
nicht wahr ...?　　33-34
nichts　98, 133, 227, 257, 293
nichtとkein　　223-226
nie　　122, 227
niemand　　95, 98, 227
nirgends　　227
noch　122, 126, 228, 246
Nummer　　139

O
ob　　34, 89-90, 233
obwohl　　234, 241
oder　　231, 246, 336
oft　　122, 124, 176
ohne
　　154, 160, 219, 276, 295, 296
ohne + zu不定句　295, 296

P
Paar　　149, 150

R
ruhig(心態詞)　　328

S
Scheibe　　52
scheinen ... zu不定句　294
schon(心態詞)　　327, 328
schon(副詞)　　122
sehen
　26, 165, 191, 204, 260, 288
sehr　　11, 123
sein ... zu不定形
　　210, 295, 300, 335
sein(所有冠詞)
　　77, 87, 94, 133, 283
sein(動詞)　28, 37, 111, 117,
　155, 168, 182, 183, 185, 209,
　221, 225, 260, 265-267, 269,
　　　　　　　　　298, 310
sein(完了助動詞) 186-189, 206,

　　　　　　　　　　　　301
seit　　154, 167-168
seitdem　　236
selten　　122
sich　44, 173, 179, 188, 210,
　213-214, 214, 215, 218, 261,
　　　　　　　　　　　　283
sicher　　324
Sie　　83, 214, 261, 270
sie(pl.)　　77, 84, 85, 214
sie(sg.)　　77, 84, 85
so ～ wie ... 95, 130-131, 227,
　　　　　　　　　243-244
sobald　　95, 236
sodass　　240
solcher(定冠詞類)　　81
sollen　192, 195, 196, 198, 200,
　266, 267, 273, 275, 278, 282
sonst　　237
sowohl A als auch B　246
statt　　157, 219, 295, 341
statt + zu不定句　　220, 296
Stock　　140
Stück　　52
Student　　59, 299

T
trotz　　157
trotzdem　　241
tun　23, 36, 133, 183, 260-261,
　　　　　　　265, 266, 298

U
über-(分離・非分離の前つづり)
　　　　　　　　　　44-46
über(前置詞)　　155-157, 159,
　　　　　173, 175, 217, 293
überhaupt　　228
um　86, 107, 147, 151, 152, 154,
　159, 167, 170, 173, 180, 243,
　　　　　　　　　　292, 295
um + zu不定句　　242-243,

　　　　　　271, 276, 295, 296
um 2格 willen　　152
um wie viel Uhr ...?
　　　　　　　　31, 107, 147
um-(分離・非分離の前つづり)
　　　　　　　　　　44, 45
un-(形容詞、否定)　　33, 219
und　　231, 336
ungeachtet　　153
unser　　77, 78, 82
unter(前置詞)　　155-157
unter-(分離・非分離の前つづり)
　　　　　　　　　40, 44-45

V
ver-(非分離の前つづり)
　　　　　　　　　42-44, 47
vermutlich　　324
viel(mehr, meist)　116, 125,
　　　127, 133, 135, 149, 293
vielleicht　　15, 324
voll-(分離・非分離の前つづり)
　　　　　　　　　　44-45
von　60, 87, 129, 154, 158, 159,
　　　　　164, 166, 207
von ～ bis ...
　　　　　106, 147, 148, 166
vor(前置詞)
　　　144, 147, 155-157, 159
vor(分離の前つづり)　　42

W
während(接続詞)
　　　　　　　　235, 242, 247
während(前置詞)
　　　　　　　　157, 168-169
wahrscheinlich
　　　　　　　208, 286, 324
wann　31, 98, 106, 144, 196
wäre (< sein)
　　　　　　265, 267, 269, 277
warum(関係副詞)　233, 254

350

warum(疑問副詞) 107, 160
was(疑問代名詞) 103-105, 160
was(不定関係代名詞) 254, 256-257
was für ein 103, 105, 108
weder A, noch B 228, 246
wegen 58, 153, 157, 170, 316
weil 222, 230, 238-239, 313, 318
weit 126
welcher(関係代名詞) 103, 105, 252
welcher(疑問詞) 81, 103, 105, 108, 160-161
welcher(不定代名詞) 93, 96-97
wenig 116, 127, 139, 149, 170, 229, 230, 254
weniger + 形容詞／副詞 125
wenn 90, 222, 235, 236, 273, 274, 278, 327
wenn auch 241, 280, 305
wer(疑問代名詞) 103, 233
wer(不定関係代名詞) 254-256
werden 28, 37, 73, 117, 183, 260, 272, 310
werden(受動の助動詞) 28, 37, 191, 205-211, 290, 291, 301, 309
werden(未来の助動詞) 20, 21, 190, 191, 201, 202, 236, 272
wider-(分離・非分離の前つづり) 44-45
wie(関係副詞) 254
wie(疑問副詞) 34, 107, 254
wie(接続詞) 243-244
wie spät? 91, 147
wie viel Uhr? 31, 107, 147
wieder-(分離・非分離の前つづり) 44, 46
wir 22, 77, 82-83, 262, 270

wissen 27, 37, 182, 185, 267-268, 268
wo(疑問副詞) 106, 253, 254
wo[r]-前置詞 160
woher(関係副詞) 253
woher(疑問副詞) 106, 160
wohin(関係副詞) 253
wohin(疑問副詞) 107, 160
wollen 191, 192, 194-195, 198-200, 263, 266, 267, 277
würde(<werden) 267-268, 268-269, 272-273, 274, 277, 278, 283

Z

Zahl 139
zer-(非分離の前つづり) 42, 44
zu 141-142, 154, 159, 163-164, 165, 170-171, 178, 212
zu + 現在分詞(未来受動分詞) 300
zu 形容詞, als das … 276, 296
zufolge 152, 153, 340
zusammen(分離の前つづり) 42
zu不定句 89, 276, 291-296, 312, 335
zwar A, aber B 245
zweifellos 324
zwischen 155-157

鷲巣 由美子
わしのす・ゆみこ

学習院大学大学院人文科学研究科博士後期課程単位取得退学。在学中にオスナブリュック大学に留学、その後ベルリン工科大学にてドイツ文学を、東京ドイツ文化センター等でドイツ語教授法を学ぶ。現在、国士舘大学教授。2007年度NHKラジオ「ドイツ語講座」応用編を担当、2014年度NHKラジオ「まいにちドイツ語」テキストにて「ドイツ語プラスアルファ」を連載。著書に『表現力を鍛える 中級ドイツ語音読トレーニング』(白水社刊)、『ベルリンのモダンガール』(共著。三修社刊)、訳書に『暗闇の中で』(ゲッツ・アリー著。三修社刊)。

ブックデザイン
堀田 滋郎 (hotz design inc.)

校正
榊 直子、アンドレアス・マイアー、円水社

編集協力
北澤 尚子 (パプリカ商店)

NHK出版 これならわかる
ドイツ語文法 入門から上級まで

2016年2月20日　第1刷発行
2025年4月20日　第11刷発行

著　者　鷲巣 由美子
　　　　©2016　Washinosu Yumiko
発行者　江口貴之
発行所　NHK出版
　　　　〒150-0042 東京都渋谷区宇田川町10-3
　　　　電話 0570-009-321 (問い合わせ)
　　　　　　 0570-000-321 (注文)
　　　　ホームページ　https://www.nhk-book.co.jp
印　刷　光邦／大熊整美堂
製　本　藤田製本

落丁・乱丁本はお取り替えいたします。定価はカバーに表示してあります。
本書の無断複写(コピー、スキャン、デジタル化)は、著作権法上の例外を除き、著作権侵害となります。
Printed in Japan
ISBN 978-4-14-035139-0　C0084